Llwch Cenhedloedd

Y Cymry a Rhyfel Cartref America

Jerry Hunter

Argraffiad cyntaf: Tachwedd 2003

(h)   *awdur/Gwasg Carreg Gwalch*

Rhif Llyfr Safonol Rhyngwladol:
0-86381-859-5

Cynllun clawr: Sian Parri

Cyhoeddwyd dan drwydded i S4C
Cynhyrchir y gyfres Y Cymry a Rhyfel America gan Cwmni Da i S4C

Argraffwyd a chyhoeddwyd gan Wasg Carreg Gwalch,
12 Iard yr Orsaf, Llanrwst, Dyffryn Conwy, LL26 0EH.
℡ 01492 642031
▤ 01492 641502
✆ llyfrau@carreg-gwalch.co.uk
lle ar y we: www.carreg-gwalch.co.uk

i Judith

Diolchiadau

Gallaf olrhain hanes yr ymchwil sy'n sail i'r gyfrol hon i adeg benodol iawn, sef Nadolig 1986, pan roddodd fy llys-chwaer Joyce Whitney lyfr Cymraeg imi. *Dros Gyfanfor a Chyfandir* gan William Davies Evans oedd y llyfr, ac roedd hi wedi dod ar ei draws mewn siop ail-law yn Ohio. Dyna'r tro cyntaf imi ddarllen ychydig o hanes Rhyfel Cartref America yn Gymraeg. Cefais fy magu ar lannau'r afon Ohio, yr hen ffin rhwng taleithiau caeth y De a thaleithiau rhydd y Gogledd; gan fod aelodau o'r teulu wedi ymladd ar y ddwy ochr, mae straeon am y rhyfel yn rhan o hanes – a llên gwerin – fy nheulu. Profiad hanfodol Americanaidd oedd y Rhyfel Cartref imi, cymysgfa ryfedd ac erchyll o drais, gormes, gobaith a rhamant sy'n crisialu hanes yr Unol Daleithiau. Ond cefais yn llyfr William Davies Evans nid yn unig drafodaeth Gymraeg ar y rhyfel, ond trafodaeth a ygrifennwyd gan Gymro a oedd yn llygad-dyst i'r profiad Americanaidd hwnnw. Deffrowyd diddordeb a chwilfrydedd ar unwaith; euthum ati i chwilio am ysgrifau Cymraeg eraill am y rhyfel, ac i Joyce y mae'r diolch am hynny.

Ym 1990 y deuthum i adnabod Dr Eirug Davies, brodor o Lanon sydd wedi bod yn byw yn Cambridge, Massachusetts, ers blynyddoedd. Mae Eirug yn treulio llawer o'i amser hamdden yn astudio hanes Cymry America, ac mae wedi darganfod nifer o drysorau yn llyfrgelloedd yr Unol Daleithiau. Mawr ddiolch iddo yntau am rannu'i frwdfrydedd a'i wybodaeth.

Cefais yng Nghaerdydd nythaid o ysgolheigion â diddordeb yn hanes Cymry America, ac mae Canolfan Uwchefrydiau Cymry America, Prifysgol Caerdydd, wedi bod yn gymorth mawr – diolch i Sioned Davies, Robert Owen Jones a Colin Williams. Rwyf yn ddyledus iawn i E. Wyn James yn enwedig am ddysgu llawer imi ynglŷn â llên a diwylliant y bedwaredd ganrif ar bymtheg; gwn fod ôl ei haelioni ar y gyfrol hon. A phleser yw diolch i Bill Jones – prif hanesydd Cymry America – am rannu'n hael ei wybodaeth yntau. Bill a'm cyflwynodd i Huw Griffiths, ysgolhaig ifanc sy'n gwybod llawer iawn am hanes y Cymry a Rhyfel Cartref America ac mae fy nyled yn fawr i Huw hefyd.

Hoffwn ddiolch yn fawr i holl staff adrannau Cymraeg colegau Prifysgol Caerdydd a Bangor am eu cefnogaeth a'u cymorth yn ystod cyfnod ymchwilio ac ysgrifennu'r gyfrol hon. Diolch yn arbennig i Gerwyn Wiliams am fwrw golwg dros ran o'r llyfr ac am yr holl sgyrsiau ynglŷn â llenyddiaeth a rhyfel. Diolch hefyd i Richard Wyn Jones a Daniel Williams am eu parodrwydd i wrando a thrafod.

Mae'r llyfr hwn yn gydymaith i raglen ddogfen a gomisiynwyd gan S4C, ac mae perthynas agos rhwng sgript y rhaglen honno a'r gyfrol hon. Diolch i S4C am ymgymryd â'r prosiect. Pleser mawr yw cydnabod fy nyled i Ifor ap Glyn a phawb yn Cwmni Da sydd wedi gweithio ar y rhaglen. Mae Ifor wedi ymroi'n llwyr wrth gyfarwyddo a chynhyrchu'r rhaglen a charwn ddiolch iddo am drin y pwnc gyda chymaint o barch a gofal. Darllenodd y gyfrol hon yn fanwl hefyd gan gynnig sylwadau gwerthfawr. Aeth y broses o ffilmio'r rhaglen â ni o stormydd eira Remsen, Efrog Newydd, i haul crasboeth de Georgia, ac rwyf yn ddiolchgar iawn i Ifor, Gareth, Rolant, Dafydd a Steve am eu gwaith caled ac am wneud y cyfan yn brofiad difyr a chofiadwy. Diolch i hogiau'r `Chweched Ohio' am eu cymorth a'u brwdfrydedd. Carwn ddiolch i'm brawd Dave hefyd am ei gymorth cerddorol hollbwysig.

Bu nifer helaeth o unigolion yn yr Unol Daleithiau yn ein helpu gyda'r ffilmio, ond hoffwn ddiolch yn enwedig i Bet ac Evan Davis, John a Joan Jones, Bob Jones a Leonard Wynne am gyfrannu'n helaeth ac am ddod â deunydd i'm sylw sydd wedi cyfoethogi'r llyfr hwn hefyd.

Wrth gasglu ffynonellau cynradd yr wyf wedi elwa'n fawr ar gymorth llawer iawn o bobl a phleser yw cael cydnabod hynny a diolch iddynt am eu cefnogaeth: Ronald Crewe, Gareth Davies, Leslie Davies, D. Merrill Davis, John Ellis, Albert Gregorovich, Gareth Griffith, Amos Hawkins, Joan Huff, Iwan Hughes, J. O. Hughes, T. Meirion Hughes, Richard Humphreys, Evan James, Ifan James, J. Greville James, Arfon Jones, David Jones, Eric Jones, Evan Jones, Gwawr Jones, Rhys Jones, Sylvia Jones, Tom H. Jones, Gary Knepp, David Knight, Anne Knowles, Bryn Lloyd-Jones, Rhoswen Llywelyn, John Wyn Lewis, Gethin Matthews, Carol Mills, Trefor Owen, David Roberts, Emyr Roberts, Marcia Richards, Georgia Snoke, Mrs. A. Thomas, J. D. R. Thomas, M. E. Thomas, Nadine Thomas, T. Islwyn Walters, David White, David Williams, Evan Williams, Gwyn Williams, Ifan Williams, Rhian Williams, Richard Williams, a T. Alun Williams. Gan fy mod wedi bod yn gohebu â chynifer o unigolion dros y blynyddoedd, mae'n debyg iawn fy mod wedi anghofio ambell enw yma: maddeuer imi.

Mae'n bleser hefyd cydnabod fy nyled i staff nifer o lyfrgelloedd a sefydliadau: Amgueddfa Camp Dennison; Yr Archifau Cenedlaethol (U.D.A.); Canolfan Madog, Prifysgol Rio Grande; Cymdeithas Hanes Vermont; Cymdeithas Hanes Ohio; Llyfrgell Dinas Cincinnati; Llyfrgell Genedlaethol Cymru; Llyfrgell y Gyngres (U.D.A.); Llyfrgell Ironton, Ohio; Llyfrgell Prifysgol Caerdydd; Llyfrgell Prifysgol Cincinnati; Llyfrgell Prifysgol Cymru Bangor; Llyfrgell Prifysgol Emory; Llyfrgelloedd Prifysgol Harvard.

Hoffwn ddiolch yn gynnes iawn i Myrddin ap Dafydd a holl staff Gwasg Carreg Gwalch am eu gwaith a'u gofal. Rwyf hefyd yn ddiolchgar iawn i Anne a Rolf Lang am eu cymorth gyda'r lluniau, ac i Ken Gruffydd am y mapiau.

Ac yn olaf, carwn ddiolch i'r teulu ar ddwy ochr y môr am eu cefnogaeth, ac i Megan a Luned yn enwedig am gadw fy nhraed yn sownd yn yr unfed ganrif ar hugain. Mae'r gyfrol hon wedi'i chyflwyno i Judith fy ngwraig, a hynny am lawer o resymau. Gallaf ddweud yn gwbl ddiffuant mai hi sy'n gyfrifol am y ffaith fod y gwaith hwn wedi gweld golau dydd. Er imi ddechrau'r ymchwil dros bymtheng mlynedd yn ôl, ymddangosai'r maes yn frawychus o eang ac nid oedd gennyf yr hyder i geisio rhoi trefn ar y cyfan. Judith a'm darbwyllodd i ysgrifennu'r llyfr hwn, ac mae wedi fy nghynnal ar hyd y daith.

Byrfoddau

Ceir dau rif ar ôl y byrfodd; mae'r cyntaf yn nodi'r flwyddyn (er enghraifft 40 = 1840, 63 =1863, 65 = 1865), ac mae'r ail yn nodi'r mis. Felly mae (CA, 62.1) yn golygu: *Y Cenhadwr Americanaidd*, 1862, Ionawr.

Rhoddir rhif y tudalen ar ôl y byrfodd.

JGJ   Llythyrau John Griffith Jones, LlGC 22421D
JLJ   Llythyr Jenkin Lloyd Jones, casgliad Georgia Snoke
JR   Dyddiadur John Rowlands, casgliad Albert Gregorovich
RTJ   Llythyrau Robert J. Thomas, casgliad Nadine Thomas
JW   Dyddiadur John Williams, Cymdeithas Hanes Vermont
WP   Llythyr William Pierce, casgliad teuluol Gareth Griffith. Ceir copi arall o'r llythyr yn T. Alun Williams, *Atgofion Uncle Tomos* (Caernarfon, 1997).

llythyrau: nodir rhif y llythyr (yn y casgliad) os oes mwy nag un. dogfenni eraill: nodir rhif y tudalen. (Nid yw'n bosibl gyda JR oherwydd natur y llawysgrif.)

FFYNONELLAU PRINT SAESNEG :

AL   *Abraham Lincoln[:] Speeches* (Efrog Newydd, 1991)
DM   *Douglas Monthly*
Cm   Robert Roser, `Give them cold steel: The Welsh in the Civil War', *Cambria* (Hydref, 1998)
MS   *Milwaukee Sentinal*
RCM *Racine County Militant*
RJ   *Racine Journal*
UMH *Utica Morning Herald*

Cedwir orgraff - hynny yw, dull sillafu - y testun gwreiddiol. Nid yw atalnodi ffynonellau print wedi'i newid. Mae rhyw faint o atalnodi wedi'i ychwanegu wrth ddyfynnu o lawysgrifau er mwyn hwylustod. Defnyddir cromfachau petryal - [ ] - i nodi fod rhywbeth wedi'i ychwanegu at y testun gwreiddiol. Mae [...] yn nodi fod rhan o frawddeg wedi'i hepgor, ac mae [....] yn nodi fod brawddeg gyfan neu fwy wedi'i hepgor.

Cynnwys

Darllen Pellach

Y Rhyfel Cartref

Mae dros 70,000 o lyfrau wedi'u cyhoeddi sy'n ymdrin â Rhyfel Cartref yr Unol Daleithiau, ac mae'n hawdd iawn i efrydydd sy'n newydd i'r maes fynd ar goll wrth geisio crwydro'r cyfandir hwn o wybodaeth. Mae clasuron y maes yn cynnwys tair cyfrol Bruce Catton, *The Centenial History of the Civil War* (Garden City, 1961-65) a thair cyfrol Shelby Foote, *The Civil War: A Narrative* (Efrog Newydd, 1958-74), ac mae'r ddwy gyfres yn ddarllenadwy iawn. Cydnabyddir yn gyffredinol mai James M. McPherson, *Battle Cry of Freedom[:] The American Civil War* (Efrog Newydd, 1988) yw'r cyflwyniad gorau i'r maes. Ceir llyfryddiaethau maith a manwl ar ddiwedd cyfrol McPherson, ac yn hytrach na cheisio llunio llyfryddiaeth o'r newydd yma awgrymaf y dylai'r sawl sydd am ddarllen yn helaeth yn y maes ddilyn y llwybr y mae McPherson wedi'i baratoi.

Cymry America

Mae'r astudiaethau safonol hyn wedi'u cyhoeddi yn ddiweddar: Anne Kelly Knowles, *Calvinists Incorporated[:] Welsh Immigrants on Ohio's Industrial Frontier* (Chicago, 1997); Aled Jones a Bill Jones, *Welsh Reflections[:] Y Drych & America 1851-2001* (Llandysul, 2001); William D. Jones, *Wales in America: Scranton and the Welsh, 1860-1920* (Caerdydd, 1993). Ceir ynddynt lyfryddiaethau manwl.

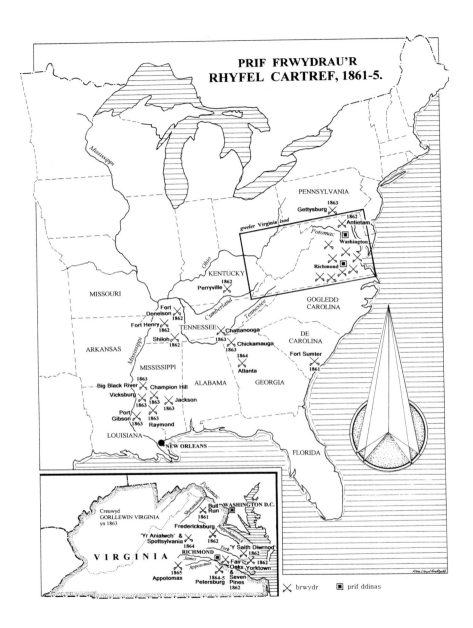

PRIF FRWYDRAU'R RHYFEL CARTREF, 1861-5.

PENNSYLVANIA

1863
Gettysburg

1862
Antietam

Potomac

Washington

gweler Virginia isod

Richmond

KENTUCKY

1862
Perryville

MISSOURI

Fort
Donelson
1862

Fort Henry
1862

TENNESSEE

Chattanooga

1863
Chickamauga
1863

Shiloh
1862

GOGLEDD
CAROLINA

DE
CAROLINA

Fort Sumter
1861

1864
Atlanta

ARKANSAS

MISSISSIPPI

Big Black River
1863
Champion Hill

ALABAMA

GEORGIA

Vicksburg
1863

Jackson
1863

Port
Gibson
1863

Raymond
1863

LOUISIANA

NEW ORLEANS

FLORIDA

Mississippi

Ohio

Cumberland

Tennessee

Creuwyd
GORLLEWIN VIRGINIA
yn 1863

Potomac

Bull
Run
1861

WASHINGTON D.C.

Fredericksburg
1862

'Yr Anialwch' &
Spottsylvania
1864

'Y Saith Diwrnod'
1862

RICHMOND

Fair
Oaks
&
Seven
Pines
1862

Yorktown
1862

Appotomax
1865

Petersburg
1864-5

V I R G I N I A

Shenandoah

Rappahannock

York

James

Appotomax

✕ brwydr   ◾ prif ddinas

14

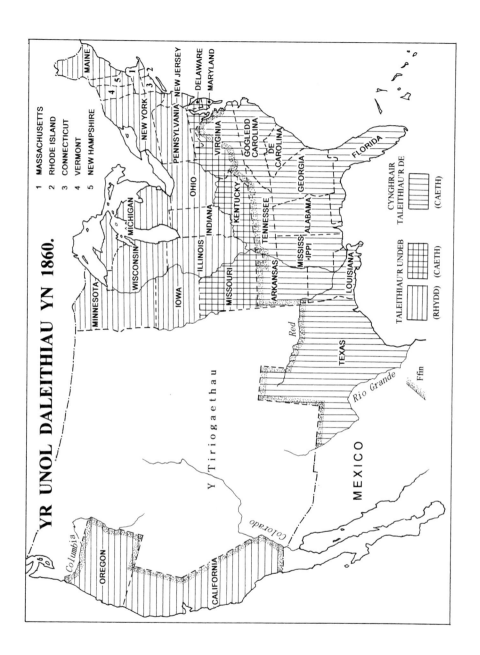

YR UNOL DALEITHIAU YN 1860.

1 MASSACHUSETTS
2 RHODE ISLAND
3 CONNECTICUT
4 VERMONT
5 NEW HAMPSHIRE

MAINE
NEW YORK
PENNSYLVANIA
NEW JERSEY
DELAWARE
MARYLAND
VIRGINIA
GOGLEDD CAROLINA
DE CAROLINA
GEORGIA
FLORIDA
OHIO
KENTUCKY
TENNESSEE
ALABAMA
MISSISSIPPI
GEORGIA
ILLINOIS
INDIANA
MICHIGAN
WISCONSIN
MINNESOTA
IOWA
MISSOURI
ARKANSAS
LOUISIANA
TEXAS
OREGON
CALIFORNIA
MEXICO
Y Tiriogaethau

Columbia
Colorado
Red
Rio Grande
Ffin

CYNGHRAIR
TALEITHIAU'R DE
(CAETH)

TALEITHIAU'R UNDEB
(RHYDD)   (CAETH)

15

`Gwlad Rhyfel'

Mae ein tynged wedi dyfod arnom, yr awr wedi dyfod i fyny. Pa mor ofidus bynag y meddwl, felly y mae, mae ein gwlad yn wlad rhyfel, – y rhyfel wedi dechreu. Beth fydd ei lwybr, ei ffurf, a'i ganlyniadau, nis gall neb ddweud.(CA, 61.5)

Dyna ran o anerchiad a gyhoeddwyd yn *Y Cenhadwr Americanaidd* ym 1861. Yr Unol Daleithiau yw'r wlad y mae'n sôn amdani a Rhyfel Cartref y wlad honno yw'r rhyfel y mae'n cyfeirio ato. Am bedair blynedd, rhwng Ebrill 1861 ac Ebrill 1865, roedd y wlad wedi'i hollti yn ddwy, gyda'r De yn ymladd yn erbyn y Gogledd. Lladdwyd dros 620,000 o Americanwyr yn y Rhyfel Cartref, sef cymaint â phob un rhyfel arall yn hanes y wlad hyd at ddiwedd Rhyfel Vietnam gyda'i gilydd. Fe adawodd y rhyfel greithiau ar yr Unol Daleithiau sydd yn dal i'w gweld a'u teimlo hyd heddiw.

Cyn y Rhyfel Cartref, roedd nifer o wahaniaethau rhwng y Gogledd a'r De, ond pengonglfaen yr holl wahaniaethau oedd caethwasanaeth. Erbyn 1860, roedd 18 talaith yn y Gogledd yn daleithiau rhydd, hynny yw, yn daleithiau nad oedd yn caniatáu caethwasanaeth. Ar y llaw arall, roedd caethwasanaeth yn gyfreithlon yn y taleithiau Deheuol ac i wahanol raddau roedd yn chwarae rhan bwysig yn economi'r taleithiau hyn. Tua 32 miliwn oedd poblogaeth yr Unol Daleithiau ym 1860, ond roedd un allan o bob wyth Americanwr – sef pedair miliwn o bobl dduon – yn gaeth ac felly'n eiddo i Americanwyr eraill.

Ond erbyn diwedd y rhyfel roedd hynny wedi newid. Daeargryn hanesyddol oedd y Rhyfel Cartref, o bosibl y garreg filltir bwysicaf yn hanes yr Unol Daleithiau. A chwaraeodd miloedd o Gymry – neu Americanwyr Cymraeg eu hiaith – ran yn y rhyfel hwnnw: roeddynt yn filwyr ym myddin y Gogledd ac yn forwyr yn y llynges; roeddynt yn wragedd, yn famau ac yn chwiorydd i filwyr a helpai gynnal cartrefi yn amser rhyfel; roeddynt yn feddygon ac yn nyrsys; roeddynt yn weithwyr mewn meysydd glo a ffwrneisi haearn a borthai'r fyddin a'r llynges;

roeddynt yn weinidigion a bregethai yn erbyn caethwasanaeth ac o blaid ymdrech y Gogledd i gadw undeb yr Unol Daleithiau; roeddynt yn feirdd a llenorion a gynhyrchai lenyddiaeth ryfel o wahanol fathau. O gyfrif yr holl erthyglau mewn papurau a chylchgronau, y llythyrau, y dyddiaduron, a'r farddoniaeth sydd wedi goroesi, mae rhai miloedd o ddudalennau wedi'u hysgrifennu yn yr iaith Gymraeg sy'n deillio'n uniongyrchol o'r Rhyfel Cartref. Gallwn drwy gyfrwng y ffynonellau niferus hyn adrodd hanes y Cymry a Rhyfel Cartref yr Unol Daleithiau gan ddefnyddio geiriau Cymraeg gwreiddiol unigolion a gymerodd ran yn y daeargryn hanesyddol hwnnw.

Ond cyn dechrau manylu ar hanes y Cymry a'r Rhyfel Cartref, rhaid darparu rhywfaint o gefndir drwy ateb cwpwl o gwestiynau sylfaenol. Yn gyntaf, pwy oedd y Cymry Americanaidd hyn a beth oeddynt yn ei wneud yn yr Unol Daleithiau? Er i nifer o Gymry ymfudo i Ogledd America yn ystod yr ail ganrif ar bymtheg a'r ddeunawfed ganrif, dechreuodd y niferoedd gynyddu tua diwedd y ddeunawfed ganrif. Ymfudodd y rhan fwyaf ohonynt am resymau economaidd; roedd yn gyfle i ffermwyr tlawd dorri'n rhydd o hen system ormesol, cael tir yn rhad, a dechrau o'r newydd. Yn ôl cyfrifiad yr U.D.A., roedd tua 30,000 o bobl oedd wedi'u geni yng Nghymru bellach yn byw yn yr Unol Daleithiau erbyn y flwyddyn 1850. Ond nid yw'r cyfrifiad yn dangos faint o Americanwyr oedd yn siarad Cymraeg; roedd plant – ac yn aml, wyrion – ymfudwyr yn dysgu Cymraeg ar yr aelwyd yn America, ac felly rhaid bod y nifer o Americanwyr Cymraeg yn uwch o lawer na 30,000. Roedd tua 90% o'r 30,000 yn byw mewn pedair talaith Ogleddol – Efrog Newydd, Pennsylvania, Ohio a Wisconsin – ac roedd y rhan fwyaf o'r gweddill yn byw mewn taleithiau Gogleddol eraill fel Vermont, Iowa a Minnesota. Yn ogystal â'r tir amaethyddol a oedd ar gael yno, roedd y rhan fwyaf o'r swyddi diwydiannol a oedd gan yr Unol Daleithiau i'w cynnig i ymfudwyr mewn taleithiau Gogleddol. A phan ddeuai ymfudwyr Cymreig newydd roedden nhw wrth reswm yn cael eu denu i'r cymunedau Cymreig oedd wedi'u sefydlu'n barod yn Efrog Newydd, Pennsylvania, Ohio a thaleithiau Gogleddol eraill.

Roedd y cymunedau Cymreig hyn hefyd yn gymunedau Cymraeg eu hiaith, a'r Gymraeg yn gyfrwng i rychwant eang o wahanol weithgareddau cymdeithasol a chrefyddol. Fel yn yr Hen Wlad, roedd y capeli yn ganolog i fywyd Cymry America. Er enghraifft, cafodd Capel Ty'n Rhos ei sefydlu yn ne-ddwyrain Ohio ym 1841. Mae'r adeilad bychan – sy'n dal i sefyll heddiw – yn dweud cyfrolau am hanes cynnar y Cymry yn y rhan hon o'r Unol Daleithiau: mae'n gapel Cymreig wedi'i adeiladu ar ffurf caban-logs-pren, ac felly roedd diwylliant

Diwylliant nodweddiadol Gymreig a Chymraeg yn ffynnu oddi mewn i furiau a oedd yn nodweddiadol Americanaidd: Saron, capel Cymreig cyntaf Minnesota, a adeiladwyd ym 1857 ar ffurf caban-logs-pren.

nodweddiadol Gymreig a Chymraeg yn ffynnu oddi mewn i furiau a oedd yn nodweddiadol Americanaidd. Yn debyg i lawer iawn o gymunedau Cymraeg yr Unol Daleithiau, roedd Ty'n Rhos yn tyfu ac yn cryfhau ganol y ganrif, ac felly fe aethpwyd ati ryw ddeng mlynedd ar ôl cwblhau'r addoldy cyntaf i adeiladu capel mwy ar draws y ffordd i'r hen adeilad bach. Mae'r capel `newydd' hwn yn gam agosach at bensaerniaeth yr Hen Wlad, er mai adeilad pren ac nid cerrig ydyw.

Fel y gwelir o astudio pernsaerniaeth capeli Cymreig yr Unol Daleithiau, roedd proses ddwyffordd yn digwydd yn y cymunedau hyn: roedd ymfudwyr o Gymru a'u plant yn dod yn Gymry Americanaidd, ond roeddynt hefyd yn rhoi gwedd Gymreig a Chymraeg ar rannau o'r Unol Daleithiau. Ym mis Chwefror 1861 – gwta ddau fis cyn i'r Rhyfel Cartref ddechrau – cyhoeddodd Ysgol Sul Ty'n Rhos ei hadroddiad blynyddol:

Llafur ein hysgol am y flwyddyn ddiweddaf yn dechreu Ionawr 1af, 1860, ac yn diweddu Ionawr 1af, 1861: – pennodau, 1390, yn cynwys o adnodau 21,701. Hefyd y mae rhan o bennod yn cael ei holi ar ddiwedd yr ysgol bob Sabboth, yr hyn sydd yn dda iawn er pery llafur ar hyd yr wythnos, ac y mae ymdrech mawr i ddarllen yr esponiadau

Caethwasanaeth a chotwm: dau beth a oedd yn ganolog i economi'r taleithiau Deheuol.

a chwilio yr ysgrythurau er paratoi erbyn y Sabboth dyfodol. Hefyd y mae y plant yn cael ei holi ar bennod o'r Catecism Cyntaf bob Sabboth. Y mae yn perthyn i'r ysgol arolygydd, ysgrifenydd a 14 o athrawon. Canolrif ein hysgol yw 78. [....] David D. James, Ysg[rifenydd], Ardal Ty'n Rhos, Chwef. 14, 1861.(CA, 61.2)

Felly byddai gweithgareddau Ty'n Rhos, Ohio, yn hynod gyfarwydd i gapelwyr yn ôl yng Nghymru. A thebyg fu hanes ugeiniau o gapeli Cymraeg eraill ar draws taleithiau Gogleddol yr Unol Daleithiau.

Nid diwylliant y capeli oedd yr unig agwedd ar gymunedau Cymraeg America a fyddai'n gyfarwydd i ymwelydd o Gymru. Dechreuodd diwylliant eisteddfodol fwrw gwreiddiau yn nhir Gogledd America hefyd. Erbyn diwedd y 1850au roedd eisteddfod bwysicaf y cyfandir yn cael ei chynnal yn nhref Utica, talaith Efrog Newydd, bob blwyddyn ar ddiwrnod cyntaf mis Ionawr. Ac i'r Cymry hynny nad oedd yn gallu mynychu Eisteddfod Utica, roedd yn bosibl darllen amdani yn *Y Drych*, sef papur newydd wythnosol Cymraeg a gyhoeddwyd yn Utica. Er enghraifft, yn rhifyn 15 Mawrth 1856 o'r papur ceir `Llythyr Oddiwrth Eos Glan Twrch', sef John Edwards, un o feirdd Cymraeg Efrog Newydd. Disgrifia holl fwrlwm Eisteddfod Utica:

Cefais yr hyfrydwch [...] o fod yn Eisteddfod Utica y Calan, ac yn wir yr oedd yno le difyrus ac adeiladol; cefais fy moddhau yn fawr ar lawer golygiad, megys yn lluosogrwydd y dyrfa, yn nghyda'r dull gweddus y dygwyd y cyfarfod yn mlaen. [....] Treuliwyd y cyfarfodydd yn Gymraeg yn ddieithriad, ac, yn fy meddwl i, i hyny y mae eu dyddordeb idd ei briodoli. Chwi a wyddoch mai troi cyfarfodydd ac Eisteddfodau o'r Gymraeg i'r Saesonaeg sydd wedi bod yn niwed a gwarth i'r cyfryw yn yr Hen Wlad a'r wlad hon, er ymffrostio wrth eu cyhoeddi mai bytholi y Gymraeg oedd eu dyben[.] (D, 56.3)

Dyna hefyd frolio'r ffaith mai'r Gymraeg oedd unig iaith Eisteddfod Utica a'i bod felly yn wahanol i eisteddfodau eraill yn America a Chymru.

Nid papur lleol ardal Utica yn unig oedd *Y Drych*; roedd Cymry ar draws yr Unol Daleithiau yn ei ddarllen. Broliai tudalen flaen y papur ei fod yn 'Newyddiadur Cenedlaethol at Wasanaeth Cenedl y Cymry yn y Talaethau Unedig'. Mae union eiriau'r broliant hwnnw'n awgrymog iawn yn nhermau hunaniaeth Cymry America. Mae'r gair 'cenedl' yn ymddangos ddwywaith, unwaith wrth sôn am genedl y Cymry yn yr Unol Daleithiau, ac unwaith yn rhan o'r ansoddair 'cenedlaethol'. Mae 'cenedl' felly'n cyfeirio at ddau beth ar unwaith, cenedl y Cymry (a oedd yn wahanol i'w cyd-Americanwyr) a'r genedl fawr (yr Unol Daleithiau) yr oeddynt yn rhan ohoni. Roedd y Cymry hyn yn ceisio cadw eu Cymreictod, ond roeddynt hefyd yn ceisio'n galed i fod yn rhan o'u gwlad newydd. Ac roedd gwasg Gymraeg yr Unol Daleithiau yn gymorth iddynt wneud y ddau beth, sef cadw mewn cysylltiad â Chymry eraill ar draws y wlad a darllen am newyddion yr Unol Daleithiau. Byddai hanes rhyw eisteddfod, er enghraifft, yn ymddangos ochr yn ochr â hanes y Senedd yn Washington, D.C., a'r cyfan yn cael ei gyflwyno i'r darllenydd drwy gyfrwng y Gymraeg.

Yn ogystal ag *Y Drych*, roedd yna nifer o gyhoeddiadau Cymraeg eraill a ddeuai o wasg Gymraeg America yn y cyfnod dan sylw. O safbwynt y llyfr hwn, mae dau fisolyn yn arbennig o bwysig: *Y Cenhadwr Americanaidd*, a gyhoeddwyd yn Remsen, Efrog Newydd, nid nepell o Utica, ac hefyd *Y Cyfaill o'r Hen Wlad*, a gyhoeddwyd yn yr un ardal. Er mai Utica a'r cyffiniau oedd canolfan y wasg Gymraeg yn America, nid oedd ganddi fonopoli ychwaith; er enghraifft, deuai misolyn arall, *Y Seren Orllewinol*, o wasg yn Pottsville, Pennsylvania. Roedd gan bob un o'r misolion hyn ei bwyslais enwadol: tra oedd *Y Cyfaill* yn gwasanaethu'r Methodistiaid Cymraeg yn America gallai Annibynwyr y wlad droi at *Y Cenhadwr*, ac roedd Bedyddwyr yn cydgysylltu ar dudalennau *Y Seren*.

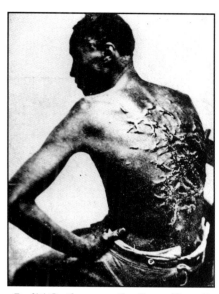

Realiti Caethwasanaeth: olion y fflangell

Eto, nid cylchgronau crefyddol yn unig mohonynt. Yn ogystal â thrafod materion enwadol, roeddynt hefyd yn cyflwyno'r newyddion Americanaidd diweddaraf. A thrwy gadw cymunedau Cymraeg ar draws y wlad mewn cysylltiad â'i gilydd, roedd gwasg Gymraeg yr Unol Daleithiau hefyd yn hybu ymdeimlad o hunaniaeth Gymreig Americanaidd.

Gan fod bron pob un o'r cymunedau hyn mewn taleithiau Gogleddol, roedd yn beth naturiol i Gymry America ochri â'r Gogledd yn ystod y Rhyfel Cartref. Ond roedd y rhyfel yn golygu mwy i lawer iawn o Gymry America nag ymrafael rhwng y Gogledd a'r De. Erbyn cyfnod y rhyfel, roedd Cymry America ar y cyfan yn erbyn caethwasanaeth, ac roedd llawer iawn ohonynt yn ei gweld fel trosedd difrifol yn erbyn Duw a dynoliaeth.

Ond nid oedd Cymry America wastad wedi teimlo felly. Roedd nifer o'r Cymry a oedd wedi ymfudo yn ystod y ddwy ganrif flaenorol yn berchen ar gaethweision. Yr enghraifft amlycaf, mae'n debyg, yw Goronwy Owen, un o feirdd Cymraeg pwysicaf y ddeunawfed ganrif. Ymfudodd i Virginia ym 1758. Erbyn y 1760au cynnar roedd gan y bardd o Fôn blanhigfa *(plantation)*, ac roedd ganddo gaethweision yn gweithio arni.

Wrth gwrs, roedd disgynyddion nifer o'r hen ymfudwyr Cymreig yn byw mewn taleithiau Deheuol adeg y rhyfel. Yn wir, Jefferson Davis oedd arlywydd y *Confederacy* Deheuol yn ystod y Rhyfel Cartref, ac roedd – fel nifer o arweinwyr y De – yn ddisgynydd i ymfudwr o Gymru. Ond erbyn cyfnod y rhyfel roedd gwahaniaeth mawr o ran iaith, diwylliant – a'r agwedd tuag at gaethwasanaeth – rhwng Americanwyr o dras Gymreig bell a oedd yn byw yn y De ac Americanwyr Cymraeg eu hiaith a oedd yn byw mewn cymunedau Cymraeg yn y Gogledd. Felly, wrth drafod hanes y Cymry, caethwasanaeth a'r Rhyfel Cartref, mae'n bwysig iawn ein bod ni'n gwahaniaethu rhwng yr ymfudwyr Cymreig cynnar a'u disgynyddion ar y naill law, ac ar y llaw arall, y Cymry Cymraeg (neu

21

`Price & Birch, Dealers in Slaves' (Alexandria, Virginia). Dengys yr enw Price fod disgynyddion rhai o'r ymfudwyr Cymreig cynnar yn dal i elwa ar gaethwasanaeth.*

Americanwyr Cymraeg eu hiaith) a oedd yn byw mewn cymunedau Cymraeg yn y Gogledd. Mae'r iaith Gymraeg yn ffon fesur hylaw; roedd gan Americanwyr a oedd yn siarad Cymraeg hunaniaeth a oedd yn wahanol iawn i ddisgynyddion yr hen ymfudwyr nad oedd bellach yn siarad yr iaith.

Mewn dyddiau cynharach bu Cymry fel Goronwy Owen yn elwa ar gaethwasanaeth, ond erbyn canol y bedwaredd ganrif ar bymtheg roedd barn gyhoeddus Cymry America wedi'i ffurfio yn gryf yn erbyn y sefydliad anfoesol hwnnw. Yn fwy na hynny, roedd nifer helaeth o Gymry America yn ymgyrchu'n frwd yn erbyn caethwasanaeth. 'Abolitionists' oedd y gair Saesneg ar gyfer y math yma o bobl; roedd y Cymry hefyd yn defnyddio'r gair 'diddymwyr' i ddisgrifio unigolion a oedd yn ymgyrchu er mwyn diddymu caethwasanaeth.

Un o arweinwyr y diddymwyr Cymreig yn yr Unol Daleithiau oedd y Parchedig Ddoctor Robert Everett, Annibynnwr o Sir y Fflint a ymfudodd ym 1823 i fynd yn weinidog ar gapel Cymraeg yn Utica. Ym 1840 dechreuodd gyhoeddi *Y Cenhadwr Americanaidd* ac am 35 o flynddoedd byddai Dr Everett yn golygu ac yn cyhoeddi'r cylchgrawn ar wasg fach yn ei dŷ yn Remsen, pentref bach y tu allan i Utica. Cynhwysodd Robert Everett ysgrif yn dwyn y teitl 'Nodiadau ar Gaethiwed' yn rhifyn cyntaf y cylchgrawn ym 1840:

> Mae llawer o gynwrf wedi bod, ac yn parhau i fod yn mysg ein cyd-
> ddinasyddion mewn perthynas i'r Caethion Negroaidd, a'r moddion
> mwyaf effeithiol er dwyn oddiamgylch ryddhad. Ac nid rhyfedd yn
> wir, pan ystyriom y sefyllfa druenus yn mha un y gwelir y
> Negroaid.(CA, 40.1)

Byddai'r cywair hwn yn nodweddu'r cylchgrawn am flynyddoedd lawer.
Rai misoedd yn unig cyn i'r rhyfel ddechrau, cyhoeddodd Dr Everett
ysgrif gan weinidog arall o Gymro, Ben Chidlaw; roedd y Parchedig
Chidlaw newydd weld y *'Cora'*, sef llong a oedd yn cael ei defnyddio er
mwyn cludo caethion o Affrica i'r gorllewin.

> Gwelais y llong *'Cora'* [...]. Braidd y gallwn gredu fod 705 o blant, gwyr
> a gwragedd, wedi cael eu gwthio rhwng ei *decks*, eu dwyn o'u gwlad,
> ac ar eu ffordd i gaethwasanaeth bythol. Ond gwir oedd[.](CA, 61.1)

Yn y Bala y cafodd Ben Chidlaw ei eni, ond ymfudodd i'r Unol Daleithiau
gyda'i deulu pan oedd yn ddeng mlwydd oed. Ar ddechrau'r rhyfel ym
1861 roedd Ben Chidlaw yn 50 oed ac yn weinidog pwysig yn Ohio. Gan
ei fod yn symud mewn cylchoedd radicalaidd yn y dalaith honno, roedd
wedi dod ar draws Harriet Beecher Stowe, awdures *Uncle Tom's Cabin* (a
gyhoeddwyd ym 1852). Yn y llyfr hwn cafodd darllenwyr bortread byw
o fywyd y caethweision, ac roedd cyhoeddi'r llyfr yn garreg filltir bwysig
o ran newid barn pobl y Gogledd ynghylch caethwasanaeth. Gwta
flwyddyn yn ddiweddarach dechreuodd *Y Cyfaill O'r Hen Wlad* gyhoeddi
cyfieithiad Cymraeg o'r llyfr ar ffurf cyfres. Ym 1854 defnyddiodd Robert
Everett wasg *Y Cenhadwr* i gyhoeddi fersiwn Cymraeg arall o'r stori. Felly
o fewn dwy flynedd i *Uncle Tom's Cabin* ymddangos yn Saesneg, roedd
dau fersiwn Cymraeg o'r llyfr wedi ymddangos yn yr un ardal yn yr Unol
Daleithiau.

Roedd y wasg Gymraeg yn America yn cyhoeddi pob math o ysgrifau
yn erbyn caethwasanaeth, yn amrywio o draethodau academaidd
athronyddol i straeon personol emosiynol. Darn felly yw'r stori am
athrawes o'r Gogledd a fu'n teithio yn y De:

> Ar fy nychweliad o'r eglwys y Sabboth cyntaf o'm harosiad yno,
> agorwyd y drws gan gaethferch graff o olwg ddeallus, yr hon a
> ymddangosai oddeutu naw oed. Yr oeddwn am ffurfio
> cydnabyddiaeth â hi, a gofynais beth oedd ei henw.

'Aggy, ma'am.'
Gofynais, [....]
'Ydych chwi yn myned i'r eglwys weithiau, Aggy?'
'O wyf, ma'am; yr wyf yn myned heno.'
'Ac a ellwch chwi ddarllen?'
'Na allaf, ma'am; nid yw pobl dduon yn darllen.' [....]
'Pa le mae eich tad a'ch mam?'
'Mae nhad wedi marw, ond gwerthwyd fy mam ymaith pan oeddwn i yn un fach. Gwerthwyd fi yma yn Richmond, ond nis gwn pa le y mae hi.' [....]
'Hoffech chwi weled eich mam, Aggy?'
'Hoffwn,' meddai hi, a rhoddodd i mi yr edrychiad mwyaf tyner ac effeithiol wrth droi ei phen ymaith.
'Oes genych frodyr neu chwiorydd?' gofynais.
'Yr oedd genyf bedwar, ma'am,' atebai hithau, 'ond maent oll wedi eu gwerthu ymaith.'
Gadewais hi, canys yr oedd ei hanes wedi ei draethu. Hanes byr a phrudd ydoedd. Bywyd heb ddim manau gwynion – dim adgofion hyfryd am amser aeth heibio – dim cariad rhieni, na brodyr a chwiorydd. (CA, 62.1)

Y Parchedig Ddoctor Robert Everett, arweinydd y diddymwyr Cymreig yn America.

Mae'n anodd dweud a oedd hanes yr athrawes a'r gaethferch yn stori wir ynteu'n ddarn o ffuglen. Yr hyn sy'n bwysig o ran yr astudiaeth bresennol yw'r ffaith fod y darn wedi'i gyhoeddi er mwyn radicaleiddio barn Cymry America a'u hysbrydoli i ymgyrchu yn erbyn caethwasanaeth.

Fel y gellid ei ddisgwyl, roedd ysgrifennu a chyhoeddi barddoniaeth yn wedd amlwg ar fywyd cyhoeddus Cymry America. Felly nid yw'n syndod fod cynifer o gerddi wedi'u cyhoeddi gan y wasg Gymraeg yn yr Unol Daleithiau sy'n cyflwyno safbwynt gwrth-gaethiwol. Hyd yn oed cyn i Robert Everett ddechrau cyhoeddi *Y Cenhadwr Americanaidd* roedd *Y Cyfaill o'r Hen Wlad* yn cyhoeddi cerddi gwrth-gaethiwol. Dyna er enghraifft waith 'Ab Ioan', bardd a fu'n byw yn ninas Cincinnati. Gan fod Cincinnati yn eithafion deheuol talaith Ohio, nid oedd ond ychydig o gannoedd o lathenni dros yr afon i dalaith gaeth Kentucky. Roedd llawer o fynd a dod rhwng Cincinnati a gogledd Kentucky, ac felly mae'n debyg iawn fod y bardd wedi gweld caethweision â'i lygaid ei hun. Cyhoeddodd ei gerdd 'Cwyn y Caethion' ym 1839.

> At Gymry mwynion Unol Wlad,
> Er cofio'r Caethion heb nacad,
> Sydd ddu eu lliw – yn ddrwg eu gran,
> Ac o bob rhyw – yn fawr a man,
>   Eu hubain sydd yn awr,
>   Yn llenwi dros y llawr;
> Maent, maent, a'u llefaru'n un,
> Yn gwaeddi 'Rhyddid' yn gytun. (C, 39.6)

Nid oedd llawer o'r farddoniaeth hon yn ddim amgenach na phropaganda noeth wedi'i fydryddu, ond roedd yr holl gerddi gwrth-gaethiwol hyn – llawer ohonynt yn ganeuon y gellid eu canu mewn cyfarfodydd cyhoeddus – yn fodd i ledaenu neges y diddymwyr. Gweddi a geir ar ddiwedd cerdd 'Ab Ioan', ac mae'r neges yn gwbl glir:

> Doed, doed y dydd i ben
> Na byddo caethion mwy. Amen.(C, 39.6)

Mor gynnar â 1839 roedd y Cymro hwn o Cincinnati'n gweddïo am ryddhad y caethweision. Ond byddai'n rhaid i ddiddymwyr Cymreig America ddisgwyl dros chwarter canrif – a goroesi rhyfel cartref gwaedlyd – cyn cael ateb i'w gweddïau.

'Merthyr Oedd ym Mhorth Rhyddid'

Roedd yr Unol Daleithiau yn dal i dyfu yn y cyfnod hwn, gyda thaleithiau newydd yn cael eu ffurfio yn yr ardaloedd gorllewinol a oedd wedi'u dwyn oddi ar y brodorion. A phob tro y câi talaith newydd ei ffurfio, codai'r ddadl ynglŷn â chaethwasanaeth gyda rhai'n ymgyrchu er mwyn sicrhau fod y dalaith newydd yn dalaith gaeth ac eraill am iddi fod yn dalaith rydd. Roedd cadw rhyw fath o gydbwysedd rhwng y *'free states'* a'r *'slave states'* yn orchwyl sylweddol, ac i'r diben hwnnw cafwyd cyfres o gyfaddawdau deddfwriaethol yn ystod yr hanner canrif cyn y Rhyfel Catref.

'The Missouri Compromise' oedd y cyfaddawd ym 1820. Roedd gan Senedd yr Unol Daleithiau gydbwysedd rhwng y taleithiau caeth a'r taleithiau rhydd yn ystod sesiwn 1818-1819, gyda 22 seneddwr Gogleddol (yn cynrychioli 11 talaith rydd y Gogledd) a 22 seneddwr o'r De (yn cynrychioli'r 11 talaith gaeth). Ond gan fod talaith newydd – Missouri – ar fin gael ei derbyn i'r Unol Daleithiau, roedd y cydbwysedd perffaith hwnnw dan fygythiad. Penderfynwyd cadw'r cydbwysedd drwy dderbyn Missouri yn dalaith gaeth a chreu ar yr un pryd dalaith rydd newydd – Maine – allan o diriogaeth a fuasai'n rhan o hen dalaith Massachusetts. Yn ogystal â chadw'r cydbwysedd mathmategol yn y Senedd yn y modd hwn, penderfynwyd hefyd na ddylid o hynny allan dderbyn taleithiau caeth newydd i'r gogledd o linell *(latitude)* 36.30 ar y map.

Dyfeisiwyd cyfaddawd ar ôl cyfaddawd – er enghraifft, *'The Compromise of 1850'*, a'r *'Kansas-Nebraska Act'* (1854) – ond daeth yn gynyddol anodd i gadw'r ddwy ochr yn hapus. Chwarter canrif cyn dechrau'r rhyfel roedd rhai gwleidyddion craff yn dechrau synhwyro fod trafferth mawr ar y gorwel. Ym 1837 rhoddwyd araith gan gyfreithiwr ifanc o Illinois a oedd wedi dechrau ymhel â gwleidyddiaeth. Abraham Lincoln oedd ei enw ac nid dyma'r tro olaf y byddai'r gŵr hwn yn crisialu problemau'r wlad mewn modd cofiadwy:

At what point shall we expect the approach of danger? [....] All the armies of Europe, Asia and Africa combined [...] could not by force take a drink from the Ohio [river], or make a track on the Blue Ridge [mountains], in a trial of a thousand years.

At what point then is the approach of danger to be expected? I answer, if it ever reach us, it must spring up amongst us. It cannot come from abroad. If destruction be our lot, we must ourselves be its author and finisher. As a nation of freemen, we must live through all time, or die by suicide. (AL, 2)

Erbyn y 1850au, roedd yn edrych fel pe bai'r hunanladdiad cenedlaethol hwnnw wedi dechrau mewn lle o'r enw Kansas. Tiriogaeth oedd Kansas, ar fin cael ei ffurfio yn dalaith newydd. Cododd yr un hen gwestiwn: a oedd Kansas i fod yn dalaith rydd ynteu'n dalaith gaeth? Ymateb y llywodraeth yn Washington y tro hwn oedd llaesu dwylo a gadael i bobl Kansas bleidleisio, ac felly heidiodd cefnogwyr caethwasanaeth a'i gwrthwynebwyr fel ei gilydd i Kansas er mwyn dylanwadu ar y canlyniad. Yn fuan aeth pobl ar y ddwy ochr ati i dywallt gwaed. Am rai blynyddoedd byddai Cymry America yn darllen erthyglau fel y ddwy yma:

Y terfysg yn parhau. – Yn ôl yr hanesion diweddaraf a ganfyddasom, yr oedd y terfysg yn parhau yn ardal Fort Scott, Kansas. Mae cryn nifer o bleidwyr caethiwed yn preswylio yr ardal hon, a'r rhydd-dalaethwyr mewn enbydrwydd am eu bywyd yn barhaus. Yr oedd y gwragedd a'r plant wedi eu cymeryd i le o ddiogelwch, a'r gwyr dan arfau, ac yn gosod rhyw rai i wylio ddydd a nos.(CA, 59.2)

Lledaenir hysbysiaeth fod Kansas eto yn cael ei dirdynu gan drallodion gwaeth na'r newyn [...]. Mae gwrthryfel eto wedi tori allan ar lenyrch Kansas, a'r ymfudwyr o'r Talaethau Rhyddion wedi eu gorfodi i gymeryd arfau i fyny mewn hunanamddiffyniad. Mae pleidwyr Caethwasiaeth yn y wlad hono wedi cyflawni lluaws o ysgelerderau yn erbyn pawb y tybient oeddynt yn wrthwynebol i echryslonerdau Caethwasanaeth, ac y mae hyny o'r diwedd wedi cynhyrfu y lleill i ddyfod allan i amddiffyn eu cam.(D, 60.12)

I ganol trallodion Kansas y daeth John Brown. Roedd wedi methu fel dyn busnes, a hynny dro ar ôl tro, mewn gwahanol fusnesau ac mewn gwahanol daleithiau. Ond roedd John Brown yn fwy o lawer na dyn busnes aflwyddiannus; roedd wedi cysegru'i fywyd i frwydro yn erbyn caethwasanaeth. Yn wahanol i lawer o *abolitionists* eraill, credai Brown

Abraham Lincoln yn y 1850au

John Brown

mai dim ond trwy drais y gellid dymchwel y drefn anfoesol honno. Yn Kansas fe aeth John Brown ati i ladd cefnogwyr caethwasanaeth, a hynny gyda chryn archwaeth.

Erbyn 1858, a helyntion *'Bleeding Kansas'* yn hoelio sylw'r wlad, roedd Abraham Lincoln bellach yn ymgeisydd ar gyfer sedd yn Senedd Washington. Yn ystod yr ymgyrch etholiadol, rhoddodd araith gofiadwy arall a ragwelai'r hyn a ddeuai:

> *A house divided against itself cannot stand. I believe this government cannot endure, permanently half* slave *and half* free. *I do not expect the Union to be dissolved – I do not expect the house to* fall – *but I do expect it will cease to be divided. It will become* all *one thing, or* all *the other.* (AL, 25)

Roedd gwasg Gymraeg America yn adleisio rhybudd Lincoln:

> Mae amgylchiadau anghysurus ein Llywodraeth a'r cynhyrfiadau sydd yn ein plith o herwydd caethiwed, yn hysbys i'r byd, ac nid gwiw i ni ymdrechu eu cuddio, ac ofer yw i ni ddysgwyl am dawelwch, hyd nes y symudir yr achos o'r anghydfod o'n plith. Tra mae dwy gyfundrefn mor wrthwynebol i'w gilydd (sef caethiwed a rhyddid,) yn cydfodoli dan yr un Cyfansoddiad gwladwriaethol, a'r

un Gydgynghorfa, a'r un Llywydd, dan rwymau llw swyddogol, i ymgeleddu ac amddiffyn y ddau drefniant, pa fodd y gallwn ddysgwyl i'r ddwyblaid gael eu boddloni.(CA, 58.6)

Ond aeth y sylwebydd Cymraeg hwn gam ymhellach na Lincoln gan gollfarnu'r taleithiau Deheuol yn gyfangwbl am gynnal y sefydliad anfoesol:

Pan ddaeth llongau Ewrop a chaethion Affricanaidd i'w gwerthu i'r Trefedigion, ymaflodd y Deheuwyr yn y cyfle i gael llafurwyr i weithio eu tir, a chogyddion i barotoi eu hymborth, ac i wneuthur pob caledwaith a budrwaith, ag oedd yn cael eu hystyried yn sarhad ar fondeddwr i'w gyflawni. Yr oedd y gyfundrefn gaethiwol yn ateb i chwaeth, tueddiadau a dymuniadau, yn gystal a hinsawdd a chynyrchion y Trefedigaethau Deheuol. Gwelwyd yn fuan fod caethiwed yn tueddu i lygru'r moesau[.] [....] A gwaith na'r cwbl ei fod yn groes i air Duw, ac yn dinystrio iawnderau dyn.(CA, 58.6)

Tua'r un pryd roedd John Brown yn dechrau blino ar y rhyfel gerila yn Kansas. Felly yn Hydref 1859 fe aeth Brown â grŵp bychan o gefnogwyr i ymosod ar stordy arfau yn Harper's Ferry, Virginia. Ei fwriad oedd dwyn ei ryfel personol yn erbyn caethwasanaeth i gadarnle'r sefydliad hwnnw yn nhalaith gaeth Virginia. Cynllun John Brown oedd defnyddio'r arfau a oedd yn cael eu cadw yn Harper's Ferry i arfogi caethweision a fyddai'n siŵr o godi yn erbyn eu meistri a dilyn Brown a fyddai, fel rhyw broffwyd o'r Hen Destament, yn eu harwain i ryddid. Methodd. Daeth milwyr dan arweiniad y Cyrnol Robert E. Lee i Harper's Ferry, gan gymryd John Brown yn garcharor a lladd nifer o'i ddilynwyr. Chwe wythnos yn ddiweddarach, roedd Brown wedi'i ddedfrydu i farwolaeth gan lys yn Virginia. Cyn mynd i'r grocbren, rhoddodd ddarn o bapur i un o'i geidwaid gyda neges gwbl broffwydol wedi'i hysgrifennu arno. *'I John Brown am now quite certain that the crimes of this guilty land will never be purged away, but with Blood'.*

Aeth y newyddion fel tân drwy'r Unol Daleithiau. Roedd y Deheuwyr yn gwybod bellach fod rhai Gogleddwyr o leiaf yn barod i aberthu eu bywydau er mwyn rhyddhau'r caethweision. Roedd teimladau yn y Gogledd yn gymysg iawn, gyda rhai pobl yn gweld John Brown fel gwallgofddyn neu droseddwr, rhai eraill yn cefnogi'r achos ond nid y dulliau treisgar a arddelwyd ganddo, a rhai eraill eto yn ei ddyrchafu'n arwr. Flwyddyn ar ôl i John Brown gael ei grogi, roedd yn dal yn destun trafod ymysg Cymry America. Felly pan ddaeth Eisteddfod Utica ar

Ddydd Calan, 1861, nid oedd yn syndod fod cyfansoddi cyfres o englynion ar destun 'John Brown' ymysg y cystadleuaethau. Eos Glan Twrch (sef John Edwards) oedd y bardd buddugol. Dechreuodd ei gerdd drwy ddisgrifio brwydr Brown a'i feibion yn erbyn 'gorthrymwyr [y] caethwas' a roddai 'gynnig' ar oresgyn Kansas. Mae dau englyn olaf y gyfres yn trafod ymosodiad Brown ar Virginia (a ddisgrifir fel 'mam dywyll caethiwed') a'r 'dienyddol ddedfryd' a ddaeth i'w ran yn sgil ei fethiant:

Virginia, drigfa drygfoes – a thywell
　　Fam caethiwed eisoes;
　I'r ddalfa mewn traha'i troes,
　A mwy'n iawn, mynu'i einioes!

Rhoi'n Brown ar hyn o bryd – wna'i i oddef
　　Dienyddol ddedryd;
　A'i enw'n sarn, ond mewn barn byd,
　Merthyr oedd yn mhorth rhyddyd! (CA, 62.6)

Yn llinell olaf y gerdd disgrifir Brown fel 'merthyr ... ym mhorth rhyddid.' Gwelai'r bardd Cymraeg hwn farwolaeth Brown fel aberth ar stepan y drws a fyddai'n agor ar ryddid y caethweision. Ond roedd y drysau hynny dan glo ar ddechrau'r flwyddyn 1861.

Roedd llawer o bobl wedi gobeithio defnyddio'u pleidlais i agor drysau rhyddid, ac mi gafwyd chwyldro o fath gydag etholiad Abraham Lincoln ym mis Tachwedd 1860. Roedd y cyfreithiwr o Illinois wedi dod ymhell, a phan gafodd ei ethol yn arlywydd yr Unol Daleithiau ym 1860, roedd yn arwain plaid wleidyddol newydd – y *Republicans*. Bid a fo am wleidyddiaeth yr Unol Daleithiau heddiw, roedd Gweriniaethwyr Lincoln yn blaid eithaf radicalaidd.

Codasai'r Gweriniaethwyr o lwch hen blaid y *Whigs* pan chwalwyd y blaid honno gan ddadleuon ynglŷn â chaethwasanaeth. Aeth Chwigiaid a oedd yn erbyn caethwasanaeth ati i ffurfio'r blaid newydd gan ddenu radicaliaid gwrth-gaethiwol o gyfeiriadau eraill. Felly pan etholwyd Lincoln yn arlywydd roedd y Gweriniaethwyr yn blaid newydd a chanddi gyfran go lew o radicaliaid a oedd am ddymchwel caethwasanaeth. Gan fod Cymry America wedi heidio i gefnogi'r Blaid Weriniaethol, roedd gohebydd *Y Drych* wrth ei fodd â chanlyniad yr etholiad:

Mae yr holl Dalaethau rhyddion wedi pleidleisio i roddi eu tuebau etholiadol dros Abraham Lincoln, gyda yr eithriad dibwys o dair-pleidlais yn Nhalaith Jersey Newydd [...]. Yr oedd y frwydr yn boeth, ac mae y fuddugoliaeth yn ogoneddus, ond i'r dyfodol y rhaid i ni edrych am y ffrwyth toreithiog. Yr ydym yn disgwyl y rhoddir ergyd ar ben llygredigaeth yn y gwasanaeth cyhoeddus – y caiff y llafurwr a'r gweithiwr fedi mwy o ffrwyth eu llafur – yr hwylusir troadau olwynion masnach – y cyfyngir Caethwasanaeth o leiaf oddi fewn i'w therfynau presenol, ac yr ymwelir a'n gwlad â llwyddiant na welwyd ei eilydd er's llawer o flynyddau. (D, 60.12)

Tebyg fu ymateb misolion Cymraeg America. Roedd golygydd *Y Seren Orllewinol* yn hyderus y byddai'r arlywydd newydd yn mynd i'r afael â'r problemau a oedd yn bygwth y wlad: 'Mae genym bob ymddyried yn noethineb Mr. Lincoln'.(SO, 60.12)

Roedd Lincoln yn credu fod caethwasanaeth yn anfoesol ac roedd yn erbyn ei hymestyn i daleithiau newydd, ond *Republican* canol-y-ffordd ydoedd o'i gymharu â'r radicaliaid yn ei blaid ei hun. Eto, pan gafodd ei ethol yn Nhachwedd 1860 roedd yn ormod i gefnogwyr caethwasanaeth yn y De. Roedd Cymry America wedi dechrau arfer â darllen penawdau yn y wasg a'u rhybuddiai fod y Deheuwyr ar fin 'Rhannu'r Undeb':

Dadleuwyr dros gaethiwed, sef blaenoriaid y blaid Ddemocrataidd yn y De, a ddatganant eu bwriad penderfynol i *ranu yr Undeb*, os yr ymgeisydd Republicanaidd a etholir yn Llywydd y talaethau yr etholiad nesaf. Ond y mae ynfydrwydd y bygythiad hwn mor eglur, fel nad oes ond ychydig o ddynion deallus y dyddiau hyn yn ystyried ei awdwyr yn onest wrth ei wneud.(CA, 59.9)

Ond mae y ffaith fod y Rhydd Dalaethau wedi mynu clywed eu llais am unwaith, wedi taflu rhai o'r Talaethau Caethwasaidd i deimladau anfoddog a hyd yn oed gythruddedig. Mae yn fwy na thebyg nad ydyw etholiad Lincoln ond math o rithesgus dros y cam y mae rhai o'r Talaethau Deheuol yn fygwth gymeryd[.] [....] Sonia rhai am orfodi y Talaethau anfoddog i aros yn yr Undeb, ond y mae rhyw swn cas i'n clustiau ni yn y gair *gorfodi.* [....] Os ydynt yn meddwl myned i gadw ty eu hunain, gadawer iddynt wneyd y prawf yn hytrach nag i'r Gogledd fod yn hwy yn euog o ffieidd-dra a halogrwydd pla melldithfawr Caethwasiaeth.(D, 60.12)

Gydag ymateb ffyrnig y taleithiau Deheuol i lwyddiant Lincoln daeth yn amlwg fod y rhaniad hwnnw ar fin digwydd.

Jefferson Davis, Arlywydd Cynghrair y Taleithiau Deheuol (neu'r Confederacy).

Fis ar ôl yr etholiad cynhaliodd llywodraeth talaith De Carolina gyfarfod, a phleidleisiodd o blaid *secession ordinance*, sef mesur yn datgan fod y dalaith yn torri'n rhydd o'r Unol Daleithiau. Dilynodd taleithiau Deheuol eraill yn ystod yr wythnosau nesaf. Yn y diwedd, aeth un ar ddeg ohonynt allan o'r Undeb yn y modd hwn: Alabama, Arkansas, Gogledd Carolina, De Carolina, Florida, Georgia, Louisiana, Mississippi, Tennessee, Texas a Virginia. Penderfynodd pedair talaith gaeth – Maryland, Delaware, Kentucky a Missouri – beidio ag ymuno â'r encilwyr; roeddynt mewn sefyllfa anodd gan eu bod am y ffin â'r Gogledd, ac felly yn ystod y rhyfel byddai'r *'border states'* hyn yn cael eu rhwygo gyda'u dynion yn ymladd ar y ddwy ochr. Penderfynodd yr un dalaith ar ddeg a oedd wedi gadael yr Undeb ffurfio llywodraeth gydffederal newydd, sef Cynghrair y Taleithiau Deheuol neu'r *Confederacy.* Maentumiai llywodraeth Lincoln yn Washington nad oedd gan yr un dalaith yr hawl i adael yr Undeb, ond roedd yn rhy hwyr. Ym mis Ebrill, 1861, esgorodd y rhwyg ar ryfel agored.

Am 4:30 yn y bore, 12 Ebrill 1861, dechreuodd canonau yn Charleston, De Carolina saethu at Fort Sumter, sef caerfa yn Harbwr Charleston a oedd yn nwylo milwyr yr Undeb. Ildiodd gwarchodlu Caerfa Sumter y diwrnod wedyn ac felly roedd y Gwrthryfelwyr – neu'r *Rebels* – wedi ennill eu brwdyr gyntaf yn erbyn byddin yr Undeb. Mae ysgrif a gyhoeddodd Robert Everett yn *Y Cenhadwr Americanaidd* yn nodweddiadol nid yn unig o ymateb Cymry America, ond o drigolion y Gogledd yn gyffredinol:

> Mae y newydd am gwymp amddiffynfa Sumter wedi effeithio fel disgyniad taran-follt ar yr holl wlad. Mae ein tynged wedi dyfod arnom, yr awr wedi dyfod i fyny. Pa mor ofidus bynag y meddwl, felly y mae, mae ein gwlad yn wlad rhyfel, – y rhyfel wedi dechreu. Beth fydd ei lwybr, ei ffurf, a'i ganlyniadau, nis gall neb ddweyd.(CA, 61.5)

Os oedd Robert Everett – ac yntau'n byw ddigon pell i'r Gogledd yn nhalaith Efrog Newydd – yn teimlo ansicrwydd ar ddechrau'r rhyfel, roedd y Cymry prin hynny yn nhaleithiau caeth y De mewn sefyllfa neilltuol o anodd. Roedd Henry Davies yn byw yn ninas Baltimore, yn nhalaith Maryland. Ysgrifennodd lythyr at ei dad yng Nghymru bedwar diwrnod ar ôl i'r rhyfel ddechrau gan fynegi'i bryderon:

> os bydd i ryw un ddweyd gair yn erbyn caethwasiaeth yma, peth rhyfedd os na cha'r gwr hwnw belen neu ddwy idd ei fol; o ganlyniad, y mae'n rhaid i ni y Cymry fod yn ddystaw ar y pen hwnw, yn enwedig y dyddiau hyn. [....] Y mae'n amser prysur yn y dref hon y dyddiau hyn ac nid ydys yn gwybod etto pa beth a wna y dalaeth hon, myned allan o'r undeb ai peidio; bu dau ddyn trwy y gwaith yma echdoe yn gofyn am enw pob un ag oedd am gadw yn yr undeb; rhoddodd pob Cymro sydd yma eu henwau iddynt, ond yr ydym yn gorfod bod yn ddystaw. (SC, 61.5)

Er iddo fynegi hyder adeg etholiad Lincoln, roedd golygydd *Y Seren Orllewinol* bellach wedi newid ei gân: 'Ofnwn mai dyma yr ergyd gwaethaf a ddyoddefodd ein gwlad fabwysiedig erioed[.]' (SO, 61.5) Pan ddaeth y newyddion i Gymru nid oedd golygydd *Y Cronicl* yn gallu credu'i bennawd ei hun: 'RHYFEL YN AMERICA. – Yr ydym yn breuddwydio wrth ysgrifenu y geiriau hyn. Nis medrwn gredu ein bod yn eu gweled, er eu dod i lawr, ac edrych arnynt.' (CR, 61.6)

Er nad oedd neb yn siŵr beth fyddai canlyniadau'r rhyfel, roedd y Parchedig R. D. Thomas (neu Iorthryn Gwynedd) yn sicr y byddai'n dod â chosbedigaeth i bawb am eu gwahanol bechodau:

> Gall fod yn *fflangell* drom i'r *Gogledd* am eu bydolrwydd, a'u ffurfioldeb crefyddol; ond bydd yn *ddinystr* i fasnach, uchelgais, a balchder, a llwyddiant, y *Deheubarth*, am eu rhagrith a'u caledwch, eu twyll a'u creulonderau yn hir orthrymiad y Negro Du.(CA, 61.7)

Credai R. D. Thomas y gallai'r rhyfel fod yn aberth a dalai am holl bechodau'r Unol Daleithiau. Dyma felly adleisio barn John Brown na ellid golchi pechodau'r wlad ymaith ond â gwaed.

'Mae Miloedd o Gymry ar y Maes'

Ar ddechrau'r rhyfel rhuthrodd dynion yn y De a'r Gogledd fel ei gilydd i ymrestru. Roedd y catrodau newydd hyn o wirfoddolion yn cael eu ffurfio'n lleol, ac felly roedd dynion o'r un ardal yn gwasanaethu gyda'i gilydd. Nid oedd yn beth anghyffredin i ffrindiau bore oes ac aelodau o'r un teulu ymrestru yn yr un cwmni (uned a ffurfiwyd gan 100 o filwyr) a'r un gatrawd (10 cwmni; 1,000 o filwyr). Ymunodd y Cymro William D. Howells â'r *1st Minnesota Infantry,* sef y gatrawd newydd gyntaf i gael ei chyflwyno i'r Arlywydd Lincoln. Ymunodd Cymro arall, Isaac Morgan, â'r *2nd Minnesota Infantry.* Erbyn i'r 9fed Gatrawd o Draedfilwyr Minnesota gael ei ffurfio, roedd y chwiw ymrestru wedi ymledu ymysg Cymry'r dalaith; roedd gan y gatrawd newydd honno 21 Cymro ynddi. Deuai'r milwyr Cymreig hyn o gymuned fechan wasgaredig, ond erbyn diwedd y rhyfel byddai 66 o Gymry'r ardal yn ymuno ym myddin yr Undeb. Ac nid oedd Minnesota yn eithriad; byddai nifer helaeth o Gymry o gymunedau eraill ar draws y Gogledd yn ymrestru ym myddin yr Undeb erbyn diwedd y rhyfel.

Fel y gwelir o edrych ar y catrodau hyn o dalaith Minnesota, roedd nifer y Cymry mewn catrawd yn amrywio'n fawr ac yn dibynnu ar y boblogaeth Gymreig leol a llwyddiant arweinwyr y gymuned Gymreig leol wrth ddenu gwirfoddolion. (Trafodir dulliau recriwtio'n fanylach ym mhennod 18.) Yn ôl llythyr John E. Roberts, dim ond dau Gymro a oedd gan y *5th Pennsylvania Cavalry:* 'Nid oes yn ein catrawd ond un Cymro a finau, sef William Roberts, Corporal, Co[mpany] H, un o Pottsville [...]. Mae hwn yn anrhydedd i'w genedl'.(D, 63.1)

Gwelir yn y modd y mae John E. Roberts yn defnyddio'r gair 'cenedl' rywbeth sy'n nodweddu llawer iawn o ysgrifau gan filwyr Cymreig ym myddin y Gogledd; er ymfalchïo yn y ffaith eu bod yn rhan o'r fyddin sy'n ymladd er mwyn amddiffyn *Undeb* eu gwlad fabwysiedig, mae'r milwyr hyn hefyd yn ymfalchïo yn arwahanrwydd a natur unigryw *Cymry* America. Roedd y milwyr hyn yn brwydro dros eu fersiwn delfrydol nhw o'r Unol Daleithiau, fersiwn a oedd yn caniatau

Milwyr Deheuol ar ddechrau'r rhyfel: y 1st Virginia Militia.

cydfodolaeth Cymreictod a gwladgarwch Americanaidd. Eto, lleiafrif o ddau oedd Cymry'r 5ed Gatrawd o Feirchfilwyr Pennsylvania, ac felly go brin fod John Roberts wedi siarad llawer o Gymraeg ym myddin yr Undeb.

Roedd John Davies mewn sefyllfa debyg ar ôl iddo ymrestru â'r artileri a chael ei ddanfon yn un o filoedd o filwyr Gogleddol i warchod Washington, D.C., prif ddinas yr Undeb. Ond yn ôl tystiolaeth ei lythyr ef, nid oedd yn poeni am y wedd hon ar ei fywyd milwrol newydd:

Dymunaf arnoch chwi fy mam beidio poeni eich meddwl [...] yr wyf i [...] mor foddlawn a llo, heb ddim ond un Cymro yn agos ataf. Mae yma dros bum can mil ohonom, yn Wyddelod a Saeson a Yankys a Dutch a bron pob cenedl dan yr haul, ag yr wyf fi yn teimlo fy hyn mor gysurys yn eu canol a phe buaswn ynghanol lot o Gymry, os nad yn fwy felly.(JD)

Tawddlestr, *'melting pot'*, oedd byddin y Gogledd i'r Cymro hwn, ac mae'n ymddangos nad oedd John Davies yn poeni am ymdoddi. Roedd yn fodlon cefnu ar gwmniaeth 'lot o Gymry' er mwyn ymuno â'r fyddin a wasanaethai'i genedl amlethnig – ac amlieithog – newydd.

Ar y llaw arall, roedd nifer helaeth o filwyr Gogleddol yn falch o'r ffaith eu bod nhw'n gallu siarad Cymraeg bob dydd yn y fyddin. Ymrestrodd Thomas J. Owens, 'diweddar o Newark, Ohio', â chwmni a gafodd ei wneud yn rhan o'r 26ain Gatrawd o Draedfilwyr Ohio. Roedd 16 o Gymry eraill gydag ef, a chafodd y gatrawd ei Chymreigeiddio ymhellach wrth i gwmnïau o rannau eraill o'r dalaith ymuno â hi:

Yr oeddwn [...] yn teimlo yn llawen wrth gyfarfod â'm cydgenedl yn y lle hwn. Daeth cwmni arall yma ddydd Sadwrn, o swyddi Jackson a Galia, Ohio. Y mae yn eu plith 26 o Gymry[.] (BA, 61.9)

Evan J. Davis, 9fed Gatrawd o
Draedfilwyr Minnesota

John Roberts, is-gadben (lieutenant) gyda'r
9fed Gatrawd o Draedfilwyr Minnesota

Thomas Rees, sarjant gyda'r 4edd
Gatrawd o Draedfilwyr Minnesota

Owen Davis, 4edd Gatrawd o
Draedfilwyr Minnesota

William Rees, 9fed Gatrawd o
Draedfilwyr Minnesota

John Williams, 6ed Gatrawd o
Draedfilwyr Minnesota

Milwyr Cymreig o dalaith Minnesota

Roedd gan John Griffith Jones 11 o gyfeillion agos yng ngwmni G, *23rd Wisconsin Infantry*, pob un yn Gymro – neu Americanwr – Cymraeg. Pan wnaethpwyd y gatrawd yn rhan o frigâd (sef uned a gynhwysai 3, 4 neu 5 o gatrodau fel arfer), ehangodd ei gylch cymdeithasol yn sylweddol:

Y may [h.y., mae] y 118 Ohio yn ein *Brigade*, y may ynddi 42 o Gymry. Y may y 22 Wisconsin wedi dyfod yma heddiw; y may ynddi Gymry ond nid wyf yn gwybod pa faint eto. Y may yma gryn lawer o gany hefo yr holl Gymry. (JGJ, 11)

Roedd gan lawer iawn o gatrodau'r Gogledd rhwng 10 a 25 o filwyr Cymraeg eu hiaith. Dengys llythyr James J. Jones, milwr gyda'r *31st Wisconsin Infantry*, fod y milwyr Cymreig hyn yn ffurfio rhyw fath o gymdeithas fechan oddi mewn i gymdeithas fawr y cwmni a'r gatrawd:

Yr ydym yn rhifo o ugain i bump ar hugain, i gyd yn perthyn i'r un cwmni. [....] Y mae chwech o honom yn mhob pabell, ac mae dwy babell yn ein cwmni ni yn cael eu dal gan Gymry yn hollol, ac os deui di, gyfaill, y *Drych*, i ymweld a ni ryw dro i Fort Halleck, cei afael yn yr ysgrifenydd yn South Wales ar Iowa Street. Y mae yma Gymry eraill yn y babell hon heblaw fi sydd yn gyfeillion cywir i ti[.] (D, 63.4)

Dywed James Jones fod milwyr Cymreig y cwmni yn 'rhifo o ugain i bump ar hugain', ac mae'n bosibl fod yr ansicrwydd ynglŷn â'r rhif i'w briodoli i'r ffaith fod milwyr sâl wedi 'syrthio allan' o'r cwmni gan wneud cyfrif yn anodd. Fodd bynnag, tystia'r llythyr fod yna wedd Gymreig a Chymraeg amlwg ar fywyd cymdeithasol y cwmni; rhoddwyd yr arwydd '*South Wales*' y tu allan i'r babell ar 'Stryd Iowa' yn y wersyllfa, ac roedd chwech o filwyr y tu mewn i'r babell honno yn edrych ymlaen at dderbyn a darllen *Y Drych*.

Mewn rhai cwmnïau roedd y rhan fwyaf o'r milwyr yn Gymry; er enghraifft, nododd un o filwyr *Company F, 22nd Wisconsin Infantry*, fod y 'mwyafrif [ohonynt] yn Gymry'.(CA, 65.9) Yn wir, oherwydd y wedd Gymreig amlwg ar gwmni F, 22ain Gatrawd o Draedfilwyr Wisconsin, rhoddwyd yr enw '*The Cambrian Guards*' arno. Roedd Daniel T. Jones yn sarjant gyda chwmni H, *126th Illinois Infantry*, ac fel hyn y dechreuodd lythyr i'r wasg: 'Mr Olygydd: Wele i ddarllenwyr *Y Drych* ychydig o'n helynt fel cwmni, y mwyafrif o ba un sydd yn Gymry'.(D, 63.7) Pan ysgrifennodd John Griffith Jones lythyr at ei deulu yn Wisconsin, roedd wedi cyfrif 42 o Gymry yn y 118fed Gatrawd o Draedfilwyr Ohio. Ond pan ffurfiwyd y gatrawd honno gyntaf, roedd ganddi gwmni cyfan o

Gymry, sef 110 o ddynion. Ysgrifennodd un ohonynt, D. M. Hughes, lythyr at *Y Cyfaill* tua diwedd 1862:

Yr ydwyf wedi meddwl rhoddi ychydig o hanes y 118fed Gatrawd Ohio, yn yr hon y mae 110 o fechgyn gwrol Cymry Putnam, Gomer, a Vanwert, [Ohio,] y rhai a ymunasant â hi yn mis Awst diweddaf, ac a aethant i Wersyllfa Lima i ddysgu y gelfyddyd o ryfela.(C, 62.12)

Ac nid dyna'r nifer fwyaf o Gymry i gydwasanaethu ym myddin y Gogledd. Roedd Cymry'r *56th Ohio Infantry* yn llenwi cwmni a hanner gan fod gan y gatrawd honno dros 150 o filwyr Cymreig.

Er i'r cwmnïau Cymreig hyn gael eu ffurfio'n weddol gynnar (Tachwedd 1861 – Awst 1862), eto nid aethpwyd ati'n syth – hynny yw, yn ystod chwe mis cyntaf y rhyfel – i recriwtio Cymry ar raddfa eang yn y modd hwn. Cyhoeddwyd erthygl yn *Y Seren Orllewinol* yn Mai 1861 yn ymfalchïo fod cynifer o Gymry'n gwirfoddoli ond hefyd yn gresynu nad oedd catrodau na chwmnïau Cymreig yn cael ei ffurfio:

O bob cenedl yn y wlad, nid oes neb wedi dyfod allan yn fwy calonog ar alwad yr Arlywydd, i amddiffyn y llywodraeth nâ'r Cymry. Y maent wedi ymddwyn yn deilwng o'u cymeriad fel gwladgarwyr, a gwyddom y byddant gyda y mwyaf gwrol ar faes y gwaed pan fydd galwad am hynny. Aeth 2,000 o filwyr allan o Swydd Schuylkill – rai cannoedd o honynt yn Gymry, tua 50 o Minersville yn unig [...] yn debyg yr un fath yr oeddynt yn myned o ardaloedd Scranton, Danville, Pittsburg, &c. Sicrhawyd ni gan gyfaill a ymwelodd â 'Camp Curtin,' yn Harrisburg, ddechreu y mis diweddaf, y gallesid clywed y Gymraeg yn cael ei siarad yno braidd yn mhob rhan o'r gwersyll. Yn Efrog Newydd, Ohio, a thalaethau eraill, mae amryw Gymry wedi ymres[tr]u; er fod yn anhawdd roddi cyfrif o'u nifer. Y mae yn ddrwg genym hyn. Y mae cannoedd o Gymry yn cael eu colli yn mhlith cenedloedd eraill, fel nad yw eu cenedl eu hunain yn cael yr anrhydedd oddi wrthynt. Nid oes nemawr o honynt ychwaith yn swyddogion; dim ond milwyr cyffredin. Pe ffurfiesent gwmnïau eu hunain, gallasent ddewis swyddogion o'u plith eu hunain, a buasent fel y cyfryw yn cael eu hystyried a'u cydnabod yn Gymry, a diau y buasai eu cydwladwyr yn llawenhau o'u herwydd; ond gan mai yn wahanol y maent, nid oes genym ond dymuno eu llwyddiant. (SO, 61.6)

Er i olygydd *Y Seren Orllewinol* ddweud nad oedd Cymry'n cael eu penodi'n swyddogion ym myddin y Gogledd, nid oeddynt yn hollol anweledig yng nghylchoedd dylanwadol y fyddin. Penodwyd John M. Thomas yn gaplan ar nifer o gatrodau newydd Pennsylvania. Cyhoeddodd lythyr yn annog Cymry eraill i ymuno ag ef: 'byddai yn llawenydd nid bychan genyf weled cannoedd o gedyrn ieuaingc ein cenedl yn troi allan gyda ni'. (BA, 61.9) Ceisiodd ddenu Cymry ifainc drwy bwysleisio y gallai ef gynnig gwasanaethau drwy gyfrwng y Gymraeg a thrwy awgrymu'i fod yn gallu dylanwadu ar y 'prif swyddogion':

Caiff y milwyr gymmaint o fanteision [...] ag a gânt gyda neb, beth bynag; a chânt y manteision canlynol: – Pregethwr a all gymdeithasu â hwynt yn Gymraeg – y bydd y pregethwr hwnw, yn rhinwedd ei swydd yn dal cyfrinach â'r prif swyddogion, ac y bydd yn gofalu am danynt pan yn glaf ac yn glwyfedig; ac, fe allai, yn gweinyddu iddynt yn iaith eu rhiaint. (BA, 61.9)

Eto, roedd y caplan hefyd yn rhannu pryderon golygydd *Y Seren*; er bod digon o Gymry'n ymrestru, eto nid oedd yr holl filwyr hyn wedi'u trefnu mewn cwmnïau a chatrodau Cymreig:

Y mae cannoedd o Gymry, yn ddiau, yn bwriadu myned allan i'r rhyfel mewn ychydig wythnosau o wahanol fanau yn y dalaeth hon, fel taleithiau ereill; a difyr iawn fyddai cael llu o honynt gyda'u gilydd. Nid oes dim yn fy nghymmhell i roddi y gwahoddiad hwn ond teimlad o barch i'r Cymry. Trueni na buasai y Cymry wedi deffro yn brydlawn, ac wedi ymrestru dan swyddogion o'r eiddynt eu hunain, ac wedi cynnyg eu gwasanaeth fel catrodau Cymreig. [....] Er fy mod yn awyddus i weled y Cymry yn troi allan gyda mi, etto byddai yn well genyf eu gweled yn ffurfio catrawd hollol Gymreig[.](BA, 61.9)

Fel y gwelsom eisoes, rai misoedd ar ôl i'r llythyrau hyn ymddangos roedd cwmnïau Cymreig y *56th* a'r *118th* Ohio wedi'u ffurfio. Ond ni fyddai'r un gatrawd Gymreig yn cael eu ffurfio.

Cafodd nifer sylweddol o gatrodau Almaenig a chatrodau Gwyddelig eu derbyn i fyddin y Gogledd gan gadw breuddwyd 'y gatrawd Gymreig' yn fyw ar dudalennau'r wasg drwy gydol y rhyfel. Er enghraifft, cyhoeddwyd erthygl yn *Y Cenhadwr Americanaidd* am Almaenwyr enwog a fu wrthi'n helpu recriwtio: 'Ellmyn Enwog yn y Fyddin'. (CA, 61.9) Ond nid oedd gan y Cymry'r un niferoedd â'r

Almaenwyr a'r Gwyddelod ac nid oedd ganddynt yr un rhwydweithiau gwleidyddol ychwaith. Gallai cymeriadau dylanwadol fel yr Almaenwr Carl Schurz a'r Gwyddel Michael Corcoran droi peiriant gwleidyddol sylweddol yn beiriant recriwtio dros nos. Fel y gwelir yn fanylach ym mhennod 18, roedd gan rai Cymry ddigon o ddylanwad yn eu cymunedau lleol i recriwtio ar lefelau llai, ond ni allent gyrraedd lefel Schurz, Corcoran a'u tebyg.

Faint o Gymry a ymrestrodd ym myddin y Gogledd? Fel y nododd golygydd *Y Seren*, gan nad oedd catrodau cyfan o Gymry mae 'yn anhawdd roddi cyfrif o'u nifer'. Yn ôl y Parchedig Benjamin Chidlaw, roedd miloedd o Gymry ym myddin yr Undeb erbyn diwedd haf 1862: 'Mae miloedd o Gymry o New York, Pennsylfania, Ohio a Wisconsin ar y maes. Yr Hollalluog fyddo yn eu diogelu ac yn eu bendithio'.(CA, 62.9) Gallwn gredu'r hyn a ddywedodd y Parch. Chidlaw; roedd yn gaplan gyda'r *39th Ohio Infantry* ac roedd hefyd yn gyfarwydd iawn â chyfansoddiad catrodau eraill gan ei fod yn genhadwr Cristnogol gweithgar ymysg y milwyr. Nid yw'r ymchwil fanwl wedi'i gorffen a fyddai'n caniatáu inni roi rhif pendant, ond mae'r dystiolaeth sydd wedi dod i law hyd yn hyn yn dangos fod *o leiaf* 3,000 o Gymry ym myddin y Gogledd (gan gofio ein bod ni'n diffinio 'Cymro' yn yr astudiaeth bresennol fel rhywun a oedd yn gallu siarad Cymraeg). Isafswm go geidwadol yw hwnnw; mae'n debyg iawn y bydd ymchwil bellach yn dangos fod y nifer yn uwch o lawer ac yn agosach at 6,000 neu 7,000. Ar gyfer yr astudiaeth hon, rhaid bodloni ar yr hyn a ddywedodd y Parchedig Chidlaw, sef bod 'miloedd o Gymry ar y maes'.

Fel y gwelir yn achos Benjamin Chidlaw a John M. Thomas, nid oedd pob Cymro wedi ymrestru i ymladd ag arfau. Yn ogystal â'r gweinidogion Cymreig a aeth yn gaplaniaid gyda'r fyddin, ymrestrodd Cymry eraill fel cerddorion. 'Y baswr mawr' oedd Daniel B. Davies i Gymry Wisconsin cyn y rhyfel; fe ymunodd â'r 24edd Gatrawd o Draedfilwyr Wisconsin, gan chwarae tiwba ym mand y gatrawd. Roedd Hugh Pritchard, yn enedigol o fferm Garth Dorwen, Penygroes, Sir Gaernarfon, yn gerddor gyda'r 8fed Gatrawd o Draedfilwyr Wisconsin. Ac nid dyna'r unig gerddor o Sir Gaernarfon a ymrestrodd gyda gwirfoddolion Wisconsin. Yn ôl un ffynhonnell, bu teulu Elias J. Prichard yn byw yn nhref Caernarfon, ac yn ôl ffynhonnell arall Rhiwlas oedd y cartref; fodd bynnag, ymrestrodd y Cymro hwn â band yr 22ain Gatrawd o Draedfilwyr Wisconsin.

Ond nid penderfyniad hawdd i bawb oedd ymrestru yn y fyddin. Yn sicr, nid oedd yn benderfyniad hawdd i David Davis, Cymro ifanc o dalaith Efrog Newydd. Ar ddechrau mis Ionawr, 1862, ymunodd â

Huw Pritchard, Garth Dorwen,
Penygroes, Sir Gaernarfon, a aeth yn
gerddor gyda'r 8fed Gatrawd o
Draedfilwyr Wisconsin.

Cerddorion milwrol Gogleddol

chatrawd o *infantry*, ond erbyn diwedd yr wythnos roedd ei gyfeillion wedi'i berswadio mai rhy beryglus fuasai mynd yn draedfilwr ac felly newidiodd ei feddwl gan fynd gyda'r artileri. Cofnododd y cyfan yn ei ddyddiadur.

> Iau, 2 Ionawr. Diwrnod braf iawn. Yn yr ysgol heddiw. Ar ddiwedd yr ysgol heno ymrestru yn 81 Gatrawd [Traedfilwyr] N[ew] Y[ork]. Mynd i 'spelling school' i 'schoolhouse' [...] heno. Cael amser mawr; rhai dagrau yn cael eu colli yno. Myned adre gydag Angaline yn wylo yn ddrwg am fy mod yn ei gadael tua 1 a.m. [....]
> Sadwrn, 4 Ionawr. [....] Titus a Mary yn dod heibio i'm cymell i ymrestru yn y 11 N.Y. Battery. Mynd i lawr i'r 'Flatts' heno ac heibio i Angaline. Ymrestru yn y 11 N.Y. Battery cyn dod adre i gychwyn am Albany dydd Llun. (DD, 2)

Ar ddechrau'r rhyfel, roedd pobl yn y De a'r Gogledd fel ei gilydd yn falch iawn o'r ffaith fod cymaint o wirfoddolion wedi ymrestru. Byddai'r ddwy ochr yn dechrau consgriptio yn ystod ail hanner y rhyfel er mwyn llenwi'r rhengoedd, ond yn ystod y ddwy flynedd gyntaf roedd canu clodydd y *volunteer army* yn rhan amlwg o ddiwylliant rhyfel y ddwy ochr. Cyhoeddodd cylchgronau Cymraeg bob math o ysgrifau yn annog Cymry America i gefnogi'r dynion hynny a ymunodd â byddin yr Undeb o'u gwirfodd. Mae cywair sentimental y stori ganlynol yn gwbl nodweddiadol o'r hyn y gellid ei alw'n 'gwlt y gwirfoddolion':

> Deuwch gyda mi i'r ystafell fach brydferth draw, a dangosaf i chwi eneth siriol yn brysur gyda ei gwaith yn gwau. Y lodes fach dlawd hon sydd gloff o'i mebyd, eto gwelwch mor gyflym y mae yn *ceisio gwneud daioni.* Gofynais iddi a oedd yr hosanau yr oedd mor brysur ar waith arnynt yn cael eu bwriadu i dad anwyl neu frawd ymhlith y gwirfoddolion. Atebodd yn anwylaidd ei gwedd, 'Nid oes genyf na thad na brawd; ond y mae yn hoff genyf am yr holl wirfoddolion, ac mae'r hosanau hyn i unrhyw filwr tlawd y byddo arno eu heisiau'. Dymunwn innau fod fy holl gyfeillion ieuainc yn dilyn siampl yr eneth fach haelionus ac anwyl hon, ac yn gwneud rhywbeth dros y milwyr, y rhai a aethant allan mor benderfynol dros ein gwlad yn ei chyfyngder mawr.(CA, 62.5)

Talodd Robert Everett yntau deyrnged flodeuog i'r gwirfoddolion:

> Ffurfiad y Fyddin Wladwriaethol ardderchog a godwyd er *hunanamddiffyniad* fydd un o'r pethau rhyfeddaf i'w cofio am y flwyddyn 1861. [....] [P]an ganfyddwyd y gelynion yn ymgodi yn ein plith, yn gwisgo eu harfau ac yn tanio eu magnelau, wele Fyddin o *saith gan' mil o wyr* yn dyfod i'r maes mewn ychydig wythnosau, oll yn *wirfoddolion*, heb na galw enwau na *drafftio* neb! Wele lynges gref yn cael ei ffurfio, trwy ychwanegiadau prysur, ac yn myned allan i borthladdoedd y rhai a sathrasant gyntaf ar ein banerau, gan gyflawni gwrhydri mawr, a pheri dychryn nid bychan i'r bradwyr a chefnogiad adnewyddol i'r Llywodraeth.(CA, 62.1)

Nododd Robert Everett hefyd y byddai'n anfon copïau o'i gylchgrawn *Y Cenhadwr Americanaidd* at wirfoddolion Cymreig am ddim gan annog Cymry eraill yn America i anfon deunydd darllen Cymraeg at y milwyr. Roedd beirdd hefyd yn cyfrannu at gwlt y gwirfoddolion. Mae'r pennill hwn o'r gerdd 'Beth yw'r Wylo?' (gan 'Ab Owen' o Holland Patent, Efrog Newydd) yn nodweddiadol:

Ac er attal yr annuwiol
  Ddynion creulon llawn o frad,
Fe gaed miloedd yn wirfoddol
  I filwrio tros eu gwlad[.] (CA, 63.12)

Ysgrifennodd nifer o Gymry America lythyrau ac erthyglau yn gofyn am gofrestr ffurfiol a fyddai'n cofnodi enwau'r holl wirfoddolion Cymreig. Dyma, er enghraifft, lythyr gan Evan Griffiths o Iowa a gyhoeddwyd ym mis Hydref, 1862:

Mr. Golygydd, – Tybiwyf y byddai yn fuddiol a chyfiawn i'n cenedl, i gael hysbysrwydd trwy gyfrwng y cyhoeddiadau Cymreig o nifer eu meibion sydd wedi ymrestru yn myddinoedd yr Undeb er dechreu y rhyfel, ac a ddichon wneud yn y dyfodol. Mae llawer o'n gwroniaid, ein dysgedion, ein llaw gelfyddydwyr, a'n duwinyddion &c., wedi eu claddu byth yn malurion yr oesau, heb gymaint a choffa am danynt, o eisiau rhag-feddwl a dal ar adeg fel hon i'w cofnodi. Nis gallaf gredu eu bod yn fwy hwyrfrydig i ddwyn arfau yn erbyn y gwrthryfel yn ein gwlad, na chenedloedd eraill; o ganlyniad, tegwch fyddai eu cofnodi, fel rhai a roddasant gymhorth i'r llywodraeth i lethu y gwrthryfel presenol. (CA, 62.10)

Aeth yr awdur ymlaen gan ddechrau rhestru'r Cymry o'i ardal ef a oedd wedi ymuno â'r 22ain Gatrawd o Draedfilwyr Iowa:

Yn y *company* A, Cadben Lee, 22ain Gatrawd Iowa, y mae 7 o Gymry, sef David J. Roberts, Corporal; David J. Davies yn 1st Isgadben sef mab i'r Parch. John Davies, gynt o Ninetysix, ger Remsen, E[frog] N[ewydd]; William Hughes yn ail Isgadben; Samuel C. Jones yn Sergeant cyntaf, sef mab i'r Parch M. M. Jones; Samuel D. Price yn ysgrifenydd yr Isgadben; Richard Thomas, a Joshua Hughes yn filwyr cyffredin.
  Yn *company* I, Cadben Robertson, y mae Joseph E. Griffiths [mab awdur y llythyr] yn ail Sergeant; Thomas T. Davies yn 6ed Corporal; Edward Breeze; John R. Hughes; Griffith N. Griffiths; Thos. P. Jones, a Thos. Marsden yn filwyr cyffredin. (CA, 62.10)

Er na chafwyd cofrestr genedlaethol ffurfiol o filwyr Cymreig, byddai Cymry eraill yn cyhoeddi ysgrifau tebyg drwy gydol y rhyfel.
  Roedd ffarwelio â'r milwyr newydd yn ddigwyddiad emosiynol i'r gymuned leol, ac roedd dyrchafu a rhamantu'r diwrnod mawr hefyd yn

rhan o gwlt y gwirfoddolion. Cyhoeddodd awdur a ddefnyddiai'r ffugenw 'Cymro Tawel' ddisgrifiad o Gymry'r *56th Ohio* yn gadael eu cynefin:

Penodwyd diwrnod i'r meibion heini i ymadael â Centreville. – Ar y diwrnod hwnw casglodd rhyw lawer iawn ynghyd i ffarwelio â hwynt ac i ddymuno iddynt bob llwyddiant.- O'r teimladau a'r dagrau dywalltwyd yno y diwrnod hwnw! Yn nghanol y cynhwrf a'r *excitement* mawr, sylwais ar un peth a effeithiodd yn rhyfeddol, ie, yn rhyfeddol iawn ar fy nheimladau. – Wel, beth oedd hyny? Gwelais ddynes ieuanc lanwedd, siriol ei gwedd, ymddangosai fel angyles i mi a siaradai yr iaith arferai fy mam anwyl ei siarad â mi yn *Nghymru wen.* Gwelwn hi yn estyn ei llaw arianaidd at y milwr hwn ac at y milwr arall, fel pe buasai yn rhoddi rhyw beth iddynt. Neseais ymlaen gael gweled y symudiad – a beth feddyliech chwi oedd hi yn ei wneud? O! 'r Arglwydd a'i bendithio hi; dim ond anrhegu y gwirfoddiaid â Thestament glân ein Harglwydd Iesu – ïe, dim ond hyny. Beth allasai wneud yn fwy, er dangos ei chariad at gyrff ac eneidiau y bechgyn gwiw. (CA, 61.12)

Er mai 'Cymro Tawel' oedd ffugenw'r awdur, mae'n amlwg i'r digwyddiad ei gyffroi nid ychydig. Ychwanegodd penillion yn canmol y ferch a oedd wedi 'dangos ei chariad' at y gwirfoddolion yn y modd hwnnw:

[Pwy yw,] medd rhywun oddi draw[,]
Oedd â'r fath anrheg yn ei llaw?
I'w rhoddi'n rhwydd a hyny'n rhad
I'n meibion mwyn ein meibion mâd?

O gwiw yw dweyd mai Gweni dlos,
Merch Davies fwyn o Ty'n y Rhos,
A wnaeth fath weithred fawr ei bri,
Bydd cofio byth am dani hi.(CA, 61.12)

Yn debyg i'r darn am y ferch amddifad yn gwau sanau ar gyfer y gwirfoddolion, mae ysgrif 'Cymro Tawel' yn dangos cefnogaeth merched y gymuned i'r milwyr newydd. Mae'r ddau ddyfyniad hefyd yn rhamantu cyfraniad y Gymraes Americanaidd i fyddin yr Undeb mewn modd sy'n adleisio llawer o'r hyn a geid yng Nghymru Oes Fictoria; caiff y ferch ei chanmol am ei glendid a'i chrefydd yn ogystal â'r modd y mae'n cefnogi gweithgareddau dynion ei chenedl.

Fe dâl inni bwysleisio hefyd mai 'Testament' yw'r hyn a roddodd 'Gweni dlos' i'r milwyr, gan adleisio awydd Robert Everett i anrhegu gwirfoddolion ag *Y Cenhadwr Americanaidd*. Yn y ddwy enghraifft, gwelwn anrheg yn arwyddo'r cysylltiad emosiynol rhwng milwyr a sifiliaid; gwelwn hefyd yn y ddwy enghraifft mai deunydd darllen crefyddol yw'r anrheg honno.

Mae ysgrif 'Cymro Tawel' – fel nifer helaeth o ysgrifau eraill – yn rhamantu'r digwyddiad gan drafod teimladau'r sifiliaid wrth i'r milwyr newydd ymadael. Ond beth oedd teimladau'r milwyr eu hunain? Gan droi at ddyddiadur David Davis eto, gwelwn fod cofnodion personol y milwr hwn yn ddrych i'r emosiwn a'r rhamantu a gawn gan y wasg:

Sul 5 Ionawr. Diwrnod teg bythgofiadwy gennyf, teimladau rhyfedd yn fy meddiannu heddiw wrth feddwl efallai mai dyma y Sabbath olaf am byth ymhlith fy ffrindiau a'm cydnabod. Yn y capel y bore a'r nos. Ffarwelio a'm cyfeillion yn hen ac ieuainc a heno cyn ymadael, Leila Hughes yn troi ataf yn y diwedd i ffarwelio, i'r hon y rhoddais 'Farewell Kiss'; cefais gernod yn ad-daliad!

Llun 6 Ionawr. Diwrnod teg a diwrnod hynod. Torri i lawr wrth gadw dyletswydd bore heddiw, felly fy ewyrth Daniel. Cychwyn o gartref am tua 8 a.m. mewn teimladau da (ar ôl cael sbel dda o wylo ar ôl brecwast [...]), y teulu oll yn fy hebrwng i'r 'Flatts'. Cyfarfod Mam yno yr hon oedd yn wylo yn ddrwg. Cael digon o beth yfed yno am ddim. Teimlo yn dda iawn yn cychwyn tua 9.30[.] (DD, 1)

Eto, nid yw'r dyddiadur yn union debyg i'r hyn a gyhoeddwyd gan y wasg Gymraeg yn America ar y pryd. Yn ei onestrwydd mae David Davis yn cofnodi'r math o beth y byddai awdur parchus yn ei adael allan wrth ysgrifennu ar gyfer cyhoeddiad fel *Y Cenhadwr Americanaidd*. Dywed y milwr ifanc hwn ei fod wrth ymadael â'i gartref wedi manteisio ar deimladau'i gyfeillion a meddwi am ddim; dywed hefyd iddo gael swaden, neu 'gernod', gan gyfeilles, Leila Hughes, am iddo fynd yn hyf arni!

Wrth iddynt ffarwelio â'u cartrefi roedd y gwirfoddolion yn croesi'r trothwy a safai rhwng bywyd y sifiliad a bywyd y milwr, ac yn ôl Sarjant Daniel T. Jones roedd hyn yn golygu dysgu'r 'dull milwraidd o fwyta, cysgu a rhodio':

Wele ychydig o'n helynt fel cwmni, y mwyafrif o ba un sydd yn

Gymry. Pan ddaeth yr alwad [...] gadawsom ein cartref yn Coal Valley [...], Illinois. Siglasom ddwylaw a chanasom yn iach i'n hanwyl a hoff berthynasau, a ffwrdd a ni gyda brwdfrydedd dwys a theimlad anesgrifiadwy dros weriniaeth, rhyddid, ac iawnderau dynoliaeth [...]. Arosasom am ychydig wythnosau yn Camp Dixon, Ill[inois], lle y cawsom *slight introduction* i'r dull milwraidd o fwyta, cysgu a rhodio, ac erbyn ein bod wedi ein cyrchu i Camp Douglas ger Chicago, credem ein bod yn medru cerdded yn ddigon da gyda chynorthwy Corporal yn gweiddi *'Left, left, left'*, i osod holl filwyr *Jeff[erson Davis]* dan ein traed a gwneyd holl dir cysegredig *Dixie* yn ddiffeithwch; wedi aros yno am ychydig ddyddiau cawsom ynau, blychau lledr, a *belts*, wedi eu haddurno a phres, &c., ac yr oeddem o ran golwg o leiaf yn ddynion hollol wahanol i'r hyn oeddem ychydig wythnosau cyn hynny[.] (D, 63.7)

Fel y milwyr newydd, roedd y sifiliaid hwythau yn gorfod dechrau cynefino ag ymadroddion a geiriau nad oedd yn rhan o'u hiaith bob-dydd yn amser heddwch. Cyhoeddodd *Y Cenhadwr Americanaidd* ac *Y Cyfaill o'r Hen Wlad* restri o dermau milwrol yn y ddwy iaith er mwyn helpu Cymry America dilyn hanes y rhyfel yn y papurau:

Casement – sydd ystafell yn mur Caerfa *(Fortress)*, yn yr hon yr amddiffynir y milwr rhag tân y gelyn, tra ar yr un pryd yn saethu magnel y Gaerfa. Magnelau *encasement* yw y rhai a wthir allan trwy y gwn-dwll *(Porthole)* yn y mur, ac a ellir eu tynu yn ôl drachefn i'w hail-lwytho – y gwn-dwll yn y cyfamser yn gauedig. [....]

Magnelau *En Barbetet* yw y rhai fyddo wedi eu cyfodi ar wyneb uwchaf y Gaerfa; gellir eu saethu yn unrhyw gyfeiriad a ddymunir, a gellir eu cyfodi a'u gostwng fel y byddo angen yn galw; ond mae y milwyr fyddo yn eu gweithio yn llawer mwy agored i gael eu niweidio gan dân y gelyn, na'r rhai fyddo yn yr ystafelloedd.

Ordnance – sydd enw a ddefnyddir ar bob math o gyflegrau mawrion, er mwyn eu gwahaniaethu oddiwrth yr enwad 'Arfau Bychain' *(Small Arms)*[.] (C, 62.1)

Daeth cerddi ar destunau rhyfelgar i fritho tudalennau gwasg Gymraeg America. Cyhoeddodd Ionoron Glan Dwyryd (sef Rowland Walter) englyn ar destun 'Y Fagnel':

Milwyr Gogleddol yn hyffordi mewn gwersyll

Offeryn ing o ffwrn angau – â thân
  A thwrf rhwng ei weflau;
O'i mîn hyll, dinistr mae'n hau –
Gwae! yw anadl ei genau. (CA, 62.4)

Rhyfel o fath newydd oedd y Rhyfel Cartref, rhyfel y byddai rhai haneswyr ganrif yn ddiweddarach yn ei ddisgrifio fel 'y rhyfel modern cyntaf'. Dyna'r tro cyntaf i lawer o ddyfeisiadau newydd gael eu defnyddio, fel y peirian-ddryll a'r llong danfor. Cafodd yr hen longau pren eu disodli'n rhannol gan longau haearn – neu *ironclads* – newydd. Y *Monitor* oedd ironclad cyntaf y Gogledd; canodd 'Huw Dyfed' o Holland Patent, Efrog Newydd, ei chlodydd mewn englyn:

Gem moroedd ddigymmares, – oedd Moni,
  Ddymunol arwres;
Ha! pa long, mewn pwy lynges,
Nofia li wna fwy o les? (CA, 64.2)

Ond er gwaethaf arbrofion fel y rhain, un datblygiad technolegol fyddai'n cyfrif am y rhan fwyaf o'r marwolaethau ar faes y gwaed, sef y rhych-ddryll neu'r *rifle*. Yn lled ddiweddar roedd y *musket* cyffredin wedi'i

47

drawsffurfio drwy ei reifflo y tu mewn; hynny yw, drwy ddyfeisio rhych neu rigol a all droelli'r bwled ac felly ei saethu yn bellach ac yn gyflymach:

> yn ddiweddar mae geu-dyllau Muskets y Talaethau wedi eu rhychu yn droellawg. Nid ydynt yn awr yn defnyddio yr hen fwled crwn, ond pelen bigyrnol, yr hon a deflir yn mhellach, a chyda mwy o gywirdeb[.] (C, 62.1)

Roedd technoleg lladd wedi datblygu, ond nid oedd y dulliau o ymladd wedi cadw i fyny, ac felly yn ystod y rhyfel byddai miloedd o filwyr yn cael eu martsio mewn rhengau, yn unol â thactegau milwrol yr hen oes, i gegau'r gynnau newydd. Nid oedd y canlyniad yn annhebyg i'r hyn a fyddai'n digwydd hanner canrif yn ddiweddarch yn y Rhyfel Byd Cyntaf.

Ond nid technoleg lladd yn unig a wnaeth y Rhyfel Cartref yn rhyfel modern. Roedd hefyd yn rhyfel a gafodd ei ymladd yn oes y teligraff, gyda newyddion o faes y gad yn aml yn cyrraedd prif ddinasoedd y Gogledd yn syfrdanol o fuan. Roedd system bost yr Unol Daleithiau yn gymharol ddatblygedig, ac felly roedd nifer uchel o lythyrau'r milwyr yn cyrraedd adref yn ddiogel. Ac yn wahanol i ryfeloedd cynharach, roedd nifer uchel o filwyr y Rhyfel Cartref yn llythrennog ac felly'n gallu ysgrifennu yn y lle cyntaf. Roedd hyn yn sicr yn wir ymysg y milwyr Cymreig a oedd wedi manteisio ar ysgolion Sul eu capeli. Ond nid llythyrau'n unig a oedd yn cael eu cludo gan y system bost; roedd ffotograffau yn croesi yn y post hefyd wrth i filwyr a'u teuluoedd gyfnewid lluniau. Y Rhyfel Cartref oedd y rhyfel cyntaf i gael ei gofnodi'n helaeth gan ffotograffwyr. Er bod y dechnoleg yn weddol newydd, roedd wedi datblygu digon i alluogi ffotograffwyr proffesiynol i ddilyn y byddinoedd a chofnodi bywyd bob dydd y milwyr.

Roedd dulliau newydd o deithio yn bwysig iawn hefyd: yr agerfad (steamboat) ar afonydd mawr fel yr Ohio a'r Mississippi a'r rheilffordd ar y tir. Ar drothwy'r rhyfel roedd gan yr Unol Daleithiau fwy o filltiroedd o reilffyrdd na holl wledydd eraill y byd gyda'i gilydd. Roedd y rheilffyrdd hyn yn hollbwysig wrth symud byddinoedd o'r naill ardal i'r llall gan i'r rhyfel gael ei ymladd dros filoedd o filltiroedd o gyfandir Gogledd America.

Wrth i'r gwirfoddolion Cymreig newydd deithio, byddai llawer ohonynt yn ymweld â rhannau o'r cyfandir nad oedd eu cyd-Gymry yn gwybod dim oll amdanynt. Byddai llythyrau'n cael eu cludo o bellafion Mississippi, Louisiana, Georgia a Florida i gymunedau Cymreig yn Wisconsin, Ohio, Efrog Newydd a thaleithiau Gogleddol eraill gan ymledu gorwelion Cymry a oedd fel arall yn gaeth i gyffiniau'r ffarm, y siop, y pwll glo neu'r ffwrnais. Yn eironig ddigon, er mai gwahaniaethau rhwng y De a'r Gogledd oedd wrth wraidd y rhwyg, byddai'r profiadau a ddeuai i filwyr a'u teuluoedd yn ystod y rhyfel yn golygu bod taleithiau'r De ychydig yn llai estron iddynt ar ôl 1861-5. Nid rhyfedd o beth fyddai clywed Cymro'n dweud wrth gymydog yn Racine, Wisconsin, ei fod wedi derbyn llythyr oddi wrth y mab yn New Orleans, Louisiana. Wrth i'r rhyfel lusgo ymlaen, byddai llawer o Gymry'r Gogledd yn clywed fod eu meibion wedi'u claddu mewn lleoedd fel Chattanooga, Tennessee, a Vicksburg, Mississippi. Dyma fannau ar y map nad oedd Cymry o ardaloedd fel Ty'n Rhos, Ohio, a Utica, Efrog Newydd, yn gwybod llawer amdanynt cyn y rhyfel, ond erbyn 1865 byddai'r enwau hyn yn magu ystyr ac arwyddocâd yn y modd mwyaf creulon posibl.

'Aed byddin i Virginia'

Daeth yn glir o'r dechrau y byddai'r rhyfel yn cael ei ymladd yn nhermau dau ranbarth, y dwyrain a'r gorllewin. Roedd hyn yn rhannol oherwydd cyfyngiadau naturiol y cyfandir gyda'i fynyddoedd a'i afonydd, ond roedd hefyd yn rhan o gynllun bwriadol y Gogledd. Winfield Scott, prif uwch gadfridog yr Unol Daleithiau ar ddechrau'r rhyfel, a ddyfeisiodd yr uwchstrategaeth. Roedd gan y Gogledd lawer iawn mwy o fanteision o ran diwydiant ac adnoddau na'r Gwrthryfelwyr Deheuol. Gwyddai Scott y byddai'r De yn dibynnu i raddau helaeth ar fasnachu â gwledydd tramor fel Lloegr er mwyn mewnforio offer rhyfel a nwyddau hanfodol eraill. Felly dyfeisiodd Scott ei *Anaconda Plan*, cynllun ar gyfer lapio'r Gwrthryfelwyr a'u mygu drwy ddefnyddio'r llynges i flocadio'r arfodir ac yna gipio'r Mississippi a blocadio'r afon honno hefyd gan felly dorri'r Deheuwyr i ffwrdd o'r byd y tu allan. Disgrifiodd *Y Cyfaill o'r Hen Wlad* gamau cyntaf y cynllun fel hyn:

> Mae Llywodraeth y Talaethau Unedig wedi cyhoeddi gwarchae ar y porthladdoedd Deheuol, ac ni oddefir unrhyw lestr i fyned i mewn nac allan ond fel y byddo y Llywodraeth yn caniatau.- Dymuniad y wlad yw, gan fod rhyfel yn anocheladwy, ei gwneyd mor fywiog a chostfawr i'r gwrthryfelwyr ag a fyddo'n bosibl, fel y byddo yn debyg o fod yn fyr; gan hyny y mae y Cyhoeddiadau hyn o eiddo Mr. Lincoln yn cael cymeradwyaeth gyffredinol y Gogleddwyr. (C, 61.5)

Yn y gorllewin, byddai byddin y Gogledd yn brwydro eu ffordd tua'r Mississippi, gan anelu at gipio cadarnleoedd y Gwrthryfelwyr ar yr afonydd gorllewinol. Ar ôl cau arfordir y dwyrain gyda blocâd y llynges, byddai byddin yr Undeb yn y dwyrain yn symud i gyfeiriad Richmond, Virginia, prif ddinas y *Confederacy*.

Er i'r Rhyfel Cartref gael ei ymladd dros filoedd o filltiroedd o Ogledd America, cyfyngai un ffaith syml ar natur y rhyfel yn y dwyrain. Roedd prifddinas yr Undeb, Washington, D.C., a phrifddinas y Gwrthryfelwyr,

Milwyr ifainc o dalaith Efrog Newydd

Richmond, yn agos iawn at ei gilydd. Felly wrth i fyddin y naill ochr geisio ymosod ar brifddinas y llall, cafwyd brwdyr ar ôl brwydr mewn llain o dir yng ngogledd Virginia rhwng Richmond a Washington. Ar ddechrau'r rhyfel roedd golygydd *Y Cyfaill o'r Hen Wlad* yn ceisio sicrhau ei ddarllenwyr fod prifddinas yr Undeb yn ddiogel:

> Nid oes yn awr nemawr o ofnau am ddiogelwch Washington. Dywedir ar y seiliau goreu fod y 6ed, y 7fed, y 12fed, a'r 71ain Catrodau Efrog Newydd wedi cyrhaedd yno, heblaw y byddinoedd lluosog o leoedd ereill. Dywedid yn bendant y byddai yno 50,000 o filwyr erbyn dechreu y mis hwn. (C, 61.5)

Yn ystod misoedd cyntaf y rhyfel gwelai trigolion Washington fewnlifiad di-dor o filwyr a fyddai'n gwneud garsiwn prif ddinas yr Undeb y mwyaf yn y byd.

Buddugoliaeth Winfield Scott yn y rhyfel â Mecsico yn ôl ym 1848-1850 a oedd wedi'i wneud yn arwr. Ond erbyn 1861 roedd yn 75 oed, a dadleuai rhai nad oedd yn deall natur y rhyfel modern newydd. Gan ei fod yn frodor o Virginia a ddewisodd aros yn deyrngar i'r Undeb pan ymunodd ei dalaith enedigol â'r Gwrthryfelwyr, roedd eraill yn amau na fyddai Scott yn gallu stumogi'r hyn a ddeuai o arwain byddin dros afon y Potomac i dir Virginia. Glynodd wrth gamau cychwynnol ei Gynllun Anaconda gan obeithio tanseilio gallu'r Gwrthryfelwyr i gynnal eu rhyfel, ond wrth i benawdau fel *'Forward to Richmond!'* ac *'On to Richmond!'* fritho papurau newydd y Gogledd, daeth yn gynyddol amlwg fod y rhan fwyaf o bobl y Gogledd am weld ymosodiad uniongyrchol ar y taleithiau Gwrthryfelgar. Draw yn theatr y gorllewin, enillodd y Gogleddwyr nifer o sgarmesau yn Missouri ac roedd cadfridog ifanc o'r enw George McClellan wedi arwain ei filwyr Undebol ef o Ohio i drechu mintai fechan o Wrthryfelwyr yn mynyddoedd gorllewin Virginia. Cynyddodd felly awydd y cyhoedd i weld datblygiadau yn nwyrain Virginia, ac roedd yr Arlywydd Lincoln ei hun yn cytuno â'r farn gyhoeddus.

Gwyddai Lincoln a'i swyddogion fod y Gwrthryfelwyr wedi casglu yn ymyl Manassas Junction, ryw 25 milltir i'r de o Washington yng ngogledd Virginia. Felly yn groes i ddymuniad y Prif Uwch Gadfridog Scott, aeth byddin Ogleddol dan arweiniad y Cadfridog Irwin McDowell dros yr afon Potomac i Virginia. Y bwriad oedd torri'r rheilffordd yn Manassas Junction ac wedyn symud 'ymlaen i Richmond'. Gan fod Washington yn eistedd rhwng dwy dalaith gaeth – Virginia a Maryland – roedd llawer iawn o drigolion y ddinas yn ochri â'r De ac felly roedd gan y Gwrthryfelwyr ddigon o sbïwyr ym mhrifddinas yr Undeb. Gwyddai'r Deheuwyr am gynllun McDowell, ac roedd eu byddin nhw'n barod amdano. Ar 21 Gorffennaf 1861, ger pentref Manassas ac ar lannau'r afon Bull Run, aeth nifer sylweddol o filwyr y ddwy ochr i'r afael â'i gilydd am y tro cyntaf.

Dwy fyddin amatur a ymladdodd y frwydr fawr gyntaf hon. Ymrestrodd y rhan fwyaf o'r milwyr Gogleddol am dri mis yn unig ar ddechrau'r rhyfel ac felly ychydig iawn o hyfforddiant milwrol a ddaethai i'w rhan cyn brwydr Bull Run. Eto, roedd y Gogleddwyr yn hyderus iawn – mor hyderus fel y dilynodd llu o sifiliaid Washington eu byddin gan fwriadu cael picnic a gwylio'u bechgyn yn curo'r Deheuwyr! Yn wir, aeth oriau cyntaf y frwydr o blaid yr Undebwyr, ond roedd llawer o swyddogion yr un mor ddibrofiad â'u milwyr, ac nid oedd y Gogleddwyr yn gallu cydlynu'n effeithiol ac elwa o'r llwyddiant cynnar hwn. Ar adeg tyngedfennol pan oedd miloedd o filwyr Deheuol yn cilio o'r maes, daeth cadfridog o'r enw Thomas J. Jackson i'r adwy, sef cyn-ddarlithydd yn Athrofa Filwrol Virginia. Ecsentrig o'r iawn ryw oedd Jackson, yn Gristion selog a ddaliai fod y Gogleddwyr dan ddylanwad Satan. Roedd ganddo gaethweision, ond aeth yn erbyn cyfraith Virginia drwy gynnal ysgol Sul ar eu cyfer. Er ei fod yn glaf diglefyd *(hypochondriac)* a boenai o hyd am bob math o afiechydon, roedd yn gwbl ddi-ofn mewn brwydr gan fod ei ffanatigiaeth grefyddol yn troi yn ffyrnigrwydd ymladdgar a chasineb pur tuag at y Gogleddwyr. Yng ngwres y frwydr nododd un o'i gyd-swyddogion fod Jackson a'i filwyr yn sefyll *'like a stone wall'*, gan fathu llysenw – *Stonewall Jackson* – a fyddai'n glynu am byth. Trodd y frwydr o blaid y Deheuwyr.

Bu'n rhaid i'r milwyr Undebol ffoi o'r maes gan ysgubo'r darpar bicnicwyr gyda nhw yr holl ffordd yn ôl i Washington. Collodd y Gwrthryfelwyr tua 1,500 o filwyr wedi'u lladd neu wedi'u clwyfo ym mrwydr Bull Run, ond roedd y Gogleddwyr wedi colli tua 2,000. Roedd Cymry America, fel pawb yn y Gogledd, yn dioddef o sioc. Yn gyntaf, roedd y ffaith fod cymaint wedi'u lladd mewn diwrnod yn anodd ei derbyn. Yn ogystal â maintioli'r gyflafan, roedd y Gwrthryfelwyr wedi ennill eu brwydr fawr gyntaf, a hynny ar stepan drws Washington, D. C. Yn ôl John M. Thomas, y caplan hwnnw a freuddwydiai am ffurfio catrodau Cymreig, roedd methiant y Gogleddwyr yn tanlinellu'r angen: 'O! na buasai catrawd o *Welsh Fusiliers* yn Bull's Run. Ni buasent yn troi ac yn rhedeg fel y llwfriaid ereill'. (BA, 61.9)

Ond cafodd Cymry America – neu o leiaf Cymry swydd Oneida yn nhalaith Efrog Newydd – reswm i ymfalchïo wrth i erthygl ymddangos mewn papur Saesneg lleol, yr *Oneida Herald*:

Lieut. Simpson of the second New York Regiment, in his report of the engagement at Bull Run, and the attack on it by the famous Black Horse Cavalry, says, 'Privates Gillmore and Perry behaved very bravely. They killed from eight to twelve men, and thus saved our colors. Perry is a young Welshman from Oneida County, New York. These soldiers deserve promotion.' (CA, 61.9)

Fel y nodwyd yn y bennod ddiwethaf, roedd Cymry'r Gogledd yn ceisio'n galed iawn i fod yn Americanwyr da, ac nid oedd dim yn eu plesio'n well na gweld Cymro yn cael ei ganmol yn y fath fodd gan wasg Saesneg eu gwlad fabwysiedig. Felly ar sodlau'r erthygl yn yr *Oneida Herald*, fe gyhoeddodd *Y Cenhadwr Americanaidd* englynion gan Eos Glan Twrch yn canmol y Cymro ifanc o Oneida:

Dyna waed o Oneida, – gwaed Eidiol,
    Godidog ei wala;
  Aed byddin i Virginia,
  Wedi dod o'r un gwaed da.

I'r wb eithaf os y frwydr boethodd, – Parry,
   Perygl ddiystyrodd;
  A gwyr meirch, goreu y modd,
  Yn feirw a ddiferodd. (CA, 61.9)

Dywed y bardd ddau beth yn ei englyn cyntaf: mae'n canmol y Cymro o Oneida (gan awgrymu ei fod yn 'eidiol,' hynny yw, 'eilun', o'r Saesneg *'idol'*) ac mae'n dweud y dylid mynd â byddin gyfan o filwyr fel y Cymro hwn i dir y gelyn ('Aed byddin i Virginia,/ Wedi dod o'r un gwaed da'). Dyma adleisio awgrym y caplan John Thomas y gallai catrawd gyfan o Gymry wneud gwahaniaeth ar faes y gad yn Virginia. Roedd y papurau'n bloeddio 'ymlaen i Richmond', ond awgrymodd y bardd Cymraeg hwn y dylid aralleirio'r rhyfelgri: 'ymlaen i Richmond ... gyda byddin o Gymry!' Dywed Eos Glan Twrch yn ei ail englyn fod preifat Parry wedi diystyru'r perygl pan oedd y frwydr yn poethi gan 'ddiferu' gwŷr meirch y gelyn yn feirw ar hyd y maes. Dyma gerdd sy'n osgoi sôn am y golled a'r colledion a ddaeth i ran y Gogledd ym Mrwydr Bull Run gan ganolbwyntio'n unig ar y gwaith gwaedlyd a gyflawnwyd gan un Cymro ar y maes.

    Gallwn osod yr ymfalchïo yma mewn cyd-destun ehangach drwy ystyried hunaniaeth Cymry America. Pa ffordd well o ddangos eu bod nhw'n Americanwyr da nag ymladd i 'achub Undeb' yr Unol Daleithiau a threchu'r 'bradwyr' Gwrthryfelgar? Gwelwn yn sgil brwydr fawr gyntaf y rhyfel ffenomen a fyddai'n nodweddu ymdrechion llenyddol Cymry America drwy gydol y Rhyfel Cartref; trwy bwysleisio arwriaeth Cymry America ar faes y gad a'u hymroddiad i'r eithaf i achos yr Undeb gallai awduron Cymraeg America bwysleisio eu bod yn deilwng o'u gwlad fabwysiedig. Crwsâd yn erbyn caethwasaneth oedd y rhyfel i nifer helaeth o Gymry America, ond yn ogystal â phrofi eu moesoldeb drwy ymladd i ryddhau'r caethion roedd y rhyfel yn gyfle i Gymry America brofi eu bod yn ddinasyddion Americanaidd da.

    Yn wir, mae cynnyrch gwasg Gymraeg America yn dangos ymdrech barhaol i gysylltu'r ddau beth yma. Cyhoeddwyd 'Baner yr Undeb' gan Ionoron Glan Dwyryd (Rowland Walter) yn *Y Cyfaill* ym mis Rhagfyr, 1861; mae'r gerdd hon yn cyfuno nifer o elfennau mewn dull a fyddai'n mynd yn gyfarwydd iawn i Gymry America yn ystod blynyddoedd y Rhyfel Cartref. Mae'r llinellau cyntaf yn cysylltu'r hyn y mae Cymry'r Gogledd yn ymladd drosto â'u rhyddid: 'Ar aden yr awel, yn tyner ymdoni,/Mae Baner ein Rhyddid yn amlwg uwch ben'. Ond nid rhyddid Cymry America yn unig sydd yn y fantol; dywed yn blwmp ac yn blaen fod y frwydr dros Ryddid yn frwydr yn erbyn caethwasanaeth:

O glogwyn i glogwyn, yr udgorn dadseinied
  I alw dewr feibion Columbia i'r gâd
I ymladd â phleidwyr gwrthnysig Caethiwed
  Sy'n ymladd yn erbyn hoff Faner ein gwlad;
Diweinier y cleddyf – y fagnel fo'n rhuo,
  A rhengau y gelyn yn ddarnau tan draed;
Hen Dalaeth Virginia, ei glaswellt fo'n rhuddo,
  A South Carolina yn afon o waed.(C, 61.12)

Dyma adleisio'r modd y mae'r englynion i breifat Parry yn ymfalchïo yn manylion gwaedlyd yr hyn a wnaeth y Cymro ar faes y gad. Mae'r bardd hwn hefyd fel pe bai'n mwynhau dychmygu'r milwyr Gogleddol yn sathru 'rhengau y gelyn yn ddarnau tan draed' gan droi glaswellt Virginia'n goch a De Carolina'n un 'afon o waed'. Pwysleisia ddwy wedd ar natur y Gwrthryfelwyr, gan ieuo'r ffaith eu bod yn 'ymladd yn erbyn hoff Faner ein gwlad' â'r ffaith eu bod yn '[b]leidwyr gwrthnysig Caethiwed'.

Os yw'r bardd yn pwysleisio dwy wedd ar natur y gelyn, mae hefyd yn tynnu sylw at ddau beth sy'n nodweddu'r 'dewr feibion' y mae'r gerdd yn eu cyfarch. Yn ogystal â dweud mai 'meibion Columbia' – hynny yw, Americanwyr – yw'r milwyr ifainc hyn, pwysleisia'r ffaith mai Cymry ydynt:

I chwyddo y fyddin, awn ninau, feib Gwalia,
  Gan gofio Caradog ac Arthur ein tad;
Trywaner â'r fidog frâd luoedd Virginia,
  A buan daw heddwch i lwyddo y wlad.(C, 61.12)

Dyma felly ddod â nifer o themâu cysylltiedig ynghyd i greu portread arbennig o Gymry rhyfelgar America. Rhydd y bardd sylw i dras ddwbl y milwyr hyn; maen nhw'n feibion i Walia ac i Golumbia fel ei gilydd, yn ddisgynyddion i Arthur sy'n dilyn Abraham Lincoln. Mae hefyd yn pwysleisio eu natur ymladdgar. Gwelir portread tebyg mewn llawer iawn o gerddi ac ysgrifau Cymraeg a gyhoeddwyd yn ystod blynyddoedd cythryblus y rhyfel.

'A buan [y] daw heddwch i lwyddo y wlad' yw llinell olaf y gerdd hon, a rhaid casglu mai gobeithio yn wyneb realiti'r sefyllfa oedd Ionoron Glan Dwyryd wrth ysgrifennu'r geiriau hynny. Erbyn i'r gerdd gael ei chyhoeddi yn Rhagfyr 1861, roedd unrhyw obaith am ddod â'r rhyfel i ddiweddglo buan wedi diflannu. Pan gwympodd Fort Sumter yn ôl ym mis Ebrill, dywedodd llawer ar y ddwy ochr y deuai buddugoliaeth iddynt erbyn diwedd yr haf. Roedd eraill yn sicr y byddai'r holl beth wedi gorffen erbyn Nadolig. Ond erbyn i'r mwg glirio ar lannau'r Bull Run, roedd yn amlwg nad anturiaeth fer fyddai'r rhyfel. Parhau a wnaeth yr ysgarmesu yn Missouri; daeth ergyd arall i'r Undebwyr ar 10 Awst wrth i'r *Rebels* eu trechu ym mrwydr Wilson's Creek yn y dalaith honno.

Daeth rhyw faint o newyddion da i'r Gogledd erbyn diwedd Awst wrth i'w byddin gipio Cape Hatteras ar arfordir Gogledd Carolina gan dynhau'r blocâd. Erbyn canol mis Medi 1861, roedd Ship Island ar arfordir talaith Mississipi hefyd yn nwylo'r Gogleddwyr. Dechreuodd y Gogledd symud i gyfeiriad yr afon Cumberland yn Kentucky. Ceid sgarmesu parhaol yn Virginia drwy gydol yr haf a'r hydref, ond heb ddod â buddugoliaeth fawr a fyddai'n prysuro diwedd y rhyfel. Er i'r gerdd a gyhoeddwyd gan Ionoron Glan Dwyryd yn *Y Cyfaill o'r Hen Wlad* ym mis Rhagfyr ragweld y deuai heddwch yn fuan, roedd unrhyw un nad oedd yn gwbl naïf yn gwybod erbyn Rhagfyr 1861 fod taith hir a gwaedlyd o'u blaenau.

Yn hytrach na phriodoli nodyn gobeithiol y bardd i naïfrwydd rhonc, gallwn gasglu mai codi calon ei gynulleidfa oedd y bwriad. Yn sicr, pan ddaeth rhifyn nesaf *Y Cyfaill* o'r wasg ym mis Ionawr 1862, roedd y cylchgrawn yn ceisio'n galed i helpu Cymry'r Gogledd ymegnïo a chodi calon yn wyneb caledi rhyfel. Argraffwyd arlun o George McCellan ar ddechrau'r rhifyn yn 'anrheg' i ddarllenwyr y cylchgrawn. Pwy oedd y dyn hwn a pham oedd golygydd *Y Cyfaill* yn meddwl y byddai llun ohono'n anrheg werth ei chael? Roedd McClellan yn gadfridog ifanc a lwyddodd i gadw gorllewin Virginia yn nwylo'r Undeb gyda nifer o ysgarmesau pwrpasol. Pan ymddeolodd Winfield Scott ym mis Tachwedd 1861, dyrchafwyd McClellan yn brif uwch-gadfridog byddin yr Undeb. Hyfforddi milwyr oedd prif ddawn yr arweinydd milwrol newydd, ac aeth ati ar unwaith i roi trefn ar fyddin yr Undeb yn y dwyrain. 'Little Mac' oedd McClellan i'w filwyr, ond 'Little Napoleon' oedd yr enw a roddwyd iddo gan wasg Saesneg y Gogledd. Proffesiynoli'r fyddin oedd camp McClellan, a thrwy arddangos y fyddin aruthrol hon mewn cyfres o orymdeithion ar strydoedd Washington, trosglwyddwyd yr hyder newydd i sifiliaid y Gogledd hefyd. Felly yn rhifyn Ionawr 1862 o'r cylchgrawn rhoddwyd bywgraffiad byr o dan arlun McClellan:

Yr ydym ar drothwy y flwyddyn 1862, yn anrhegu ein derbynwyr hoff âg arlun da o brif lywydd milwraidd y fyddin Americanaidd; ac wrth wneyd hyny, amcanwn ychwanegu braslun o'i fywyd milwraidd hyd yma. Y mae wedi tynu sylw rhyfeddol, a chanddo ef yn awr y mae rheolaeth byddin yr Undeb yn ac o amgylch Washington, er

Y Cadfridog George McClellan

amddiffyniad ein prifle cenedlaethol, ac adferiad a diogeliad yr Undeb.(C, 62.1)

Gwelir felly natur propaganda rhyfel yn newid wrth i'r ymladd lusgo ymlaen. Yn hytrach na cheisio codi calonnau drwy broffwydo diwedd buan i'r rhyfel, roedd golygydd *Y Cyfaill* erbyn dechrau 1862 yn defnyddio strategaeth arall, sef sichrau fod y Cymry'n ymwybodol o gymwysterau a gallu'r dyn a oedd bellach wrth y llyw. Mae'n bosibl iawn fod gornest hir a chaled o'u blaenau, ond roedd gan y Gogleddwyr bellach yr adnoddau i'w hennill – dyna'r neges a roddwyd i ddarllenwyr y cylchgrawn Cymraeg gydag 'arlun da' o McClellan. Ond a fyddai amser yn dangos fod y Napoleon Bach hwn yn gallu gwireddu'r addewid?

'Rhyfel arafodd Farddoniaeth'

Er gwaethaf ymdrechion cylchgronau fel *Y Cyfaill o'r Hen Wlad* i galonogi milwyr a sifiliaid y Gogledd, roedd arswyd ac ansicrwydd rhyfel wedi ymdreiddio'n ddwfn i bob cymuned Gymreig yn America erbyn diwedd 1861. Yn unol â'r arfer, cynhaliwyd Eisteddfod Utica 1862 ar Ddydd Calan. Ond yn hytrach na'r hwyl a'r afiaeth arferol, roedd yna gysgod dros yr ŵyl. Crisialodd Eos Glan Twrch brofiadau'r eisteddfodwyr mewn dau englyn:

> Llonyddodd ein llenyddiaeth – a rhyfel
>> Arafodd Farddoniaeth,
>> Diwrnod Eisteddfod os daeth,
>> Mae hwn i mi 'n amheuaeth.
>
> Amheuaeth o'r mwyaf, – y daw allan
>> Yn y dullwedd cyntaf;
>> Pob llenor, pob cerddor caf
>> Yn hel ei anadl olaf. (CA, 62.2)

Mae un gair yn rheoli cywair yr englynion hyn – 'amheuaeth'. Mae'r bardd yn amau a ddaeth yr eisteddfod o gwbl, mor ddistaw oedd y gweithgareddau. Yn fwy na hynny, mae'r cysgod a daflwyd dros yr ŵyl yn ymledu'n apocalyptaidd i danseilio hyder y bardd yn y dyfodol; mae'n ofni y bydd hanfod diwylliant yn marw wrth i bob llenor a phob cerddor 'hel ei anadl olaf' yn y rhyfel.

Tra oedd Cymry Utica'n teimlo cysgod y rhyfel ar Ddydd Calan, tua 15 milltir i ffwrdd yn Remsen roedd Robert Everett yn dechrau'r flwyddyn newydd drwy daflu golwg dros ddigwyddiadau'r hen flwyddyn:

> Bydd y flwyddyn 1861 yn hir mewn cof fel y flwyddyn y *torodd allan y gwrthryfel Americanaidd*. Wrth feddwl am y rhyfel hwn, a chofio pwy a'i hachosodd ac i ba ddyben, teimlym gywilydd o'n henw fel

Gwersyll Undebol yn y gaeaf

dinasyddion America. Dyma ryfel wedi ei gynyrchu mewn gwlad rydd, gan gaethddalwyr, – ïe, y caethiwed ffieiddiaf yn ei lygredigaethau moesol ac yn ei anghyfiawnder cywilyddus, o ddim caethiwed a fodolodd erioed ar ddaear Duw.(CA, 62.1)

Fel y gellid ei ddisgwyl gan brif arweinydd diddymwyr Cymreig America, roedd Robert Everett yn pwysleisio'r cysylltiad rhwng y Rhyfel Cartref a chaethwasanaeth. Fel llawer iawn o awduron eraill y cyfnod, roedd am helpu'i ddarllenwyr i ymwroli yn wyneb y rhyfel. Ymwroli, ie, ond nid trwy ledaenu propaganda gwladgarol sentimental. Yn wahanol iawn i gerddi ac ysgrifau a fu'n 'chwifio Baner yr Undeb' yn ystod misoedd cyntaf y rhyfel, dywed Dr Everett y dylai Cymry America deimlo cywilydd o'u 'henw fel dinasyddion America' gan fod staen caethwasanaeth ar eu gwlad fabwysiedig.

Er iddo fynd yn groes yn rhannol i bropaganda gwladgarol y dydd drwy drafod dinasyddiaeth Americanaidd yn y fath fodd, mae'r cyfarchiad yn dweud y gellid gwaredu'r cywilydd hwnnw drwy ymroi i achos y Gogledd a threchu'r caethfeistri:

Yn yr amgylchiadau hyn y mae y pwnc o ryddid dynoliaeth a iawnder hanfodol y gwaelaf o ddynion wedi dyfod i fwy o sylw nag erioed o'r blaen. Gwnaed ymdrech, mae'n wir, ers blynyddau lawer, trwy'r weinidogaeth, a thrwy'r wasg, a thrwy ddylanwad y bleidlais i ryw raddau, i ddeffro ysbryd y wlad at y peth hyn. Ond yn awr, deffrowyd teimlad ac effeithiwyd cyffroad na welwyd ei fath yn ein gwlad erioed o'r blaen.(CA, 62.1)

Crwsâd yn erbyn caethwasanaeth oedd y rhyfel i olygydd *Y Cenhadwr Americanaidd*, a byrdwn ei neges ar ddechrau 1862 oedd y dylai Cymry America ymfalchïo yn y 'cyffroad' ynghylch '[rh]yddid dynoliaeth' ac felly ymwroli wrth wynebu gweddill y rhyfel.

Yn sicr, erbyn blwyddyn newydd 1862 roedd amgylchiadau nifer helaeth o Gymry America wedi newid yn sylweddol. Roedd llawer ohonynt bellach yn filwyr ac yn rhynnu mewn gwersylloedd digysur ar draws Gogledd America, ac roedd llawer iawn o Gymry ar ddwy ochr y môr yn poeni am filwr o fab, gŵr, tad, brawd neu gyfaill, a'r peryglon a ddeuai i'w ran. Eto, nid oedd ymrestru wedi newid bywydau pawb yn yr un modd. Roedd John Davies wedi ymrestru ym myddin yr Undeb, ond roedd yn gwneud yr un gwaith yn y fyddin ag y gwnâi fel sifiliad, sef pedoli ceffylau. Ysgrifennodd lythyr at ei deulu yn ôl yng Nghymru o'i wersyll yng nghanol Washington, D.C.:

Washington, Ionawr 5ed, 1862.
Anwyl Rieni, Brodyr a Chwiorydd, a pherthynasau oll: Wele fi unwaith yn rhagor yn cael cyfleusdra i ysgrifenu ychydig linellau atoch [...]. Mae yn debig eich bod yn clywed llawer am y rhyfel sydd yn [y] wlad yma; mae wedi peri cryn ddryswch yma [...]. Mae bron bob dyn ag sydd yn teimlo ychydig gynesrwydd tua ag rhyddid wedi enlistio, ag yr wyf inau yn eu plith. Ond nid wyf wedi enlistio fel soldier; yr wyf fi wedi enlistio fel gôf gyda chwmpeini o Artillery am dair blynedd. Yr wyf yn gobeithio na fydd yr ychydig linellau hyn yn achos i greu anesmwythder yn eich meddyliau yn fy nghylch. Yr wyf fi allan o bob peryg ag sydd yn digwydd ar faes y rhyfel; nid raid i mi ymladd fel soldier cyffredi[n], er fy mod yn teimlo yn ddyledswydd ar bob dyn i ymladd dro[s] ryddid. [....] Cofiwch fi at bob hen ferch weddw ar hyd y lle yna. Gallaf gydymdeimlo a hwy; yr wyf fi yn hen fab gweddw fy hynan, wedi methu yn lan a pherswadio neb i fy mhriodi. [....] Terfynaf yn awr, eich anwyl fab, John Davies.(JD)

Bu David Davis yn Washington ym mis Ionawr 1862 hefyd, wrth i'w gatrawd deithio o Efrog Newydd i Virginia. Ar ôl cael seibiant yn y brif ddinas, roedd yn symud eto tua'r De. Yn ôl ei ddyddiadur, dechreuodd y diwrnod yn wael iawn i'r Cymro ifanc, ond erbyn y nos roedd cyfarfod annisgwyl wedi codi'i galon:

Sadwrn, 25 Ionawr. Diwrnod oer, yn teimlo yn bur wael heddiw wedi bod yn sal iawn neithiwr, gwayw a dolur rhydd, ddim yn gallu bwyta dim heddiw. Cychwyn am y 'wharf' ar ôl cinio, mynd ar fwrdd y

Washington, D.C. adeg y rhyfel: adeilad y `Capital' heb ei orffen.

'Steamer' am Alexandria tua 4 p.m. Teimlo yn flin a gwan. Cyrraedd Alexandria tua 5. Cael fy 'detailio' i lwytho y 'Baggage'. Cychwyn am Fort Elsworth yn y tywyllwch a'r mwd. Martsio heibio i'r Fort a cowntermartsio a chyrraedd y Fort yn flin a newynog heb fwyta ers 24 awr. Yma yn cyfarfod mewn ffordd hynod a Chymro o'r 62 N[ew] Y[ork] o Oneida, nai'r Parch Morris Roberts, Remsen, pa un a ddaeth a bara, cig a chwpanaid o goffi i mi wedi deall fy mod yn Gymro. (DD, 4)

Wrth i ddegau o filoedd o filwyr fel David Davis deithio drwy brifddinas y Gogledd ar eu ffordd i'r brwydro yn y De, roedd y llywodraeth yn Washington yn trafod y camau nesaf y dylai'r fyddin fawr honno eu cymryd.

Yn Ionawr 1862 aeth carfan o seneddwyr i weld Lincoln a chwyno am McClellan. Er ei fod wedi dangos gallu anhygoel wrth hyfforddi a pharatoi'r fyddin, nid oedd y prif uwch gadfridog ar frys i fynd ar ôl y Gwrthryfelwyr yn Virginia, ac roedd nifer cynyddol o wleidyddion yn poeni y byddai'r holl oedi yn costio'n ddrud i'r Gogledd yn y diwedd. Flwyddyn yn ddiweddarach byddai Isaac Cheshire yn cyhoeddi llythyr yn *Y Drych* yn crynhoi'r sefyllfa:

I ddechreu, gwyddoch mai ychydig o feddwl oedd genym am McClellan fel milwr, a llai fyth o'i amgyffred o sefyllfa y pleidiau, pan yr ymgymerodd a'r swydd bwysig o['i] flaen. [.....] Wel, yn y cyfnod pwysig a nodwyd, beth ond taro ar unwaith ddylasai McClellan wneyd? Yn lle hyny, gadawodd amser i'r gallu milwrol yn y De beri i bawb gyfranu a phleidleisio i'r *concern* yn Richmond. (D, 63.1)

Un o is-swyddogion y llywodraeth yn Washington oedd Isaac Cheshire, ond er bod ei gwynion yn nodweddiadol o farn nifer helaeth o gefnogwyr selocaf Lincoln ar y pryd, roedd yr arlywydd yn gyndyn i newid arweinydd y fyddin eto. Ymysg rhesymau eraill, Democrat oedd McClellan ac roedd y Gweriniaethwr o arlywydd yn ceisio cadw Democratiaid mewn swyddi uchel yn y fyddin er mwyn gwrthbwyso gafael ei blaid ef ar y llywodraeth yn llygaid y cyhoedd a sicrhau cefnogaeth trwch poblogaeth y Gogledd i'r rhyfel. Felly cafwyd llawer o fesur a phwyso hynt y rhyfel yn ystod gaeaf 1861-2. Tra oedd milwyr cyffredin yn poeni am y caledi a ddaeth i'w rhan gyda'r tywydd oer a'r martsio diddiwedd, a diddymwyr fel Robert Everett yn trafod 'deffro ysbryd y wlad' ynghylch caethwasanaeth, roedd Abraham Lincoln yn ceisio sicrhau fod ysbryd pobl y Gogledd wedi'i uno y tu ôl i'w gynlluniau ar gyfer y rhyfel.

Yn ystod gaeaf 1862 roedd Cymry yn yr Hen Wlad hefyd yn pwyso a mesur hynt Rhyfel Cartref yr Unol Daleithiau. Yn ogystal â llythyrau personol fel yr un ysgrifennodd John Davies yn Washington, roedd copïau o *Y Cyfaill o'r Hen Wlad, Y Cenhadwr Americanaidd* ac *Y Drych* yn cyrraedd Cymru. Roedd papurau a chylchgronau Cymru hefyd yn ailgyhoeddi hanes y rhyfel a oedd wedi'i loffa o ffynonellau Americanaidd. Felly roedd pobl yn ôl yng Nghymru yn sicr yn ymwybodol o hanes y rhyfel. Yn wir, pan gynhaliodd Capel Ebenezer, Caernarfon, ei eisteddfod y gaeaf hwnnw, 'Y Rhyfel Cartrefol yn America' oedd testun y bryddest.

Roedd teimladau ynghylch y rhyfel yn gymysg yng Nghymru. A hynny yn rhannol oherwydd y ffaith fod Cymru adeg y rhyfel, fel heddiw, o dan ddylanwad Lloegr a'r Prydeindod yr oedd pwysigion Lloegr yn ei hyrwyddo. Er bod llywodraeth Prydain wedi aros yn niwtral yn swyddogol, roedd wedi cydnabod bodolaeth – ac felly annibyniaeth – y *Confederacy* Deheuol. Roedd cysylltiadau masnachol cryf rhwng Lloegr a'r Gwrthryfelwyr gan fod cotwm y De yn porthi melinau cotwm Prydain. Hefyd, roedd balchder Prydain yn dal i frifo ers iddi golli Rhyfel Annibyniaeth yr Unol Daleithiau 80 mlynedd ynghynt. Er bod Lloegr yn niwtral yn swyddogol, roedd grymoedd Lloegr – y llywodraeth, yr aristocrasi a'r masnachwyr cyfoethog – yn cefnogi'r De. Dylanwadodd hyn oll ar safbwyntiau yng Nghymru.

Bu W. H. Russell, gohebydd y *London Times*, yn teithio o gwmpas y taleithiau Deheuol yn ystod blwyddyn gyntaf y rhyfel. Fe anfonodd erthyglau'n ôl i'w bapur yn Llundain a roddodd yr argraff fod y De yn mynd i ennill y rhyfel a chadw gafael ar ei annibyniaeth. Roedd *Baner ac Amserau Cymru*, un o brif bapurau'r Hen Wlad, yn dyfynnu'r gohebydd hwn yn aml. Wrth i erthygl ar ôl erthygl gyfeirio'n ffafriol at 'Mr. Russell, gohebydd arbennig *Times* Lludain, yr hwn sydd ar daith yn bresenol trwy y taleithiau enciliedig'(BA, 61.7), cythruddwyd Cymry Gogledd America gan barodrwydd y wasg yng Nghymru i ailgylchu'r hyn a ystyrient yn bropaganda noeth o blaid y Gwrthryfelwyr.

Yn wir, gyrrodd *Baner ac Amserau Cymru* ei 'ohebydd arbennig' ei hun draw i America. Mae cywair ei erthyglau ef yn wahanol iawn i gynnyrch gwasg Gymraeg yr Unol Daleithiau ar un pwynt pwysig, sef sefyllfa a hawliau'r caethweision. Roedd o blaid rhyddhau'r caethweision 'yn raddol ac yn amodol', ond nid oedd yn cytuno â diddymwyr Cymreig fel Robert Everett a ymgyrchai 'dros ddiddymiad *uniongyrchol* caethiwed, a rhyddhâd *diammodol* y caethion'. (BA, 62.4) Aeth ymlaen i gyhoeddi geiriau hallt – a hiliol – o fath na ellid dychmygu eu gweld ar dudalennau *Y Drych, Y Cenhadwr Americanaidd* ac *Y Cyfaill o'r Hen Wlad* adeg y rhyfel:

> wedi y caffoch adnabyddiaeth o negroaid y Gogledd, a chymysgu yn eu plith am ychydig amser, y mae rhyw awydd yn dechreu eich meddiannu nad oes arnoch eisieu gweled rhagor o honynt yn dylifo i'ch cymmydogaeth. (BA, 62.4)

A thra oedd golygyddion dau o fisolion Cymraeg America wedi cyhoeddi cyfieithiadau o *Uncle Tom's Cabin*, roedd gohebydd *Baner ac Amserau Cymru* yn feirniadol iawn o'r llenyddiaeth wrth-gaethiwol hon; ymosododd ar 'yr eithafedd barn' ac 'egwyddorion niweidiol darluniau unochrog "Caban F'Ewyrth Twm", a llyfrau cyffelyb[.]' (BA, 62.4)

Os oedd gan y papur hwn ohebydd yn America, roedd gan wasg Gymraeg America ohebyddion yng Nghymru. Cwynodd un ohonynt – 'Cefn Bithel', o'r Wyddgrug – am y ffaith nad oedd y wasg Gymraeg yng Nghymru yn unfryd ei chefnogaeth i ymdrechion y Gogledd.

> Chwi welwch oddiwrth ysbryd rhai o'r misolion Cymreig, eu bod yn cefnogi yr encilwyr [...], oblegid y mae eu holl sylwadau ar y gwrthryfel Americanaidd yn ffafrio y De, ac yn anffafrio y Gogledd. Y mae y Cronicl yn cydnabod y sefydliad Deheuol, [...] a chydnebydd y

prif rebel yn 'Arlywydd', a chanmola symudiadau a gweithrediadau milwyr Jeff Davis a'i gyd-ormeswyr creulawn. (CA, 62.4)

Eto, roedd digon o bobl yng Nghymru a siaradai'n gryf o blaid y Gogledd. Dyna, er enghraifft, olygydd *Y Gwladgarwr*, papur wythnosol a ddeuai o wasg yn Aberdâr; roedd yn gyson gefnogol i'r Gogledd ac – fel y didddymwyr Cymreig yn America – am weld llywodraeth Lincoln yn ieuo'r rhyfel yn gyfan gwbl â'r ymgyrch i ryddhau'r caethweision.

A dweud y gwir, nid *Y Gwladgarwr* oedd yr unig wedd ar fywyd cyhoeddus Aberdâr a oedd yn bleidiol i ochr y Gogledd. Roedd William Williams, 'Y Carw Coch', yn gymeriad adnabyddus yn y dref gan ei fod yn cadw tafarn y 'Stag Inn' yno. Roedd yn llafar iawn ei gefnogaeth i lywodraeth Lincoln a byddin yr Undeb. Cymeriad diddorol oedd Y Carw Coch, dyn a oedd yn ymhel â gwleidyddiaeth radicalaidd o wahanol fathau. Yn ystod y rhyfel byddai pobl o'r ardal a deimlai'n debyg i'r tafarnwr yn casglu yn y Stag i drafod y newyddion diweddaraf o America. Roedd William Williams wedi rhoi map o'r Unol Daleithiau ar wal y dafarn er mwyn i gefnogwyr Lincoln yn Aberdâr gael dilyn symudiadau'r ddwy fyddin. Disgrifia cofiant William Williams y broses yn y modd hwn: 'Yr oedd pinnau ar y map i nodi safle y ddwy wrthblaid, a mawr oedd y cyffro pan fyddai'r pinnau yn cael eu symud yn ôl yr angen o ddydd i ddydd.' (Cy, 1919.1) Mae'n debyg i hanes Y Carw Coch deithio'n bell, ac o ganlyniad fe anfonodd rhywun o'r Unol Daleithiau 'arlun gwerthfawr a thrawiadol' o Abraham Lincoln ato. Rhoddodd William Williams lun ei arwr ar y wal yn ymyl y map, ac felly am weddill y rhyfel gallai'r arlywydd 'edrych i lawr weithiau gyda gwên o foddhad ar y brwdianwch a ffynnai ymhlith y brodyr' yn Aberdâr. (Cy, 1919.1)

'Wedi eu medi fel gwellt'

Yn ystod 1862 roedd pinnau ar fap William Williams yn clystyru ar benrhyn Virginia. Yn y dwyrain, rhoddwyd pwysau cynyddol ar McClellan i weithredu ac yn y diwedd dyfeisiodd gynllun er mwyn dwyn y rhyfel i stepan drws Richmond. Y syniad oedd defnyddio llongau i symud ei fyddin anferthol yr holl ffordd i benrhyn Virginia ac yna ymlwybro i gyfeiriad prif ddinas y Gwrthryfelwyr. Dechreuodd lanio ei filwyr ym mis Mawrth, gan ddefnyddio 400 o longau i symud dros 120,000 o filwyr a holl offer rhyfel i Fortress Monroe ar arfordir y penrhyn.

Ond symudai byddin anferthol yr Undeb yn boenus o araf. Arbenigrwydd McClellan oedd hyfforddi milwyr, ond daeth ei wendidau i'r amlwg wrth iddo fynd â'r fyddin wych yr oedd wedi'i chreu i'r maes. Nid oedd yn orawyddus i ddod wyneb-yn-wyneb â'r gelyn ac roedd arafwch McClellan ar benrhyn Virginia yn peri loes i Lincoln a llywodraeth y Gogledd. Ar 5 Ebrill cyrhaeddodd blaen-fyddin McClellan Yorktown, lle roedd y Gwrthryfelwyr wedi paratoi amddiffynfeydd. Gwelai rhai sylwebwyr Gogleddol eironi yn y ffaith fod Arglwydd Cornwallis, arweinydd byddin Prydain, wedi wynebu'r Gwrthryfelwyr Americanaidd ar yr un maes ryw 80 mlynedd ynghynt; y tro hwn taleithiau Deheuol y wlad a oedd yn ymladd dros annibyniaeth eu *Confederacy*. Nid oedd gan y Deheuwyr ond tua 10,000 o filwyr yn Yorktown, sef llai na 10% o fyddin fawr yr Undeb, ond llwyddodd McClellan i berswadio'i hun mai gan y gelyn oedd y fyddin fwyaf. Stopiodd y tu allan i Yorktown gan baratoi ar gyfer gwarchae.

Draw yn y gorllewin, roedd pethau'n symud yn gyflymach. Cyn ymosod ar gadarnleodd y *Rebels* ar y Mississipi, roedd yn rhaid i fyddin yr Undeb glirio'r Gwrthryfelwyr o lannau'r afonydd Cumberland a Tennessee. Fe lwyddodd y Gogleddwyr ym mis Chwefror 1862, gan gipio Fort Henry ar y Tennessee a Fort Donelson ar y Cumberland. Roedd David a Benjamin Thomas, dau frawd o Heolyfelin, Aberdâr, yn rhan o'r ymgyrch hon. Ysgrifennodd y ddau lythyr at eu mam yng Nghymru yn disgrifio'r brwydro:

Y Cadfridog Ulysses S. Grant

Anwyl Fam, – Dyma'r lle yr ydym yn gof-golofnau o drugaredd Duw. Yr ydym eto ar dir y rhai byw, ac wedi ein harbed i gael ysgrifenu unwaith yn rhagor atoch [...]. Er pan ysgrifenasom o'r blaen, gwelsom ymladd caled rhwng y Gogledd a'r De. Y frwydr gyntaf oedd yn Fort Donelson. Cawsom ymladd ac ymdrech galed a'r gelynion yn y frwydr hono am bedwar diwrnod a phedair nos, ond daethom allan yn fuddugoliaethus. Yr oedd y lle wedi ei ddyogelu yn gryf am 14 o filldiroedd o amgylch gyda dim llai na chant o *gannons* mawrion, wedi eu rhoddi i fyny mewn gwahanol gyfeiriadau, y rhai oeddynt yn lladd ein gwyr ni fel defaid. Yn yr ymdrech ofnadwy hono, collasom dros ddwy fil o'n dynion; ond yr oedd colled y gelyn yn llawer iawn mwy. (G, 62.5)

Y cadfridog a oedd yn eu harwain oedd Ulysses S. Grant, dyn bach a oedd yn hoff o sigârs, chwisgi a siarad yn ddi-flewyn-ar-dafod. Cyn cipio Fort Donelson, anfonodd Grant neges at ei wrthwynebydd gan ddweud nad oedd am dderbyn *'terms except an unconditional and immediate surrender'*. Aeth U. S. Grant yn *'Unconditional Surrender* Grant ' wrth i hanes ei fuddugoliaethau fynd fel tân gwyllt drwy'r Gogledd. Daeth y Gogleddwyr i weld Grant fel y gwrthwyneb i McClellan gan ei fod yn arweinydd milwrol a oedd yn gallu symud ei fyddin yn gyflym, gwneud penderfyniadau ar y maes ac yn bwysicach fyth, guro'r Gwrthryfelwyr.

Nid y ddau frawd o Aberdâr oedd yr unig Gymry ym myddin Grant. Roedd Robert J. Thomas yn enedigol o Aberdaron a bu'n byw yn nhalaith Efrog Newydd cyn symud i Wisconsin. Ymrestrodd â'r 14edd Gatrawd o Draedfilwyr Wisconsin yn Nhachwedd 1861. Cychwynnodd y gatrawd newydd ar 8 Mawrth gan deithio i St. Louis, Missouri. Fe'i gwnaethpwyd yn rhan o fyddin Grant, ac fe anfonwyd y gatrawd ar gychod i lawr y Mississippi i'r afon Tennessee. Cyrhaeddodd Savannah, Tennessee, a gwersyllu ar lan yr afon. Roedd prif fyddin Grant yn ymgasglu rhyw bum milltir i'r de yn ymyl Pittsburgh Landing, nid nepell o'r ffin rhwng Tennessee ac Alabama. Ar 5 Ebrill cafodd Robert Thomas gyfle i ysgrifennu llythyr at ei frawd yn Utica, Efrog Newydd:

Savannah, Tenn[essee], Apr[il] 5, 1862.
Fy anwyl frawd: derbyniais dy lythur ddoe a da oedd genuf ei gae[ll] a chlywed eich bod oll yn iaech, ac fe rwyf fina yn meddu'r un fraint hud yn hun. Rum [h.y., rydym ni] wedi myned o'r diwedd i fysg y gelynion; rum bron ar fordor *State* Ala[bama]. Rum mewn lle go iaech rwan ond nis gwuddom pa hud y rhoswn yma. Mae y tywydd yn bur ffeind – y coed ffrwythydd yn ei bloda er pythefnos nei ragor, a'r ddaeur yn ei bloda a'r adar yn canu – popeth natur yn sirioli y lle. (RJT, 22)

Fel y dywed yn ei lythyr, gwyddai Robert Thomas ei fod 'wedi myned ... i fysg y gelynion'. Roedd y milwyr dibrofiad o Wisconsin yn yr un ardal â'r Gwrthryfelwyr am y tro cyntaf. Disgrifiodd yn gwbl onest y modd y bu iddynt gael eu dychryn gan storm o fellt a tharanau:

Nithiwr fe roeddum allan yn yr awur agored, ac fe ddaeth yn storom o wynt a thrana a gwlaw nes oedd ein o naill haner yn wlub dyferud. Ac yn nhanol y gwynt a'r tywyllwch fe feddylsom fod y gelynion wedi ein goddiweddi. Fe roedd tân mewn hen goed pwdur rochor draw i'r afon i ni, ac fe gynhyrfodd y gwynt y tân i gyna nes oedd y coed yn d[â]n i gid am tia haner milldir o ffordd. Fe roedd genum ddruch feddylia ardderchog – rhai yn dyweud ma Jacklanterns oeddunt, lleill yn dyweyd mae *Gen[eral] Buell*['s] *advance guard oeddunt*, a popeth ar draws ei gilidd a rhai bron yn barod i redeg. Ond llechu wneuthom hud y bore ac erbun y dudd dori nid oedd yna ddim i weled, a deuthom adre y[n] ddiogel. (RJT, 22)

Ysgrifennodd Robert J. Thomas y llythyr hwn ar 5 Ebrill 1862. Y diwrnod wedyn byddai brwydr fwyaf theatr y gorllewin yn dechrau, ac byddai'r milwyr dibrofiad o Wisconsin yn gorfod wynebu mwy na storm o fellt a tharanau.

Roedd y brodyr o Aberdâr ym mhrif wersyllfa'r fyddin ger Pittsburg Landing, yn ymyl eglwys fechan o'r enw Shiloh.

Boreu Sabboth, Ebrill y 6ed, er ein syndod canfyddasom ein bod yn amgylchynedig gan allu o'r gelyn [...] y rhai oeddynt wedi gosod eu hunain mewn 'line of battle,' cyn ein bod ni yn gwybod fod ymosodiad i gael ei wneud. Ar hyn yr oedd ein tabwrddau ni yn swnio drwy y lle i alw arnom i barotoi ar unwaith i'r frwydr, i gyfarfod a'r gallu cryf oedd wedi dyfod allan i'n herbyn. Nid oedd ond rhan o'n byddin ni wedi cyrhaedd y lle eto, ond yr oedd yn rhaid ymladd. (G, 62.5)

Er bod Robert Thomas a'i gydwylwyr i fyny yn Savannah yn disgwyl dyfodiad y gelyn bob munud, nid oedd y brif fyddin yn barod o gwbl. Cafodd milwyr y Gogledd sioc eu bywydau wrth i filoedd o Wrthryfelwyr ymddangos yn niwl y bore ac ymosod arnyn nhw. Yn y modd hwn y dechreuodd dirwnod cyfan o ymladd ffyrnig, ac bu'n rhaid i'r Gogleddwyr syrthio'n ôl fesul llathen i lan yr afon.

Daliasom ein tir drwy y dydd hyd 4 o'r gloch, pryd y deallasom ein bod wedi ein cwbl amgylchynu gan y gelyn, a bod yn rhaid i ni weithio ein ffordd allan drwy eu canol, yr hyn a wnaethom, ond nid heb golli llawer o fywydau ein gwyr. Daeth Benjamin a minau allan yn ddyogel, a chyrhaeddasom ein *camp* heb gael un niwed. Ond bu raid i ni redeg am ddwy filldir drwy ganol y bwledau ag oedd yn syrthio o'n hamgylch oddiwrth y gelyn, y rhai oeddynt wedi ymffurfio yn llinellau o bob tu i ni, ac yn y *rear* nid oedd ond un bwlch i fyned allan. Cawsom ein llwyr *routio* a'n gorfodi i adael y tir iddynt hwy ar y pryd. Ond wedi cyrhaedd y *camp*, darfu i ni ail ymffurfio mewn 'line of battle,' a thrwy hyny gallasom gadw ein sefyllfa hyd boreu dranoeth. (G, 62.5)

Roedd Robert Thomas a'i gydfilwyr yn eu gwersyllfa rai milltiroedd i fyny'r afon pan ddechreuodd y frwydr: 'fe roedd ein *Reg[iment]* ni yn Savannah ddudd Sul'. Symudodd y milwyr dibrofiad o Wisconsin i gyfeiriad sŵn y gynnau, a hynny heb orchymyn oddi wrth yr uwch-swyddogion:

'heb gael *comand* i ddyfod na dim o'r fath, ond tia pedwar o'r gloch fe cychwnson yma ar ein *look* ein hun gan adel popeth ar ein hola ond ein placedi.'(RJT, 3)

Sefyllfa fregus oedd hi erbyn nos Sul. Roedd y Gogleddwyr wedi colli'r maes ar ddiwrnod cyntaf y frwydr, ond roedd yn amlwg y deuai cyfle arall y bore wedyn. Atgyfnerthwyd byddin Grant yn ystod y nos, wrth i unedau fel catrawd Robert Thomas gyrraedd Pittsburg Landing. Daeth tywydd garw i ddigalonni'r milwyr ymhellach y noson honno:

Bu gwnfadau fel hwn yn cynorthwyo byddin Grant ar afonydd y gorllewin.

Ond yr oeddym yn dyoddef anfanteision mawrion oddiwrth y tywydd drwy nos Sul; yr oedd y gwlaw yn disgyn yn llifogydd, a'r taranau yn rhuo, a'r mellt yn fflachio, fel pe buasai natur am awgrymu i ni nad oedd y fuddugoliaeth i fod yn eiddo i ni y tro hwn. Ond erbyn boreu ddydd Llun, yr oedd yr ystorom hono wedi myned drosodd, i gael rhoddi lle i un arall – y daran wedi tewi fel y gallem glywed swn y magnelau. Felly yn lle rhuadau y daran uwchben clywem swn y magnelau ar bob llaw; ac yn ngoleu y fflachiadau o enau y gynau mawrion, yr oeddym yn gweled ein gynau ni yn taflu dinystr ac angau ar y bradwyr, gan eu gwthio yn ôl o bob cyfeiriad o'r tir yr oeddynt wedi ei enill oddiarnom y dydd o'r blaen. Tua phedwar o'r gloch dydd Llun dechreuasant encilio o'r maes, gan eu bod wedi eu llwyr ddrysu yn yr ymdrech. (G, 62.5)

Llwyddodd y Gogleddwyr i wthio'r gelyn yn ôl ac ail gymryd y maes. Roedd yn fuddugoliaeth o fath i'r Gogledd, ond roedd wedi costio'n ddrud iawn mewn bywydau.

Bu'r 14eg Wisconsin yn ei chanol hi ar ddydd Llun. Mae'r llythyr a ysgrifennodd Robert J. Thomas at ei frawd yn dechrau'n syml gyda 'Ar ôl y frwydur', ac mae'r modd y mae'n disgrifio'r frwydr yn gymharol foel:

fe ddechreuoedd y frwydur bore dudd Sul ac fe barhaoedd tan 3 i 4 or gloch dranoeth, pryd y troeth y fuddugoliaeth o'n hochor. Fe roeuddum yma yn barod erbun bora Llun a buom yn y frwydur hud y diwedd yn nghanol y tân a'r bwledi, y rhai a chwifiant o'n cwmpas fel cenllus. (RJT, 3)

Mae disgrifiadau swyddogol y fyddin yn ein galluogi ni i roi cig a gwaed ar frawddegau syml y Cymro. Rhoddwyd y *14th Wisconsin* ym mlaen y fyddin yn gynnar yn y bore ar Ddydd Llun, 7 Ebrill. Dynion o ffermydd a phentrefi bychain Wisconsin oedd y rhan fwyaf o gydfilwyr Robert Thomas, a chawsant eu rhoi'r diwrnod hwnnw yn erbyn traedfilwyr a *battery* (magnelfa) o New Orelans, dinas fwyaf cosmopolitanaidd y De. Gorchmynnwyd iddynt symud i wyneb tân y gelyn a chipio magnelfa'r Deheuwyr. Er mai hon oedd eu brwydr gyntaf, ac er i'r milwyr dibrofiad ddangos cymaint o nerfusrwydd yn wyneb storm yn ddiweddar, rhuthrodd y gatrawd ymlaen ddwy waith – a chael eu gwthio'n ôl bob tro. Ar y trydydd rhuth, llwyddodd y milwyr i gipio'r canonau a dal y tir a oedd wedi'i gymryd. Bu'r 14eg Wisconsin yn ymladd yn ddi-dor am ddeg awr y diwrnod hwnnw, a chan fod ymddygiad y gwirfoddolion dibrofiad ar ail ddiwrnod Shiloh yn debycach i'r hyn a ddisgwylid gan filwyr proffesiynol, enillodd y gatrawd y llysenw *'the Wisconsin Regulars'*.

Mae llythyrau rhai milwyr yn manylu ar eu gorchestion ar faes y gad, gan wneud yn fawr o ddigwyddiadau bychain. Yn ddiddorol ddigon, ni cheir dim o'r dathlu sy'n hydreiddio hanes swyddogol y gatrawd yn llythyrau Robert Thomas ar wahân i ymfalchïo yn y ffaith syml ei fod wedi goroesi'r frwydr yn fyw:

Fe ges y fraint o fod yn y frwydur ynwaith a dod allan yn fyw heb glwu nac archoll, ond fe roedd miloedd yn feirwon ar hud wyneb y maes – nis gallaf ddywedud pa faint a glwyfwyd ac a laddwy[d] [...]. Gallaf fina ddywedud fod y nifer yn fawr a'r olygfa yn druenus ei gweled – wedi ei toru yn ddarna bob dull a modd. Nid oes arnaf eisio gweled maes y frwydur eto: rwyf wedi cael llwyr fy modloni yn awr. Fe laddwyd o'n Regiment ni 15, ac fe glwyfwyd tia 70. (RJT, 3)

Dengys y llythyrau a ysgrifennodd y milwr Cymreig hwn at ei frawd mai gwell ganddo oedd gwneud hwyl am ben ei gydfilwyr dibrofiad na manylu ar y dewrder a roddodd enw da i'w gatrawd. Yn hytrach na'r dwndwr a'r ymffrostio a welir mewn rhai llythyrau, dywed Robert Thomas yn blwmp ac yn blaen wrth ei frawd nad oedd arno 'eisiau gweled maes y frwydr eto.' Cawn yn y fath fanylion gipolwg ar wahanol

bersonoliaethau milwyr unigol.

Mae pob disgrifiad o frwydr Shiloh sydd wedi goroesi yn cytuno ynglŷn â chyflwr y maes. Bu 100,000 o ddynion yn saethu at ei gilydd am ddau ddiwrnod cyfan, ac ni allai llygad-dystion gredu'r canlyniad. Dyma ymgais y brodyr o Aberdâr i'w ddisgrifio:

> rhaid i mi roddi ychydig o grybwyllion am agwedd maes y frwydr ar ôl iddi fyned drosodd – ar ôl dau ddiwrnod o ymladd caled a gwaedlyd o bob tu. Ond pa fodd y gallaf ei ddarlunio. Mae yr olwg yn ofnadwy o ddychrynllyd. Yn wir mae ei darlunio yn ormod gorchwyl i mi. [....] Gallwn ddangos i chwi mewn llai nac awr o amser dros ddwy fil yn gorwedd yn glwyfedig heb allu ymsymud o'r fan. Ie, gallech weld bechgyn a fagwyd yn dyner, gan famau tyner, yn ddegau yn ddrwg eu drych yn gorwedd yn eu gwaed; a llawer gwr tyner, a'i wraig a'i blant yn mhell oddiwrtho, y rhai a dywalltasant waed eu calon dros eu gwlad. (G, 62.5)

Bu William Jones, milwr Cymreig arall, ar y maes hefyd:

> Gwelais rhai parthau o hono wedi ei orchuddio bron gan gyrff dynol a cheffylau, a'r coed wedi eu medi fel gwellt. Yr oedd amryw o'r gwrthryfelwyr wedi eu haner llosgi gan dân oedd yn y dail a'r coed[.] (D, 63.1)

Dyma'r ddau beth sy'n nodweddu disgrifiadau o faes Shiloh. Yn gyntaf, gwnaeth effaith y frwydr ar y tirwedd argraff ar sawl un, gyda choed 'wedi'u medi fel gwellt' yn aros yn ddelwedd afreal yn y cof. Ac yn ail, roedd effaith y rhyfel modern newydd ar gyrff dynion y tu hwnt i'r dychymyg. Mis Ebrill 1862 oedd hi, sef blwyddyn gyfan ers i'r rhyfel ddechrau. Ond roedd cyflafan Shiloh yn waeth o lawer nag unrhyw beth a welwyd yn ystod 12 mis cyntaf y brwydro. Roedd dros 10,000 wedi'u lladd neu wedi'u clwyfo ar bob ochr – dros 20,000 o golledion dynol i gyd.

Bu pobl yn ardal Capel Horeb, Ohio, yn disgwyl yn eiddgar am hanes Howell H. Howell a John D. Davies. Er bod llawer o Gymry Ohio yn y frwydr, roedd gan drigolion Capel Horeb ddiddordeb neilltuol yn hanes y ddau ddyn ifanc yma. Gan fod tad Howell yn ŵr gweddw a mam John hithau'n weddw, ail briododd y ddau pan oedd y bechgyn yn blant,'ac ystyrid hwy felly agos fel brodyr, wedi eu magu yn yr un teulu.' Ymrestrodd y llysfrodyr yn y *5th Ohio Artillery* yn haf 1861.

[N]i ddygwyddodd niwed iddynt hyd frwydr *Pittsburgh Landing*, neu Frwydr Shilo, fel ei gelwir gan y gelynion[.] Boreu Sabboth, Ebrill, 6ed, 1862 (diwrnod a gofir gyda galar gan lawer hyd heddyw), cafodd y ddau eu clwyfo yn farwol gan beleni muskets o fewn yr un mynydau – Howell ychydig fynydau o flaen John.(C, 64.5)

Ond roedd y ddau'n fyw, ac fe'u cludwyd ar gwch yn ôl i ysbyty yn Ohio. Yno bu farw Howell o'i glwyfau ar y 23ain o Ebrill, ac bu farw John yn yr un modd y diwrnod wedyn. Roedd arswyd y frwydr ar lannau afon Tennessee wedi dod adref i Gymry Ohio.

'Cŵn Angau'

Daeth newyddion da i'r Gogledd yn ystod gwanwyn 1862 wrth i ymosodiad o'r môr gipio rhan o dalaith Louisiana gan gynnwys dinas New Orleans. Ond er i Lincoln bwyso ar McClellan i symud ymlaen i gyfeiriad prif ddinas y Gwrthryfelwyr, treuliodd agos at fis yn tin-droi yn y mwd o flaen Yorktown. Gadawodd y Deheuwyr eu ffosydd ar 3-4 Mai. Hawliodd McClellan ei fod wedi ennill buddugoliaeth ysgubol, ond mewn gwirionedd roedd y gelyn wedi dewis tynnu'n ôl o Yorktown i amddiffyn Richmond yn well. Colli amser, nid ennill Yorktown, oedd gwir ganlyniad y gwarchae.

Symudodd byddin fawr yr Undeb yn araf i fyny'r afonydd York a James. Un o filwyr McClellan oedd Frederic Jones, o'r *1st New Jersey Infantry*. Ysgrifennodd lythyr at ei rieni yn Rome, Efrog Newydd, yn disgrifio'u symudiadau ar y penrhyn.

> Tiriasom wrth le a elwir West Point [...]. Dranoeth, ymosodwyd arnom gan luoedd y gwrthryfelwyr, pa rai oeddent wedi encilio o Yorktown, mewn bwriad i groesi yr afon yn y fan hono. Bu ymdrechfa galed a ffyrnig iawn am ychydig oriau. (C, 62.6)

Daeth y ddwy fyddin ynghyd ar 31 Mai mewn dwy frwydr gysylltiedig yn Fair Oaks a Seven Pines. Byddai darllenwyr *Y Cenhadwr Americanaidd* yn cofio Fair Oaks am o leiaf un rheswm; lladdwyd y Cymro John Edmonds yno, a chyhoeddodd y Parchedig James Griffiths bregeth rymus ar destun ei farwolaeth yn rhifyn Medi 1862 o'r cylchgrawn. Byddai haneswyr yn cofio Seven Pines am y ffaith fod prif gadfridog y Gwrthryfelwyr, Joseph Johnston, wedi'i glwyfo'n ddrwg yn y frwydr honno. Y canlyniad fu i Jefferson Davis ddyrchafu Robert E. Lee a'i wneud yn gyfrifol am fyddin Virginia; yn y modd hwn y daeth i amlygrwydd y cadfridog a gyfrifid maes o law yn brif athrylith milwrol y Deheuwyr.

Wrth i Frederic Jones a'i gydfilwyr ymdreiddio'n bellach i berfeddion Virginia daethant wyneb yn wyneb â'r sylfeini economaidd a fu'n cynnal

Cadfridog enwocaf y De: Robert E. Lee

prif deuluoedd y dalaith honno. Ar yr union adeg ag yr oedd Robert E. Lee yn cael ei ddyrchafu'n brif gadfridog, ymwelodd y milwr Cymreig hwn â chartref ei fab:

[Aethom] oddi yno i White House [Virginia], planhigfa berthynol i'r Milwriad Wm. Lee, mab i'r Cadfridog Lee, pa rai sydd ym myddin y gwrthryfelwyr. Y mae y lle yn cynnwys oddeutu 2,000 o erwau o dir, ac oddeutu 300 o Negroaid, oll yn perthyn i'r lle hwn. Dyma y nifer fwyaf yn perthyn i'r un lle a welais eto yn Virginia. (C, 62.6)

Fel y tystia llythyr gan W. H. Jones, Cymro gyda'r *117th New York Infantry*, syrthiodd planhigfa'r teulu Lee yn ysglyfaeth i ddicter y Gogleddwyr: 'Yr ydym yn awr ar y *Pamunkey River*, yn agos i'r gynt, Dy Gwyn; nid oes yn awr o hono ond carnedd o fricks; llosgwyd ef [.]' (D, 63.7)

Daeth y Gogleddwyr o'r diwedd i gyrion Richmond, ond daeth gwendidau McClellan i'r amlwg hefyd wrth i Robert E. Lee rwystro'r ymdrech i gipio prif ddinas y Gwrthryfelwyr. Er gwaethaf y ffaith mai ganddo ef oedd y fyddin fwyaf, cafodd McClellan ei wthio yn ôl o Richmond mewn cyfres o frwydrau gwaedlyd. Mewn llythyr arall a ysgrifennwyd gan Frederic Jones, gwelwn y modd y cyfiawnhawyd anallu'r prif gadfridog i'r milwyr cyffredin:

Y mae wedi bod yn amser cyffrous gyda ni er pan ysgrifenais atoch ddiweddaf. Bu yma rai o'r brwydrau mwyaf gwaedlyd a ymladdwyd erioed ar y Cyfandir hwn. Darfu i'r Cadf. McClellan gyfnewid ei ragdrefniad *(programme)* yn hollol, canys gwelodd os gwnai ymosod ar Richmond o'r sefyllfa yr oedd wedi ei feddiannu y byddai iddo gael ei orchfygu. Felly penderfynodd newid ei sefyllfa [ar] y James River, ac ymosod ar y ddinas o'r cyfeiriad hwn[.] [....] Ar yr un pryd cafodd y gelynion adgyfnerthiad mawr, a disgynasant arnom â'u holl nerth, gan droi pob peth ar dde ac aswy. Parhaodd y rhuthr hwn yn ei lawn danbeidrwydd dros yspaid dwy awr, pryd y darfu i'r ddwy fyddin dynu yn ôl dros y nos. (C, 62.8)

Ac felly ar ddiwedd mis Mehefin cafwyd 'The Seven Days Battles,' wythnos gyfan o ymladd a adawodd dros 35,000 o ddynion wedi'u lladd neu wedi'u clwyfo. Un ohonynt oedd William Denning; cyhoeddwyd yr hanes yn *Seren Cymru*, un o bapurau'r Hen Wlad:

Yn ddiweddar daeth gwybodaeth am farwolaeth W[illiam] H. Denning, o'r 13eg gatrawd. Saethwyd ef ar frwydr y 26ain o Fehefin, ar y Peninsula, a bu farw ar faes y frwydr ar y 27ain.(SC, 62.9)

Daw casgliad arwyddocaol o graffu ar y cofnod moel hwn. Nid oedd rhaid i'r papur newydd fanylu ar leoliad y frwydr. Gallai'r golygydd ei gymryd yn ganiataol fod darllenwyr yng Nghymru'n gwybod yn iawn mai Penrhyn Virginia oedd 'y Peninsula' y bu farw William Denning arno. Nid William Williams a'i gyfeillion yn Aberdâr oedd yr unig bobl yng Nghymru a ddilynai symudiadau'r byddinoedd ar fap Gogledd America.
Ond er gwaethaf yr holl symud, brwydro a lladd, nid oedd byddin yr Undeb yn gam agosach at gipio Richmond. Erbyn Gorffennaf 1862, roedd Frederic Jones bellach mewn gwersyllfa ar lannau'r afon James. Ysgrifennodd lythyr arall oddi yno at ei rieni yn Efrog Newydd gan grynhoi'r profiadau a ddaeth i'w ran ar ddiwedd mis Mehefin:

Cafodd ein hadran ni ei dryllio yn ddrwg. Collwyd y 4edd Gatrawd N[ew] J[ersey] i gyd oll rhwng lladd a'u cymeryd yn garcharorion. Collodd yr 2il Gatrawd N[ew] J[ersey] eu Milwriad, a'u Huch-gadben, yn nghyda llawer o swyddogion ereill. Cafodd ein Hu[w]ch-gadben ni ei archolli yn drwm ar ei ben, ond ni laddwyd ef: collasom ninau amryw o'n swyddogion, ac oddeutu 200 o'n dynion unigol. [....] Nis gallaswn lai na dysgwyl cael fy nharo gan ergyd bob mynyd; ond rhyfedd! cefais fy nghadw heb gymaint ag archoll! (C, 62.8)

Yn wyneb y fath golledion, nid yw'n syndod fod Frederic Jones yn cloi'i lythyr drwy bwysleisio'i gyflwr digalon:

Yr wyf yn teimlo yn dra unig yn ddiweddar, gan fod rhai o'm cyfeillion goreu yn y Wersyllfa wedi eu lladd, ac heb glywed dim oddiwrth yr hen rai – gwna i mi deimlo fel be bawn wrthyf fy hun yn y byd yma. (C, 62.8)

Gwelir yma'r trawma a ddaeth o gyfres ddi-dor o frwydrau gwaedlyd y 'Saith diwrnod'. Roedd y Gogleddwyr wedi colli tua 16,000 o filwyr. Er i'r Gwrthryfelwyr golli dros 20,000, roedd dulliau ymosodol Lee wedi dychryn McClellan gymaint nes ei fod ef, fel Frederic Jones, wedi digalonni'n llwyr.

Daeth cyflafan y *Seven Days* ar ben colledion eraill yn theatr y dwyrain. Yn gynharach ym mis Mehefin bu cyfres o frwydrau yn nyffryn Shenadoah yng Ngogledd talaith Virginia. Erbyn canol haf 1862 roedd y marwolaethau yn y dwyrain yn taflu'u cysgod dros hyd yn oed yr hyn a ddigwyddasai yn Shiloh yn y gorllewin. Un Cymro a fu'n ymladd yng ngogledd Virginia yn haf 1862 oedd John E. Roberts. Mewn llythyr a ysgrifennodd at olygydd *Y Cenhadwr Americanaidd* rhoddodd sylw i fanylion yn gysylltiedig â chladdu'r cyrff. Fel y mae'n ei nodi, roedd cyn-gaethweision yn aml yn cael eu cyflogi i wneud y gwaith:

Ychydig ddyddiau yn ôl daeth hen gaethwas i mewn i'n gwersyll. Y mae yn 63 ml. oed – ac wedi bod yn gaethwas trwy ei oes ac wedi gweithio yn bur galed. Yr holl arian fu ganddo erioedd oedd $1.50 [a gafodd] am ail gladdu milwyr yr Undeb, a syrthiasant yn Leeburg. Yr oedd yn dweyd fod y gelynion wedi eu claddu yn gyntaf, gan daflu dim ond ychydig o bridd drostynt – y moch oedd wedi eu turio i fyny a'u hanffurfio yn arswydol.

Dyn o Philadelphia oedd wedi bod yn chwilio am gorff ei fab a gladdesid yno, ond yr oedd y cyrff wedi eu hanffurfio gymaint, fel na allesid gwahaniaethu un oddiwrth y llall. Dywedai, pe gallasai yn unig weled y botymau oedd ar ei ddillad, y gallasai ei adnabod, ond yr oedd y gelynion wedi eu tori oll ymaith.

Rhoddais i'r hen wr fara a chig a choffi, a dywedai y truanddyn na welsai bobl mor garedig yn ei fywyd. Ymadawodd i fyned i Alexandria, ac fel yr oedd yn cychwyn dywedai ei fod yn gobeithio y byddai i'r Arglwydd ein bendithio a'n gwneud yn fuddugoliaethus, ac y gwnaem ninnau ddaioni i'r caethion druain. (CA, 62.6)

Tra oedd y fyddin yn theatr y dwyrain yn cilio'n ôl i gyffiniau Washington, roedd byddin yr Undeb yn y gorllewin yn mynd ymlaen i'r afon Mississippi gan symud yn benderfynol i gyfeiriad Vicksburg. Un o effeithiau brwydrau anferthol y gwanwyn oedd tanlinellu'r ffaith nad oedd gan y ddwy ochr ddigon o filwyr i ennill y math o ryfel a oedd yn prysur ddatblygu. Aeth llywodraeth y Taleithiau Deheuol ati i recriwtio eto ac, fel y nododd D. S. Davis mewn llythyr, galwodd Lincoln am ragor o wirfoddolion:

Cyn-gaethweision yn ail-gladdu cyrff

Rhoddodd ein tad Abraham floedd am ychwaneg o filwyr, ac atebwyd ef gan 300,000 o ddewrion mewn llai na phum diwrnod! Dyna i chwi esiampl o wladgarwch! (G, 62.7)

Dyna ddigon o ddynion i lenwi 300 o gatrodau newydd. Er na allai'r Undeb drechu'r Deheuwyr ar faes y gad bob tro, roedd y Gogleddwyr yn ymffrostio yn y ffaith fod eu peiriant recriwtio'n gryfrach nag eiddo'u gelynion.

Un o'r catrodau newydd oedd y 14eg Gatrawd o Draedfilwyr Vermont a ffurfiwyd dan y Cyrnol Nichols. Roedd ynddi nifer o Gymry o ardal Fair Haven, rhai ohonyn nhw wedi ymfudo o Ogledd Cymru i weithio yn chwareli'r ardal. Dechreuodd dau Gymro o'r gatrawd hon, John Rowlands a John Williams, gofnodi eu profiadau ar ffurf dyddiadur. Disgrifiodd John Williams y modd y bu iddo fynd yn un o gant o filwyr cwmni a ffurfiwyd yn Castleton cyn i'r cwmni hwnnw fynd yn rhan o'r 14eg Gatrawd:

Ymunais a chwmni o filwyr yn Fairhaven, Vermont. Cafodd y cwmni ei *organizio* yn Castleton, Vermont, dydd Mercher, Medi 3ydd, 1862. Bu yn aros yno yn yr hen 'Mansion House' hyd ddydd Llun, Hydref 6ed, pryd y cychwynodd am Brattleboro, Vermont, i ymuno a'r 14th

Regiment Vermont Volunteers. (JW, 1)

Disgrifiodd ei gyfaill John Rowlands yr un broses yn ei ddyddiadur ef:

Oct[ober] 6. Dyma y diwrnod cychwynodd company Castleton i Brattleboro, y pryd y [ff]urfasom yn un Regiment o dan Col[onel] Nichols. [....] Dyma ddiwrnod byth gofadwy, pan yn ffarwelio a chyfeillion ac a'm annwyl wraig a blentyn. (JR)

Newydd ddechrau eu gyrfa filwrol oedd John Williams a John Rowlands yn Hydref 1862. Byddai'n sbel cyn iddyn nhw deithio o fynyddoedd Vermont i fryniau Virginia.

Ac yn hynny o beth roedd y chwarelwyr o Vermont yn lwcus; byddai hydref 1862 yn gweld llawer iawn o dywallt gwaed. Gan fod y rhyfel wedi'i ymladd yn y taleithiau Deheuol eu hunain yn ystod y 18 mis cyntaf, penderfynodd y Gwrthryfelwyr geisio mynd â'r ymladd i dir y Gogledd. Felly fe aeth y Cadfridog Braxton Bragg ati i ymosod yn y gorllewin, gan deithio i fyny drwy dalaith Kentucky. Y gobaith oedd croesi'r afon Ohio a bygwth dinas Cincinnati. Yn y dwyrain symudodd Robert E. Lee i fyny drwy dalaith Maryland gan herio byddin McClellan a oedd bellach wedi dychwelyd i Washington o Virginia.

Taleithiau ffiniol oedd Kentucky a Maryland, ill dwy yn daleithiau caeth nad oedd wedi ymneilltuo'n swyddogol o'r Undeb, ac o ganlyniad bu dynion o'r 'border states' hyn yn ymladd ar y ddwy ochr. Er mai ymosod ar dir y Gogledd oedd nod filwrol y ddwy ymgyrch, roedd llywodraeth y Gwrthryfelwyr yn gobeithio y byddai'i byddinoedd yn cael effaith cyn cyrraedd Pennsylvania ac Ohio. Trwy roi llawer o filwyr Deheuol ar dir Kentucky a Maryland, gobeithiai wthio'r taleithiau ffiniol hyn i gefnogi'r Gwrthryfelwyr. I'r perwyl hwnnw, gorchmynnodd Robert E. Lee i'w gerddorion chwarae'r gân 'Maryland, My Maryland!' wrth iddynt deithio drwy'r dalaith honno. Fel hyn y disgrifiwyd taith Lee gan Y Cyfaill o'r Hen Wlad:

Daethant i Dalaeth Maryland o ran proffes fel byddin ryddhaol, yn cael eu gwahodd gan Encilwyr enwog, a dysgwylient yn ddiau, yn ôl yr hyn a hysbysasid iddynt hwy, y gwnelai yr holl bobl ymgodi i'w croesawu, ac y caent adgyfnerthion mawrion ar unwaith. Ymddengys yn debygol hefyd fod ganddynt fwriadau pellach ar Baltimore a Washington, ac yn enwedig ar wlad fras a thrysorau lawer dosran ddeheuol Pennsylvania, a bygythient feddiannu Philadelphia yn o fuan. (C, 62.10)

Daeth taith obeithiol Robert E. Lee i ben yn ymyl afon fach o'r enw Antietam, ger pentref Sharpsburg, Maryland.

Roedd crefyddwyr Almaenig wedi sefydlu eglwys fechan ar gyrion Sharpsburg. *NeueTäufer*, 'Bedyddwyr Newydd', oedd enw'r enwad yn yr Hen Wlad, ond 'Dunkers' oeddynt i'w cymdogion yn America, a hynny oherwydd eu dull o drochi wrth fedyddio.

Ond nid dyna'r unig beth a wnaeth i'r Dwnceriaid sefyll allan yn nhalaith gaeth Maryland; roedd cymundeb yr eglwys wedi penderfynu fod caethwasanaeth yn anfoesol, ac roeddynt hefyd yn heddychwyr. Gyda thoriad y wawr ar 17 Medi 1862 roedd eglwys ddiymhongar yr heddychwyr gwrthgaethiwol hyn yn dyst i ddechrau'r frwydr sy'n cael ei chofio hyd heddiw fel y diwrnod mwyaf gwaedlyd i wawrio ar dir yr Unol Daleithiau.

Collodd y De dros 13,000 o filwyr wedi'u lladd neu wedi'u clwyfo a chollodd y Gogledd dros 12,000. Un o'r clwyfedigion oedd Robert W. Jones, a symudasai o Nantglyn, Sir Ddinbych i Waukasha, Wisconsin gyda'i rieni pan oedd yn blentyn. Cafodd ei glwyfo ddwywaith ym mrwydr Antietam. Goroesodd y profiad, a phan ddaeth ei gyfnod milwrol i ben ym 1863 penderfynodd ailymrestru am dair blynedd arall ym myddin y Gogledd. (C, 65.3)

Rhwng y ddwy ochr, collwyd felly dros 25,000 o ddynion mewn diwrnod. Gellid dechrau deall effaith hyn ar bobl y wlad drwy roi'r frwydr mewn cyd-destun hanesyddol ehangach. Roedd rhyfel diwethaf yr Unol Daleithiau, y rhyfel yn erbyn Mecsico yn ôl yn y 1840au, wedi esgor ar 16,000 o gasiwltis mewn dwy flynedd o ymladd. Felly roedd un diwrnod o ymladd yn Antietam, ar dir yr Unol Daleithiau eu hunain, wedi lladd a chlwyfo 10,000 mwy o Americanwyr na *dwy flynedd* gyfan o ymladd yn erbyn byddin Mecsico. I sicrhau fod sifiliaid y Gogledd yn llawn ddeall natur y gyflafan, aeth y ffotograffydd Mathew Brady i'w chofnodi. Wrth agor arddangosfa o luniau Meirwon Antietam yn ei Oriel yn Efrog Newydd dechreuodd Brady gyfnod newydd yn hanes newyddiaduraeth rhyfel.

Er gwaethaf erchyllterau'r diwrnod, cafodd gwasg y Gogledd reswm i ddathlu gan fod Robert E. Lee wedi'i rwystro. Bu'n rhaid i'r Deheuwyr droi'n ôl am Virginia. Dechreua'r stori yn *Y Cyfaill o'r Hen Wlad* drwy floeddio'n fuddugoliaethus fod: 'ymosodiad y gwrthryfelwyr ar Maryland wedi troi allan yn siomedigaeth ac yn fethiant trychinebus iddynt hwy.' Disgrifiodd fethiant y Gwrthryfelwyr yn nhermau hanes y Ffrancod yn Abergwaun: 'cawsant eu siomi, fel y Ffrancod yn Abergwaun; ni chawsant yn un man y croesaw dysgwyliedig.' (C, 62.10) Er mor anaddas yw'r gymhariaeth yn nhermau colledion dynol, mae'r

Meirwon Antietam ger eglwys y Dwnceriaid.

wedd hon ar stori *Y Cyfaill* yn ddiddorol o safbwynt hunaniaeth Cymry
America. Wrth chwilio'i feddwl am ffordd o ddisgrifio'r frwydr fawr ar
lannau'r afonig Antietam, penderfynodd golygydd brwdfrydig y
cylchgrawn y gallai ddisgrifio'r digwyddiad drwy gyfeirio at hanes
Cymru.

Mwy sobreiddiol o lawer oedd y straeon a gyhoeddwyd am ddiffyg lle
i gladdu'r holl feirwon. Bu llywodraeth yr Undeb wrthi'n prynu neu'n
cymryd tir i'r perwyl hwn; disgrifiodd Hugh Elis, Cymro o Efrog
Newydd, un o'r mynwentydd newydd yn y dwyrain:

> Mae yr awdurdodau yn Alexandria wedi prynu dwy erw o dir. Mae y
> Gladdfa Undebol hon wedi ei hamgylchu a chlawdd prydferth, ac
> eisioes yn cynnwys tua 400 o feddau. Mae y dynion truain yn gorwedd
> wedi eu claddu yn rhesi hirion, wrth ochr eu gilydd, a darn o bren
> wrth ben pob bedd, yn dweud enw, Talaeth, Catrawd, a Chwmni y
> dewrddyn trengedig. (C, 62.11)

Erbyn diwedd hydref 1862 roedd angen mynwentydd newydd yn y
gorllewin hefyd wrth i ymosodiad Gwrthryfelwyr Braxton Bragg
gyrraedd penllanw yn Kentucky. I lawer o filwyr Cymreig o Wisconsin,
Perryville oedd eu brwydr gyntaf. Yn ôl un awdur o'r dalaith honno,

Meirwon Antietam: rhan o arddangosfa'r ffotograffydd Mathew Brady

roedd rhai o'r Cymry hyn newydd ymrestru ac heb gael llawer o hyfforddiant cyn cael eu lluchio i ganol eu bedydd tân.

> Cychwynasant i wynebu ar y gelyn tua Kentucky; a chan fod y gelynion yn gwneuthur y fath ddifrod, ac yn agosau yn ddyddiol at Cincinnati, bu raid iddynt gymeryd rhan mewn ymdrechfa galed dros eu gwlad Hydref 8fed, sef brwdyr Perryville, Kentucky, ym mha un y cafodd dau ohonynt eu clwyfo yn farwol! Un o'r enw Thomas E. Williams, ac un arall o'r enw William J. Owen. Yr oedd y ddau yn enedigol o'r Hen Wlad. Mab oedd y blaenaf i Mr. Edward Williams. Ond nid oedd gan yr ail un berthynas yn y wlad hon; mae ei rieni yn byw yn Sir Fôn. (C, 63.8)

Un Cymro o Wisconsin a oroesodd Perryville oedd Evan Davis, a disgrifodd y profiad yn ei ddyddiadur. Roedd Evan Davis yn ddyn ifanc deallus a chanddo ddawn ysgrifennu. Mae'r rhan hon o'i ddyddiadur yn drawiadol o onest; mae'n darlunio milwr ifanc sy'n gweithio trwy ei ofnau i ryw gyflwr arswydus lle y mae, o leiaf am eiliad, yn mwynhau lladd dynion eraill:

> [A]r fryniau Perryville y gwelais y *Battle* gyntaf imi erioed. Yno y

daethum i wybodaeth o'r brofiad o sefyll i eraill saethu ataf. Yr oeddwn wedi darllen llawer am frwydrau ac am wrolder rhai dynion yn nydd y frwydr, ond yno y gwelais yr olygfa yn wirioneddol, heb gymorth dychymig, a gallaf ddweyd, er cymaint a fynegwyd trwy lyfrau a phapurau, na fyn[e]gwyd mo'r haner; rhyw deimlad rhyfedd a'n meddianai wrth glywed cwn angau yn cyfarth o bell, a phob cam a roddem yn ein dwyn yn nes atynt. Ac o nis gallaf ddarlunio yr olygfa […] a welais oddiar fryn bychan, cyn cyrraedd maes y gwaed, ond mae ei argraph yn annileadwy yn s[ylff] lyfr fy meddwl:

Ar fryn bychan o'n blaenau, gwelem fwg du las yn ymgodi […] tua'r nefoedd, ac yn cael ei gario yn arafaidd ar edyn yr awel. [….] Gwelwn ddynion, ceffyla, mulod a'r gwageni mewn prysurdeb cymysgaidd, yn symud eu sefyllfa o ein ffrynt, ac yn gosod eu hunain mewn trefn mewn [ffrynt] arall, ac yn y man wele y canons yn rhuo drostyn, *grape [shot]* a *canister* yn medi rhengau y gelyn, a buledau y gelyn yn suo heibio ein clustiau ac yn disgyn wrth ein traed. Roedd yn ddigon dealladwy wrthym am gadw draw, fod perygl o'n blaen, ac er ceisio ein dychryn yn fwy, gwelem ddynion yn amddifad o freichiau ac yn orchuddiedig gan waed a cheffylau heb farchogion yn carlamu i'r goriwaered i'n cyfarfod. Ond er hyn oll, nid oedd dim yn tyccio, neu'n ein digaloni. Ymlaen yr awn ar *double quick*, dros geryg, trwy dyllau a thrwy gorn cyn uwch a'n penau; dringem i ael y bryn. [….]

Ffurfiasom yn llinell ymladd tu ôl i *fattery* ag oedd a'i holl yni […] yn teneuo rhengau y gelyn. Cawsom orchymin i orwedd lawr am ychydig fynudau. Ac o, mynudau ofnadwy oedd y rhai hyny, y mynudau mwyaf poenus a chwerw o'm hoes oeddynt – yno yn gorwedd ar ein hwynebau yn gwrando chwyrnillio y *shells* a suad y *rifel balls* dros ein penau, ie, ac yn gwrando gruddfan y clwyfedigion yn ein hymyl a screchiadau dieflig y gelynion ar y bryn gyferbyn â ni. Yn fuan, rhyddhawyd ni o'r sefyllfa boenus hon trwy gael gorchymin i godi a thanio cynhwysiad ein gynau i wynebau y gelyn […], yr hyn a wnaethom gyda chalon.

Ar ôl ysgafnhau ein gynau y waeth gyntaf, ysgafnhaodd ein calonau hefyd. Gweithiai ein bysedd yn gyflym, [symudai] ein breichiau heb grynu, ac anelai ein llygaid heb wyro at fyddin lladron rhyddid ag einioes. Yr oedd y gwaith yn ymddangos yn blesurus, ac edrych ar y corph yn cycio wrth ffarwelio â'r enaid yn […] felys. Crochfloeddiem o lawenydd, wrth weled llinell y gelyn yn gwingo o flaen tân ein gynau ac yn ffoi heb drefn i wyneb eu cyfeillion. (ED, 94-8)

Mae'r rhan hon o ddyddiadur Evan Davis yn drawiadol am nifer o resymau. Nid yn unig am ei fod mor ddramatig, ond hefyd am ei fod mor onest: roedd Evan Davies yn ddyn crefyddol iawn, dyn sydd, mewn darnau eraill o'i ddyddiadur, yn coleddu syniadau heddychlon. Ond dyma'r Cristion yn cyffesu fod 'edrych ar y corff yn cycio wrth ffarwelio â'r enaid yn felys' iddo ar ganol y frwydr.

Mae'n werth craffu'n fanylach ar eiriau Evan Davis. *'Seeing the eliphant'* oedd ffordd milwyr Saesneg eu hiaith o ddisgrifio profi brwydr am y tro cyntaf; roedd 'gweld eliffant', mae'n debyg, yn cyfeirio at y profiad o fynd i syrcas a gweld anifail am y tro cyntaf nad oedd ar gael fel arall ond mewn llyfrau a straeon. Gweld rhywbeth na ellid ei ddychymgu'n iawn heb ei weld – dyna ergyd yr ymadrodd. I'r Cymro ifanc, nid 'gweld eliffant' oedd y profiad, ond 'clywed a gweld cŵn angau' (gan gyfeirio o bosibl at yr hen draddodiadau Cymreig ynghylch 'cŵn Annwn'). Ac yn olaf, mae'r modd y mae'n disgrifio'r gelyn yn ddadlennol iawn: 'byddin lladron rhyddid'. Disgrifio ei frwydr gyntaf yw prif bwrpas y rhan hon o'i ddyddiadur, nid traethu ynghylch achosion y rhyfel. Felly mae'n gwbl arwyddocal ei fod yn portreadu ei elynion fel caeth-feistri, fel 'lladron rhyddid', yma. Gwelwn felly fod rhethreg wrthgaethiwol Cymry America wedi dilyn milwyr fel Evan Davis i faes y gad.

Perryville oedd y frwydr fwyaf a welodd talaith Kentucky yn ystod y Rhyfel Cartref. Ymwelodd y Parchedig Ben Chidlaw â'r maes:

Yr oedd golwg ar faes y gwaed, ddyddiau ar ôl y frwydr, yn ddigon i ddryllio y galon. O erchyllfeydd rhyfel! Nid allaf ddarlunio y golygfeydd alaethus. Dyma o 15 i 20 o geffylau yn eu gwaed ac yn eu hymyl o 30 i 40 o feddau. Dyma 35 yn un rhes, marwolion y 75th Ill[inois]. Dacw restr hir o feddau y 10fed a'r 3edd Ohio, ac yma un arall o feibion Wisconsin ac Indiana. Ar ochr arall y mae dros fil o'r Deheuwyr wedi eu claddu, o leiaf wedi eu priddo, ond mae y moch wedi turio y pridd, a gwelais ugeiniau o gyrff wedi eu di-briddo, golygfa byth, gobeithio, i'w gweled eto. (CA, 63.1)

Cafodd dros 3,000 ar bob ochr – dros 6,000 i gyd – eu lladd neu'u clwyfo. Mae haneswyr yn tueddu taflu rhifau fel yna o gwmpas, ond i ddeall ergyd hyn oll mae'n help i roi enwau wrth y rhifau. Un o golledion y Gogledd oedd William R. Davies, Cymro o Ohio; cafodd ei ladd gan adael gweddw a saith o blant ar ei ôl.

'Cyhoeddiad Rhyddid'

Yn ystod hydref 1862 roedd y Gwrthryfelwyr wedi gobeithio mynd â'r rhyfel i dir y Gogledd, ond daeth eu hymdrech yn y gorllewin i ben gyda brwydr Perryville ar ddechrau mis Hydref, a hynny rhai wythnosau yn unig ar ôl i'w hymdrechion yn y dwyrain gael eu rhwystro yn Antietam. Ers o leiaf ddechrau'r haf bu Lincoln yn meddwl am wneud datganiad swyddogol a fyddai'n rhyddhau'r caethweision. Nid oedd o blaid *forcible abolition* ar ddechrau'i arlywyddiaeth (er ei fod yn credu'r pryd hynny mai sefydliad anfoesol oedd caethwasanaeth), ond roedd blwyddyn o ryfel yn erbyn taleithiau caeth y De wedi newid ei feddwl. Credai bellach fod rhyddhau'r caethweision yn gam hanfodol, ond roedd am wneud hynny ar sodlau buddugoliaeth filwrol er mwyn dwysáu'r effaith. Erbyn diwedd mis Medi 1862 roedd gan Lincoln ei fuddugoliaeth gan fod ymosodiad y Gwrthryfelwyr ar y Gogledd wedi methu yn Antietam.

Daeth yn hysbys fod Lincoln wedi ysgrifennu'r *'Emancipation Proclamation'* a fyddai'n rhyddhau'r caethweision yn y taleithiau gwrthryfelgar, ac roedd yr arlywydd wedi penderfynu y byddai'n arwyddo'r Cyhoeddiad a'i wneud yn ddeddf ar Ddydd Calan, 1863. Aeth golygyddion *Y Drych* ati i gyfieithu'r Cyhoeddiad Rhyddid i'r Gymraeg:

> Ar y dydd cyntaf o Ionawr, yn mlwyddyn ein Harglwydd un mil wyth cant a thair a thriugain, mae pob personau a ddelir fel caethion o fewn unrhyw Dalaeth, neu ran benodol o Dalaeth y byddo eu pobl y pryd hwnnw mewn gwrthryfel yn erbyn y Talaethau Unedig; i fod y pryd hwnnw, o hynny allan, a byth, yn rhydd[.] (D, 63.1)

Roedd y diddymwyr wrth eu boddau. Nid rhyfel i gadw'r Undeb yn unig oedd y Rhyfel Cartref bellach; roedd llywodraeth Lincoln am ddatgan yn swyddogol fod y rhyfel hefyd yn rhyfel yn erbyn caethwasanaeth.

Dechreuodd cerddi ymddangos yn y wasg i ddathlu'r Cyhoeddiad hyd yn oed cyn iddo gael ei lofnodi gan Lincoln; roedd y si fod yr arlywydd yn bwriadu'i arwyddo yn ddigon i ysbrydoli nifer o feirdd

Cymraeg America. Cyhoeddodd Laura Griffiths o Prospect, Efrog Newydd, gerdd sy'n dwyn y teitl 'Y Dysgwyliad am Ryddid y Caeth' yn rhifyn Tachwedd 1862 o *Y Cenhadwr Americanaidd*, gan ategu'r eglurhad hwn: 'Gwnaethum hyn o benillion pan glywais bod i'r caeth gael d'od yn rhydd'. Mae pennill cyntaf y gerdd yn pwysleisio mai *disgwyl* y digwyddiad mawr a wna cyfeillion y caethion:

> O mor hyfryd genyf glywed,
>> Dewch diolchwn bawb yn llu,
> I fod Lincoln ar gyhoeddi
>> Rhyddid cyflawn i'r dyn du,
> Byddai rhyw eiddigedd ynof
>> Wrth wel'd rhyfel yn ein gwlad,
> A dim sôn am dori'r gadwen
>> Sydd yn dala'r caeth dan draed.(CA, 62.11)

Mae ail hanner y pennill hwn yn crynhoi un o brif gwynion y diddymwyr yn ystod 18 mis cyntaf y rhyfel. Er bod y cysylltiad rhwng caethwasanaeth a'r Rhyfel Cartref yn amlwg o'r dechrau, ac er bod Lincoln ac aelodau eraill o'i lywodraeth wedi cyfeirio at y sefydliad anfoesol mewn areithiau a datganiadau cyhoeddus, eto nid oedd llywodraeth y Gogledd wedi mynd ati'n *swyddogol* i gysylltu'r rhyfel ag ymdrech i ryddhau'r caethweision. Felly disgrifia Laura Griffiths deimladau'r diddymwyr fel 'eiddigedd .... wrth wel'd rhyfel yn ein gwlad, a dim sôn am' ddiddymu caethwasanaeth.

Ond roedd y si fod yr arlywydd ar fin llofnodi'r Cyhoeddiad bellach fel seren ddisglair uwchben Washington ac yn arwydd o'r Jiwbili a ddeuai gyda'r flwyddyn newydd:

> Ond ni welwn draw ryw seren
>> Sydd yn blaenu bore wawr,
> Draw o Washington mae'n dyfod,
>> Brysia, gwawria'r hyfryd awr;
> Buan delo'r flwyddyn newydd
>> Deunaw cant chwe deg a thri,
> Hir y cofir am y diwrnod
>> Gan deulu Cam, annedwydd lu.(CA, 62.11)

Gan ddefnyddio ieithwedd Feiblaidd a oedd yn gyffredin iawn yn y cyfnod, mae Laura Griffiths yn galw pobl dduon yn 'deulu Cam'. Daw y wedd grefyddol ar y gerdd yn fwy amlwg erbyn ei diwedd. Er dweud

`Yr annedwydd lu': caethweision

wedyn mai 'Hir y cofir enw Lincoln' gan ychwanegu 'Fe fydd llawer mam o'r gaeth-glud [...] Yn dysgu i'w baban spelio ei enw,' pwysleisia'r bardd mai cyfrwng i ewyllys Duw yw Lincoln:

> Ond mae rhywun mwy na Lincoln
>   A'i fysedd heddyw ar y llyw,
> Iesu ydyw, dyma ei enw,
>   Llywydd mawr y bydoedd yw,
> O nid rhyfedd iddo ddisgyn,
>   Iddo glywed cwyn y caeth,
> A dod i waered i'w gwaredu
>   O'u cadwynau tynion wnaeth.(CA, 62.11)

Cynyddodd y dathlu barddonol ar ôl i Lincoln arwyddo'r *Emancipation Proclamation* ar ddechrau Ionawr. Roedd R. H. Evans o Columbus, Ohio, yn dilyn Laura Griffiths gan gymryd Cyhoeddiad yr arlwydd yn dystiolaeth fod Duw wedi gwrando ar 'Gwyn y Caethwas':

> Fe fu cri y caeth yn esgyn
> Yn y Dê am lawer blwyddyn;
> Ond mae'r amser wedi gwawrio,
> A Duw y nefoedd wedi gwrando!

Y mae'r fasnach fwyaf aflan
Luniodd uffern ddu ei hunan,
'N cael ei hysgwyd i'w gwaelodion,
Gan Gyhoeddiant Abraham Lincoln!

D'wedodd Duw, Arhoswch weithian,
Ni cheir gwerthu dyn am arian;
Gaethion fyrdd, rhowch ddiolch iddo,
Fod y Jubil wedi gwawrio! (C, 64.7)

Cyhoeddodd Evan ab Owen yntau gerdd ar destun 'Rhyddid i'r Caethion' yn rhifyn Awst o *Y Cenhadwr Americanaidd* gan ddweud ei fod wedi'i chyfansoddi 'ar ôl clywed am gyhoeddiad rhyddid i'r caethion gan A. Lincoln yn nechreu y fl[wyddyn] hon, 1863':

Awen lesg dihuna 'r awrhon,
   Paid a hepian dim yn hwy
Cyfod gwrando cenad Lincoln
   Yn cyhoeddi rhyddid mwy,
I ddu gaethion rai di-gysur
   Sydd yn gweithio yn ddidrefn;
Heb gael gwobr am eu llafur,
   Ond y fflangell ar y cefn.(CA, 63.8)

Daeth y Cyhoeddiad Rhyddid ag ysbrydoliaeth i ohebwyr gwleidyddol y wasg hefyd. Gwelai Isaac Cheshire Ryfel Cartref America yn nhermau'r hen ryfel oesol rhwng – ar y naill ochr – y werin, gweriniaeth a rhyddid, ac – ar yr ochr arall – y bendefigaeth, gormes a chaethiwed. Cyhoeddodd nifer o ysgrifau tanbaid yn *Y Drych*:

[Y] drwg ydyw na chafodd Gweriniaeth erioed chwareu teg. Y mae ei gelynion mor gyfrwys, maent yn cymeryd eu safle ar yr ochr ddall i ddynoliaeth, a thrwy dwyll geiriau teg, trais a gormes, gyrant y werin i'r ffosydd a baratowyd iddynt yn Ffrainc a Lloegr.

Yma yn America, ni fynai caethfeistriaid *Ddemocracy* yr Undeb i deyrnasu arnynt, er iddynt, wedi ceisio yn ddyfal, fethu yn llwyr a chael bai ynddi. [....]

Meddyliwyf hefyd fod yn hen bryd i'r werin – y canolradd a'r iselradd (ein gwir frodyr) yn Lloegr ddechreu gwastadhau pethau yno, yn enwedig pan y gwelir fod yr *aristocracy* yn ceisio gyru

Isaac Cheshire, awdur nifer o ysgrifau gwleidyddol tanbaid a gyhoeddwyd yn Y Drych.

cyfranwyr y dorth a'r derbynwyr i benau eu gilydd.(D, 63.5)

Mae Robert Everett hefyd yn defnyddio'r ymadrodd 'Aristocratiaid y De' wrth sôn am arweinwyr y Gwrthryfelwyr. Trwy arddel y term hwn gallai awduron fel Dr Everett ac Isaac Cheshire lunio cymhariaeth rhwng arweinwyr y *Confederacy* a grymoedd Lloegr. Fel y nodwyd ym mhennod 5, roedd gweithgareddau Prydain yn cythruddo Cymry'r taleithiau Gogleddol (a'r Cymry hynny yng Nghymru a oedd yn cefnogi achos yr Undeb). Felly yn ogystal â llunio cymhariaeth haniaethol rhwng caethfeistri'r De ag aristocrasi Lloegr, roedd Isaac Cheshire hefyd yn poeni am y ffaith ddiriaethol fod grymoedd Lloegr yn cefnogi'r Gwrthryfelwyr yn economaidd ac yn wleidyddol.

Cofier hefyd fod Cymry fel Isaac Cheshire yn poeni am y ffaith fod rhai o gyhoeddiadau Cymru mor drwm o dan ddylanwad y papurau Seisnig hynny a gefnogai'r De. Roedd trafod y gwahaniaethau rhwng Cymry'r Unol Daleithiau a Chymry'r Hen Wlad yn rhan o'r drafodaeth wleidyddol gymhleth sy'n britho tudalennau'r wasg Gymraeg adeg y rhyfel. Poenai Isaac Cheshire, Robert Everett a'u tebyg am yr effaith a gâi grymoedd Lloegr ar safbwyntiau gwleidyddol yng Nghymru. Er nad oeddynt yn defnyddio'r term, gellid dweud eu bod yn poeni am 'hegemoni' Lloegr a'r rhwyg a achoswyd rhwng Cymry ar ddwy ochr y môr ganddi. Felly daeth y wasg Gymraeg yng Nghymru yn darged i ddicter yr awduron hyn. Gan ddyfynnu Isaac Cheshire eto: 'A phan ddaeth yr amser i ddweyd fod Caethiwed yn dda neu yn ddrwg – drwg dadleuai y *Tribune* a'r *Drych* – Da, atebai yr *Herald a'r Amserau.*' (D, 63.1)

Ym marn Isaac Cheshire, roedd gweisg America a Phrydain yn ymrannu'n ddau grŵp; ar ochr Lincoln a'r ymdrech i ryddhau'r caethweision roedd papurau Americanaidd fel *Y Drych* a'r *New York Tribune*, ac ar ochr y De a chaethwasanaeth oedd nifer o bapurau Prydain fel yr *Herald,* y *London Times,* a *Baner ac Amersau Cymru.* Cwynodd awdur a ddefnyddiai'r ffugenw 'Undebwr' yn yr un modd ar dudalennau *Y Drych:*

> Mr. Golygydd: – Diau eich bod chwi, fel fy hunan, wedi cael eich siomi yn aruthr gan ymddygiad y wasg yn Nghymru tuag at yr Undeb Americanaidd yn ei gyfwng presenol [...]. Gwyr y byd gwareiddiedig [...] mai amcan mawr yr Encilwyr yw ffurfio Llywodraeth o'r eiddynt eu hunain, pen congl faen pa un a fwriadant fod Caethwasiaeth. [....] Onid rhyfedd gweled y Wasg yn Nghymru abolisionaidd yn meiddio tori ar draws holl hanes y genedl o blaid rhyddid ac yn erbyn caethiwed [...] ac amddiffyn yr haid o ladron gelynol i'r natur ddynol a amcanant ein dinystrio fel pobl a gwlad, er mwyn [...] y sefydliad caethiwol a thynhau y cadwyni am y dyn du, druan! Nid yw yn rhyfeddod fod y *London Times, Herald, Advertizer, etc.,* yn amddiffyn y De, canys *organs* y dosbarthiadau llywodraethol ac aristocrataidd ydynt hwy [...]. Ond y mae gweled [papurau] Cymru – yn enwedig rhai a olygir mor alluog â *Banner Cymru* – yn cymeryd ochr y De, yn rhywbeth nad allaf mo'i esponio. [....] [E]to, y maent naill ai yn euog o hyn, neu y maent yn hollol amddifad o annibyniaeth, ac yn ddim amgen na caethion moesol, a meddyliol i'r *London Times* a'i frodyr! (D, 63.1)

Mae'r frawddeg olaf honno'n hynod arwyddocaol. Dywed fod rhai papurau a chylchgronau Cymraeg yng Nghymru yn 'gaethweision moesol a meddyliol i'r *London Times',* gan felly ddisgrifio dylanwad grymoedd Lloegr ar y wasg yng Nghymru yn nhermau'r union drefn anfoesol yr oedd y diddymwyr yn ymgyrchu yn ei herbyn.

Er i Gyhoeddiad Rhyddid Lincoln newid cyfeiriad moesol y rhyfel, nid oedd y daith i'r cyfeiriad hwnnw'n hawdd. Roedd yr arlywydd yn poeni'n fawr am ymateb y *'border states',* y taleithiau caeth hynny nad oedd wedi ymneilltuo o'r Undeb. Crisialodd golygyddion *Y Drych* benbleth Lincoln rai blynyddoedd wedyn:

> Ymwthiai y cwestiwn o Ryddhad y Caethion yn fwy i'w sylw y naill ddydd ar ôl y llall, er nad oedd neb yn fwy ymwybodol o'r anhawsderau oeddynt yn amgylchu y pwnc na Mr. Lincoln ei hun. Petrusai yn neillduol gyda golwg arno wrth ystyried y dylanwad oedd yn debyg o adael ar Dalaethau caethwasiol y cyffiniau, sef Delaware, Maryland, West Virginia, Kentucky, a Missouri. (HGM, 613)

Er nad oedd caethwasanaeth yn rym economaidd o bwys ym mhob un o'r taleithiau hyn, roedd yn wedd amlwg ar economi a chymdeithas tair ohonynt: Kentucky, Maryland a Missouri. Felly roedd Lincoln am osgoi unrhyw fesur a fyddai'n gelyniaethu'r *'border states'* hyn a'u gwthio'n gyfangwbl i gefnogi ochr y De.

Bu milwyr Gogleddol yn rhyddhau caethweision cyn i Lincoln arwyddo'r Cyhoeddiad Rhyddid. Gan fod y drefn filwrol yn cyfiawnhau cymryd eiddo'r Gwrthryfelwyr, gallai Undebwyr faentumio mai *'contraband'* rhyfel oedd caethweision a'u rhyddhau o ddwylo'u meistri. Cafodd miloedd o bobl eu rhyddhau yn y modd hwn cyn Ionawr 1863, ond roedd y llywodraeth yn pwyso ar y fyddin i beidio â phechu caethfeistri yn y taleithiau ffiniol a oedd yn deyrngar o hyd i'r Undeb. Bu'r *22nd Wisconsin Infantry* – catrawd â nifer sylweddol o Gymry ynddi – yn Kentucky yn ystod y cyfnod sensitif hwn. Roedd milwriad (cyrnol) y gatrawd, Americanwr Saesneg ei iaith o'r enw William L. Utley, yn ddiddymwr ac felly ysgrifennodd 'Gomer', un o'i filwyr Cymreig, at *Y Drych* i'w ddyrchafu'n arwr o flaen llygaid Cymry America:

> Y mae rhai pethau mewn cysylltiad a'r Gatrawd hon sydd o bwys i'r holl wlad. Y mae Col[onel] Utley o Racine, yn ddyngarwr egwyddorol, nid yw ddim gwahaniaeth ganddo pa liw yw y croen, os bydd rhyw arwydd fod yno ddynoliaeth oddi fewn. (D, 63.1)

Dyma felly gatrawd gyda dwsinau o ddiddymwyr Cymreig yn filwyr ynddi a phrif swyddog yn ei harwain a oedd hefyd yn cymryd safiad gwrthgaethiwol. A chan fod y gatrawd honno wedi'i danfon i dalaith gaeth Kentucky yn ystod ail hanner 1862, nid oedd yn hir cyn i'w milwyr fynd ben-ben â thrigolion y dalaith. Fel y dywedodd 'Gomer':

> Fel y mae yn eglur i bawb sydd wedi, ac yn sylwi fel y mae pethau yn cael eu cario yn mlaen yn y Llywodraeth, fod gan Kentucky lawer iawn o ddylanwad o'r dechreu hyd yn bresenol. Y gwirionedd yw, fod ein holl flaenoriaid o'r bron trwy y Dalaeth yn ochri caethiwed hyd eithaf eu gallu; a chredaf hefyd pe buasai y Llywydd yn gwrthod gwrandaw cymaint ar y 'Kentucky neutral Politicians' ag a wnaeth o'r dechreu, y buasai y gwrthryfel ofnadwy hwn wedi terfynu yn mhell cyn hyn. Ef allai y bydd ymddygiad Col. Utley, o'r 22ain Wisconsin, yn foddion i agor llygaid rhai mewn swyddi uchel yn y Wladwriaeth[.](D, 63.1)

Mae Gomer yn mynd rhagddo i ddisgrifio'r modd y rhoddodd ei gatrawd loches i nifer o gaethweision a oedd wedi dianc: 'Pan ar ein taith o Cincinnati i'r lle hwn, daeth amryw o honynt i fewn i'r *lines*.' (D, 63.1)

Y Cadfridog Quincy A. Gillmore oedd yn gyfrifol am y rhan o'r fyddin y perthynai'r 22ain Wisconin iddi, ac roedd yn dilyn polisi'r llywodraeth ynglŷn â chaethweision y *border states* i'r llythyren. Gorchmynnodd Gillmore i Utley roddi'r caethion iddo: 'Mor fuan ag y daeth y peth i wybodaeth y Cad. Gillmore, dyma orchymyn penodol oddiwrtho at Col. Utley, am iddo eu hanfon ato ef yn uniongyrchol.' Ond gwrthododd y cyrnol gan gymryd safiad a oedd yn gwbl arwrol ym marn milwyr Cymreig ei gatrawd. Ryw sut, cafodd 'Gomer' afael ar yr holl ohebiaeth a fu rhwng y cadfridog a'r cyrnol, a chyhoeddodd gyfieithiad Cymraeg yn y papur. Dyma'n gyntaf orchymyn Gillmore:

Colonel, – Bydd i chwi anfon i fy Headquarters yn uniongyrchol y pedwar Contraband, 'John,' 'Abe,' 'George,' a 'Dock,' pa rai sydd yn perthyn i ddynion da, ac ufudd i'r Llywodraeth. Y maent yn eich Catrawd chwi, neu yr oeddynt boreu heddyw. Eich ufudd wasanaethwr, D. A. Gillmore, Brig. Gen., At Wm. L. Utley, Col. 22ain Wis. Vol. (D, 63.1)

Atebodd Utley yn y modd hwn:

Cad. Gillmore – *Syr* – Yr wyf newydd dderbyn eich gorchymyn i roddi i fyny ryw Gontrabands, pa rai y dywedwch sydd yn fy nghatrawd. Goddefwch imi ddweud fy mod yn cydnabod eich awdurdod i'm rheoli yn mhob peth perthynol i'r fyddin a'i symudiadau, ond nid wyf yn edrych ar hyn fel yn perthyn i'r dosbarth hwn. Nid wyf yn cydnabod awdurdod neb ar yr achos o roddi i fyny Contrabands, ond yn unig Llywydd yr Unol Daleithiau. [....] Diweddwyf trwy ddweyd na fu genyf ddim i'w wneyd tu ag at iddynt ddyfod i fewn i'r *lines*, ac ni fydd genyf a wnelwyf at eu gyru allan. Ydwyf eich ufudd wasanaethwr. Wm. L. Utley, Col. 22ain Gat. Wis. Vol. (D, 63.1)

Gan gofio'i fod yn mynd yn hollol groes i orchymyn ei gadfridog, rhaid cymryd diwedd y llythyr – 'eich ufudd wasanaethwr' – yn eironig. Hawdd gweld pam y dyrchafwyd Utley'n arwr gan y diddymwyr o filwyr yn ei gatrawd.

Mae'r llythyr nesaf a gyhoeddodd 'Gomer' yn *Y Drych* yn dangos milwyr cyffredin y 22ain Wisconsin yn cymryd safiad yn erbyn y caethfeistri – ac awdurdod y llywodraeth – yn Kentucky. Gan fod caethweision yn 'adnoddau' drud a gwerthfawr, roedd y taleithiau caeth wedi magu dosbarth o *'slave catchers'* proffesiynol. Yn ôl Gomer, roedd rhai o'r 'dyn-ladron' hyn wedi dilyn y gatrawd ar ei thaith drwy'r dalaith: 'mae y gallu caethiwol wedi ein dilyn ni o naill ben y Dalaeth i'r llall, fel bwystfilod rheibus ar ôl eu hysglyfaeth.'(D, 63.3) Pan aeth y gatrawd drwy ddinas Louisville, cafodd gyfle i wynebu'r 'gallu' yma:

> Cawsom orchymyn i fyned ar yr agerfadau prydnawn dydd Sul, [...] yr oedd y gweddill o'r adran wedi myned i gyd dydd Sadwrn, ac yr oedd y *Nigger stealers* wedi llwyddo i fyned a'r caethion druain allan o bob catrawd hyd yn hyny. [....] [D]arfu i'r Mil[wriad] Utley orchymyn i ni i fyned trwy'r heolydd gyda'n bidogau ar ein drylliau *(fixed bayonets)*. Yr oedd 'Paul' yn ein cwmni ni, daethom yn ddigon tawel hyd nes darfu i ni droi i'r heol oedd yn myned i'r *levee*; gyda hyn dyma ddyn yn rhuthro at un o'r *contrabands* ac yn ymaflyd yn ei war mewn eiliad; dyma glic mwrthwl llawddryll o law y Negro, ond yn anffodus ni thaniodd; gyda hyn dyma haner dwsin o fidogau yn erbyn mynwes Mr. 'Dynleidr,' a da oedd ganddo ollwng ei afael er achub ei fywyd. Gwelodd y dinasyddion fod yr 22ain Wis[consin] yn benderfynol o amddiffyn eu hegwyddorion hyd at waed os oedd rhaid, ac mai ofer oedd iddynt dreio yn hwy i fyned a'r Negroes allan o'r *ranks*.(D, 63.3)

Roedd gwasg Gymraeg America wrth ei bodd â hanesion y gellid eu troi'n foeswersi gwrthgaethiwol. Trwy gyhoeddi manylion safiad y Cyrnol Utley a hanes milwyr cyffredin y 22ain Wisconsin a aeth ben-ben â'r 'gallu caethiwol', roedd *Y Drych* yn eu dyrchafu'n batrwm o ymddygiad moesol. Er i'r llywodraeth gael trafferth wrth addasu'i pholisïau newydd ar gyfer sefyllfa'r taleithiau ffiniol, rhoddodd hanes y milwyr o Wisconsin enghraifft o unigolion a aeth ati ar eu pennau eu hunain i ieuo'r rhyfel yn ymarferol â'r ymgyrch yn erbyn caethwasanaeth.

Fodd bynnag, er gwaethaf cymhlethdodau'r *border states*, ni ddylid anghofio arwyddocâd Cyhoeddiad Rhyddid Lincoln. Roedd cysylltu'r rhyfel *yn swyddogol* â rhyddid y caethion yn garreg filltir hollbwysig. Yn ogystal â phlesio diddymwyr y Gogledd, rhoddodd sicrwydd na allai Lloegr, Ffrainc a gwledydd eraill a oedd wedi gwneud caethwasanaeth yn anghyfreithlon ymyrryd *yn filwrol* ar ochr y De. Ond roedd diwedd y rhyfel yn bell i ffwrdd, ac yn wir, cyn i 1862 ddod i ben byddai cyflafan arall yn sobri Lincoln, y diddymwyr, a phawb yn y Gogledd.

Fredericksburg

Erbyn dechrau mis Rhagfyr 1862 roedd 'Byddin y Potomac' – sef byddin fawr y Gogledd yn theatr y dwyrain – ar lannau'r afon Rappahannock yn Virginia. Safai tref Fredericksburg a byddin Robert E. Lee ar ochr arall yr afon. Roedd George McClellan newydd ei ddisodli gan Ambrose Burnside, ac roedd prif gadfridog newydd yr Undebwyr yn disgwyl am bontydd symudol er mwyn mynd â'i fyddin dros yr afon i ymosod ar y Gwrthryfelwyr. Roedd y pontydd *'pontoon'* yn hir yn cyrraedd, a chafodd milwyr cyffredin amser i hamddena. Un o'r cannoedd o Gymry yng nghwersyllfa'r Undebwyr oedd John Rowlands, ac achubodd y cyfle i ysgrifennu llythyr at un o'i hen gyfeillion, sef Jane Parry o Slate Hill, Pennsylvania:

> Gwersyllfa ger Fredericksburg, Rhagfyr 6, 1862.
> Anwyl Gyfeilles. – Daeth eich llythyr i'm llaw neithiwr; yr oedd yn dda iawn genyf ei gael. O mor ddedwydd yw derbyn llythyr oddiwrth hen gydnabyddion! Mae yn rhoddi bywyd newydd hyd yn nod yn y milwr mwyaf bywiog – yn gwroli y milwr mwyaf gwrol, ac yn gwasgaru llawenydd trwy ei holl galon. Da genyf ddeall eich bod chwi a'r plant a'ch priod yn iach. Nid ydym yn haner digon diolchgar i Dduw am y drugaredd hon. Meddyliwf yn aml pa mor anniolchgar yr wyf wedi bod iddo ef am ei amddiffyn droswyf yn nghanol yr holl dân, y peleni, y trychineb a'r galanastra arswydus ar faes y frwydr, tra y syrthiai lluaws o'm cydfilwyr yn fy ymyl yn eu gwaed.(D, 63.1)

Fel y mae'r frawddeg olaf honno'n ei awgrymu, roedd y Cymro hwn yn filwr profiadol erbyn diwedd 1862. Roedd wedi ymladd ym mhob un frwydr fawr yn y dwyrain, gan gynnwys Antietam, diwrnod mwyaf gwaedlyd y rhyfel. Gwyddai felly beth oedd yn disgwyl amdano ar ochr arall yr afon.

Er nad oedd gan Robert E. Lee ond tua 75,000 o filwyr i wrthsefyll dros 100,000 o Ogleddwyr, roedd y Gwrthryfelwyr mewn sefyllfa gadarn ar yr

Fredericksburg: Milwyr Deheuol ar lannau'r Rappahannock (tynnwyd y llun gan ffotograffydd Gogleddol ar ochr arall yr afon)

ucheldir y tu ôl i Fredericksburg. Gadawodd Ambrose Burnside ei argraff ar hanes ffasiwn gyda'i locsyn unigryw – y *Burn-side* neu *side-burn* – ond roedd yn bell o fod yn athrylith milwrol. Ei gynllun syml oedd symud ei fyddin dros yr afon a thrwy'r dref i ymosod ar y tir uchel. Gallai milwyr profiadol fel John Rowlands weld eu bod yn wynebu brwydr waedlyd. Ceisiodd ddweud wrth ei gyfeilles ei fod yn syllu i fyw llygaid marwolaeth; a defnyddio'i ymadrodd ei hun, gwyddai mai wynebu 'rhwysg angau' unwaith eto ydoedd:

Mae echryslonrwydd y brwydr-faes yn ddigon i arswydo y meddwl mwyaf gwrol ac anystyriol. Yma y gwelir angau yn difrodi yn ei eflen — yma y mae yn rhwygo yn rhwysg ac egni ei gynddaredd — yma y mae wrth ei *fodd*. [....] Oh, fe welais fwy mewn awr nag a ddymunwn weled mewn oes eto. Y trugarog Ior a atalio rwysg y march gwaedlyd hwn. Wel, dichon eich bod chwi yn meddwl fy mod yn myned yn *sentimental*. Na, yr wyf yn dweud ffeithiau difrifol prawf. — Gwelais hyn, filoedd fwy na hyn — yn yr *Antietam*, er enghraifft. [....]

Yr wyf wedi bod yn mhob brwydr yn y Dwyrain. Bu aden Duw yn darian i mi ynddynt oll. Syrthiodd miloedd o flaen fy llygaid, ac o dan fy nhraed. Rhwyd-dwyllwyd fy nillad. Bum yn arogl brwnt anadl

94

angau. Ond, ond, byw ydwyf, ac iach ydwyf! I Dduw y byddo y diolch, Efe oedd y *fortification* mwyaf *impregnable* o'r un y bum ynddi erioed. Pa fodd y byddaf yn ddigon diolchgar iddo! (D, 63.1)

Myfyrdod ar yr hyn y mae wedi'i brofi ar faes y gad yn y gorffennol yw'r hyn a geir yn y rhan fwyaf o lythyr John Rowlands. Ond mae'n cloi'r epistol emosiynol hwn drwy droi'i sylw – a sylw'r darllenydd – at y peryglon a ddisgwyliai amdano ar lethrau Fredricksburg:

Dacw Fredricksburg. Byddaf yn gorwedd yn fy ngwaed yno, neu yn *marchio* trwy waed ereill yno, yn union deg. O ddrychfeddwl ofnadwy! A gaf fi fy mywyd? Duw yn unig a wyr. Gweddiwch droswyf. Eich hen gyfaill dros byth, John W. Rowlands. (D, 63.1)

Daeth yr ymosodiad wythnos yn union ar ôl i John W. Rowlands ysgrifennu'i lythyr. Cyrhaeddodd y pontydd symudol, aeth milwyr y Gogledd dros yr afon, ac ar 13 Ionawr rhoddodd Burnside y gorchymyn iddynt ymosod ar y *Rebels* yn eu cadarnle ar yr ucheldir. Roedd gan y Gwrthryfelwyr bedair rhes o filwyr yn sefyll y tu ôl i wal gerrig o flaen Marie's Heights a digon o ganonau ar y tir uchel y tu ôl i'r wal. Daeth catrawd ar ôl catrawd yn martsio'n syth i gegau'r gynnau. Yn ôl rhai Gogleddwyr a oroesodd y profiad, roedd y bwledi'n disgyn fel glaw trwm. Yn ôl un o'r Gwrthryfelwyr ar ochr arall y wal, roedd milwyr yr Undeb yn toddi fel eira ar ddaear gynnes. Cafwyd 14 cyrch, pob un ohonynt yn fethiant gwaedlyd, cyn i Burnside benderfynu mai ofer oedd y cyfan a rhoi gorchymyn i stopio'r ymosodiad. Goroesodd John Rowlands, ond bu'n rhaid iddo 'fartsio trwy waed' digon o'i gydfilwyr. Ar ôl noson o guddio rhag gynnau'r gelyn, aeth byddin y Gogledd yn ôl dros yr afon i gyfrif ei cholledion: 12,600 o gasiwltis oedd cost y cynllun byrbwyll i'r Undeb; cafodd 9,000 ohonynt eu saethu o flaen y wal wrth geisio cymryd Marie's Heights. Yn ôl golygydd *Y Cyfaill o'r Hen Wlad*, roedd 'y tro yma yn effeithio yn ddwys ar galon y Gogledd'. (C, 63.1)

Cymro arall o Bennsylvania a fu'n ymladd yn Fredericksburg oedd Thomas Griffiths. Roedd yn ddigon ffodus i gael byw a disgrifio'r hyn a welodd:

Wedi gorphen y bont, dechreuodd y fyddin groesi i'r lan arall, ac wedi cael digon yno, rhoddwyd gorchymyn i *farchio* yn mlaen. Yn awr, yr oedd bywyd a chyffro mawr trwy yr holl wersyll, pob catrawd a phob cwmni yn ymbaratoi i symud yn mlaen ar y gelyn; ac wedi cael pob peth yn barod, yn mlaen a ni i'r daith fel un gwr; ond O! y fath daith i

Y Cadfridog Ambrose Burnside

ganoedd a miloedd, yr hon oedd eu taith olaf ar y ddaear hon. Wrth ddringo i fyny y bryn, lle yr oedd ein gelynion yn gwylied ein holl symudiadau, ac wedi ymbarotoi i'n derbyn, a agorasant arnom o'u gwrthgloddiau, gan ysgubo ein dynion wrth y canoedd i fyd arall. O! y llefain, yr wylo, yr ysgrechiadau a'r gwaeddi! Y Sais, yr Allman, y Gwyddel, a'r Cymro, a floeddiasant yn nghyd! O! y gruddfan a'r ochain mawr oedd gan y rhai a orweddent yn eu gwaed[.] (D, 63.1)

Disgrifiodd milwyr eraill ar y ddwy ochr y sŵn ofnadwy a glywid yn ystod y nos ar ôl y frwydr. A hithau'n noson oer o Ragfyr, dyna filoedd ar filoedd o filwyr clwyfedig wedi'u gadael ar y maes rhwng y ddwy fyddin drwy'r nos. Fel y dywed Thomas Griffiths, roedd y crio a'r gweddïo a ddaeth o'r clwyfedigion y noson honno yn gymysgedd o Saesneg, Almaeneg, Gwyddeleg a Chymraeg.

Dyma'n hatgoffa mai cymysg iawn o ran tarddiad ethnig oedd byddin y Gogledd. Y milwyr hyn oedd yn ymladd dros 'Undeb' y wlad, ond roedd byddin yr Undeb yn bell o fod yn unffurf. Mae nifer helaeth o ysgrifau gan filwyr Cymreig eraill yn awgrymu eu bod yn gweld eu gwasanaeth milwrol fel cyfle i brofi eu bod yn deilwng o'u dinasyddiaeth Americanaidd, ac yn aml mae'r ysgrifau hyn yn awgrymu hefyd fod eu profiadau yn y fyddin yn dangos ei bod hi'n bosibl uno â'r gymuned genedlaethol ehangach heb golli gafael ar eu Cymreictod. Cawn olwg erchyll newydd ar 'dawdd-lestr' byddin y Gogledd yn llythyr Thomas Griffiths wrth i wahanol leisiau a gwahanol ieithoedd ymdoddi yn un 'gruddfan' erchyll. Gellid meddwl i gryn dipyn o Wyddeleg yn enwedig gyrraedd clustiau Thomas Griffiths y noson honno: collodd yr enwog *Irish Brigade* lawer iawn o ddynion o flaen Marie's Heights.

Mae nifer o Gymry wedi'u claddu ym mynwent Fredericksburg hefyd, rhai ohonynt yn gyfeillion i Thomas Griffiths. Eto, er gwaethaf y colledion enbyd a'r ffaith fod cynifer o Ogleddwyr wedi'u haberthu mewn ymosodiad cwbl ofer, roedd y Cymro'n sicr y byddai byddin yr Undeb yn ennill yn y diwedd. Gan droi Cymry, Gwyddelod ac Almaenwyr un ac oll yn 'blant' i Lincoln, dywed nad oedd y Gwrthryfelwyr wedi torri ysbryd y teulu trosiadol hwn:

nis gallant feddlahau dim ar yspryd gwrol a phenderfynol milwyr yr Undeb, a phlant eu hen dad, Abraham Lincoln, y rhai sydd wedi llyncu ei ysbryd rhydd a dyngarol, a phenderfyniad i golli y diferyn olaf o waed dros ryddid dynoliaeth, a darostyngiad caethiwed, trais a gormes[.] (D, 63.1)

Er i Thomas Griffiths ddweud fod 'plant Lincoln' yn barod 'i golli'r diferyn olaf o waed dros ryddid dynoliaeth', mae'n anodd credu y buasai pob teulu Cymreig yn y Gogledd yn cytuno ag ef.

Yn sicr, erbyn i hanes brwydr Fredericksburg eu cyrraedd, roedd rhieni yn ardal Ebensburg, Pennsylvania, yn teimlo eu bod wedi colli gormod o lawer o waed eu plant. Yn ôl yn Awst 1862 bu meddyg o Gymro wrthi'n recriwtio Cymry ar gyfer cwmni o filwyr. Cafodd Dr J. M. Jones ei wneud yn gadben *(captain)* ar y cwmni, a gwnaethpwyd y cwmni'n *gompany F* o'r *133rd Pennsylvania Volunteer Infantry.* Fel y nododd un Gymraes o Ebensburg mewn cerdd, roedd poblogrwydd y meddyg lleol yn ogystal â'i sêl dros achos yr Undeb wedi denu llawer o Gymry ifainc yr ardal:

Enwog ydoedd ef fel meddyg
Hoffai pawb ei wyneb llon,
Credai llawer nad oedd debyg
Iddo ar y ddaear hon;
Gado wnaeth ei alwedigaeth
A'i gyfeillion hefyd am
Fod ei gariad ef yn wresog
At ei wlad, a'i sel fel fflam.

Aeth yn Gadben ar gwmpeini
Hardd o fechgyn – Cymry mad,
Ymrestrant Awst diweddaf
I wneyd rhan yn mrwydrau'r wlad[.] (CA, 63.6)

Roedd dau frawd, John a Richard M. Jones, ymysg y Cymry a ddilynodd Dr Jones i rengoedd y *133rd Pennsylvania.* Er bod nifer helaeth o filwyr y Gogledd wedi ymrestru am dair blynedd, catrawd naw mis oedd hon, ac felly roedd rhieni John a Richard yn disgwyl eu gweld eto erbyn dechrau haf 1863.

Ond llai na phedwar mis ar ôl ymrestru, cafodd y gatrawd ei hanfon i Fredericksburg. Yn dilyn y frwydr daeth newyddion i rieni'r brodyr fod un mab, John, wedi'i ladd a bod ei frawd, Richard, ar goll ar y maes (hynny yw, wedi'i ladd neu wedi'i gymryd yn garcharor). Ysgrifennnodd eu tad farwnad i'w feibion coll:

Trydydd dydd ar ddeg o Ragfyr,
 Mil wyth cant chwech deg a dwy,
Oedd yr adeg ryfedd honno
 Nad â'n angof byth tra fwy,
Pryd yr oedd fy anwyl feibion
 Yno yn ddewrion ar y maes,
Yn cydymladd â'r gelynion
 Bradwyr hyfion creulon cas.

Mae fy nghalon yn llesmeirio
 Wrth adgyfio'r modd y bu,
F'anwyl Richard yno gollwyd
 Ac nis cafwyd er fy nghri,
Ei anwyl frawd oedd o'r un cwmni
 Yn ymdrechu gyda hwy
Yno, er mor drist yw adrodd
 Y derbyniodd farwol glwy'. [....]

Ger llaw Frederic yn Virginia
 Byth mi gofia enw'r lle,
Brwdyr galed iawn fu yno
 Rhyngom ni a gwyr y De,
Llawer bywyd gwerthfawr gollwyd
 Yn yr ymdrech galed hon,
Yn eu plith mor chwith yw cofio
 Ddarfod cywmpo f'anwyl John. (CA, 63.6)

Nid dyna'r unig deulu Cymreig yn Ebensburg a oedd yn galaru yn sgil brwydr Fredericksburg. Cafodd 15 o Gymry *Company F, 133rd Pennsylvania* eu lladd, gan gynnwys y Cadben Jones ei hun. Yn ei 'Galargan' ddirodres mae'r Gymraes ddienw'n ceisio rhoi mynegiant i deimladau'r gymuned:

Disgwyl 'r oeddym yn hyderus
    A gobeithio'n gryf o hyd
Y cai'r Doctor gyda'i filwyr
    Ddyfod adref bron i gyd;
Ond siomedig trodd ein gobaith
    Ninau yn alarus sydd
Deg a phedwar heblaw'r Cadben
    Sydd yn gorwedd yn y pridd. (CA, 63.6)

Try Galargan y Dr Jones yn farwnad dorfol ar gyfer y 15 a gollwyd wrth iddi ddechrau enwi a disgrifio rhai o'r 'deg a phedwar' a syrthiodd gydag ef:

Gyda John M. Jones y Gogledd
    A Hugh Humphreys llon ei wedd,
A William Scott yr ysgolfeistr
    Aeth yn aberth i'r dur gledd[.](CA, 63.6)

Ceid marwnadau cyn hyn yn sôn am fechgyn ifainc yn mynd yn 'aberth i'r gledd' ac yn 'ysglyfaeth i'r gelyn', ond roedd rhywbeth arall yn gwneud yr holl alar yn waeth yn sgil Fredericksburg, sef y ffaith fod anallu arweinwyr milwrol y Gogledd wedi ychwanegu at y colledion.

Er gwaethaf ymffrost Thomas Griffiths nad oedd y Gwrthryfelwyr wedi 'meddalu dim ar ysbryd' byddin yr Undeb, roedd milwyr a sifiliaid fel ei gilydd yn ddigalon iawn ar ddechrau 1863. Wedi ymserchu gymaint yn McClellan y gaeaf diwethaf, daeth rhan helaeth o bobl y Gogledd i ffieiddio'r cadfridog hunanbwysig nad oedd yn gallu mynd i'r afael â'r gelyn. Pan ddisodlwyd McClellan gan gadfridog newydd, roedd gobeithion wedi codi, dim ond i gael eu chwalu ar faes Fredericksburg yn Rhagfyr 1862. Priodol iawn oedd disgrifiad *Y Cyfaill o'r Hen Wlad* o'r sefyllfa pan ddaeth rhifyn Ionawr 1863 o'r wasg: 'Achos yr Undeb dan Gwmwl Eto'.

Rebels Cymreig?

Nid milwyr oedd yr unig rai a oedd yn cymryd rhan yn y rhyfel, ac nid ymladd ag arfau oedd yr unig ffordd o ymladd. Roedd yna ryfel geiriol hefyd; fel heddiw, roedd propaganda yn chwarae rhan ganolog, gyda'r ddwy ochr yn ceisio ennill y tir uchel moesol. Nid oedd neb yn ymladd y rhyfel hwn yn well nag Isaac Cheshire. Er ei fod yn Gymro i'r carn, cafodd ei eni dafliad carreg yn llythrennol o Loegr; rhedai'r hen ffin rhwng Cymru a Lloegr, Clawdd Offa, drwy fferm ei dad. Ymfudodd i Wisconsin pan oedd yn 16 oed, gan fynd yn un o golofnau'r gymuned Gymraeg yno. Roedd yn ddyn galluog, ac yn ystod y rhyfel bu'n gweithio'n Washington, D. C., yn y *Department of the Interior.* Ac yntau'n gweithio i'r llywodraeth, nid yw'n syndod ei fod mor llafar ei gefnogaeth i achos y Gogledd; Isaac Cheshire oedd un o brif sylwebwyr gwleidyddol *Y Drych* yn ystod y Rhyfel Cartref.

Ar ddechrau 1863, roedd Isaac Cheshire am weld y Gogledd yn symud ymlaen o drychineb Fredericksburg. Cyhoeddodd ysgrif lai na mis ar ôl y frwydr yn dadansoddi'r problemau oedd wedi esgor ar y gyflafan: 'gan fod pawb a'i farn, felly y mae genym ninau ein barn ar y frwydr ddiweddaf, ac o'r effaith a gaiff ar y wlad, a'r achos.' (D, 63.1) Dywed 'y collodd dynion dewraf y byd eu bywydau ac y collwyd y dydd' yn Fredericksburg am gyfuniad o resymau. Yn ogystal â rhoi bai ar anallu'r cadfridogion Gogleddol, mae'n trafod ffactorau gwleidyddol a diplomyddol perthnasol. Fel y gwelsom yn barod, roedd sylwebwyr fel Isaac Cheshire yn poeni am y ffaith fod Prydain (ac felly rhai Cymry yn yr Hen Wlad) yn cefnogi achos y Gwrthryfelwyr. Dywed fod anallu a dryswch arweinwyr milwrol y Gogledd wedi gadael:

> i'r *rebels* a'r Sais i wneyd *bargain* am [...] *Armstrong Guns, Minie rifles*, &c., [gan roi] amser i Jeff[erson Davis] a'i gydfradwyr fyned o radd i radd, nes o'r diwedd berffeithio eu cynllun[.] (D, 63.1)

Roedd Issac Cheshire yn gwbl gywir; daeth cyfran sylweddol o arfau rhyfel y De o Brydain, a hynny er gwaethaf blocâd llynges y Gogledd. Y drefn arferol oedd defnyddio llongau Prydeinig i fynd ag arfau ac offer rhyfel o Brydain i ryw ynys fel Bermuda a oedd dan reolaeth Brydeinig. Y cam nesaf oedd defnyddio llongau a elwid yn *'flockade runners'* i fynd â'r nwyddau o'r ynysoedd i borthladdoedd y Gwrthryfelwyr. Roedd nifer helaeth o'r morwyr a hwyliai rhwng yr ynysoedd a'r *Confederacy* yn Brydeinwyr, ac roedd llawer o'r llongau eu hunain wedi'u hadeiladu ym Mhrydain. Yn ogystal ag adeiladu'r llongau masnach hyn, roedd busnesau Prydeinig hefyd yn adeiladu llongau rhyfel ar gyfer y Deheuwyr.

Adeiladwyd yr *Alabama*, llong ryfel enwocaf y Gwrthryfelwyr, yn nociau Penbedw, a hynny gyda chydweithrediad llywodraeth Prydain. Cythruddwyd Edwin Pugh, un arall o sylwebwyr gwleidyddol *Y Drych*, gan y newyddion: 'Pwy na wêl fod y Llywodraeth Brydeinig wedi gweithredu gyda'r ffalsedd a'r twyll ffieiddiaf – gyda'r annhegwch a'r anonestrwydd bryntaf?!' (D, 63.6) Manylodd ar yr hanes:

> mae digon o brofion wedi eu cael erbyn hyn, nid yn unig na cheisiodd y Llywodraeth Brydeinig atal yr *'Alabama'* i fyned allan, ond hefyd iddi roddi pob llechfantais oedd yn ddichonadwy i ladron dynion anfon i'r môr y lladrad-long *'Alabama'* i yspeilio meddianau eu cymydogion. (D, 63.6)

Chwe mis ar ôl iddi adael arfordir Cymru roedd yr *'Alabama'* wedi cipio dros 30 o longau masnach yr Undeb. Byddai'n ysbeilio am ddwy flynedd gan achosi miliynau o ddoleri o ddifrod cyn cael ei suddo o'r diwedd rai milltiroedd o harbwr Cherbourg yn Ffrainc.

Pan fu farw Samuel Roberts yn y Groeslon, Sir Gaernarfon, yn Ebrill 1916 mae'n debyg mai ef oedd yr olaf o griw'r *Alabama*. Ond nid oedd y Cymro hwn wedi ymrestru yn llynges y Gwrthryfelwyr o'i wirfodd. Roedd ar ei ffordd i Boston, Massachusetts yn 1862 pan gipiwyd ei long gan yr *Alabama*. Nid ef oedd yr unig garcharor yng nghrombil y llong; roedd pedwar Cymro arall yn cael eu dal hefyd. John Roberts oedd un ohonynt; cafodd ei gymryd yn garcharor pan oedd y llong wrth angor ger Traeth Coch, Ynys Môn. Yn y diwedd, penderfynwyd rhyddhau'r Cymry ar yr amod eu bod yn gweithio gyda'r criw, ac felly y daeth Samuel Roberts, John Roberts a thri Chymro arall i wasanaethu ar long ryfel enwocaf y Gwrthryfelwyr.

Dyma enghreifftiau prin felly o *'Rebels* Cymreig', eithriadau i'r ffaith mai ymladd ar ochr y Gogledd a wnaeth mwyafrif llethol y Cymry hynny a ymladdodd yn Rhyfel Cartref yr Unol Daleithiau. Ond mae'r morwyr hyn yn eithriadau sy'n profi'r rheol; ymrestru gyda chriw y llong neu aros yn eu cyffion oedd y dewis a roddwyd iddynt, ac felly go brin y gellid eu disgrifio fel Gwrthryfelwyr o argyhoeddiad.

Eto, mae'n bosibl iddynt gael eu darbwyllo i ymuno â'r criw yn rhannol oherwydd y ffaith fod ambell Gymro arall yn gwasanaethu ar fwrdd y llong yn barod. Roedd yna ddigon o forwyr Cymreig yn chwilio am waith ar lannau'r Merswy yn y 1860au cynnar, ac mae'n amlwg fod un neu ddau wedi ymrestru â chriw'r *Alabama* ar y dechrau o'u gwirfodd. Ceir nifer o enwau Cymreig ar 'restr' y llong, ond dim ond dau a ddisgrifir yn benodol fel 'Cymry'. Mae'r nodyn *a Welshman residing in Liverpool* wrth ymyl enwau Samuel Williams a John Roberts. Mae'n bosibl mai'r dyn a gymerwyd yn garcharor ger Traeth Coch yw'r John Roberts hwn, ond mae'n amlwg fod gennym o leiaf un Cymro – ac o bosibl ddau – a ymrestrodd yn wirfoddol ym Mhenbedw neu Lerpwl. Mae'r enwau Cymreig eraill yn awgrymog, ond ni cheir manylion pellach am y morwyr hyn.

Er nad oes tystiolaeth ei fod yn siarad Cymraeg, roedd un arall o griw'r *Alabama* wedi'i eni yng Nghymru. Ond yn fuan ar ôl iddo gael ei eni ym 1840, symudodd teulu James Evans i Iwerddon. Aeth wedyn i'r Unol Daleithiau ym 1855 gan ymgartrefu yn ninas Charleston, De Carolina. Ar ddechrau'r rhyfel, ymunodd James Evans â'r *Savannah*, llong a gafodd drwydded gan Jefferson Davis i gipio llongau masnach y Gogledd. Ymunodd yn ddiweddarach â'r *Alabama*, a chafodd ei ddyrchafu'n *'fasters mate'* gan Raphael Semmes, y capten.

Gellir casglu felly fod rhwng 6 a 12 o Gymry wedi gwasanaethu ar y llong a bod rhai ohonynt wedi ymuno'n wirfoddol. Ar wahân i forwyr yr *Alabama*, a oes enghreifftiau eraill o'r creadur prin hwnnw, *Rebel* Cymreig?

Cymro oedd Henry Morton Stanley, y dyn a fyddai'n cael hyd i Livingstone yn Affrica, ac fe ymunodd â'r *6th Arkansas* gan ymladd ar ochr y De ym mrwydr Shiloh. Roedd H. M. Stanley hefyd yn ddirmygus iawn o'r modd y cysylltid y rhyfel â'r ymdrech i ryddhau'r caethweision, ac felly roedd yn wahanol iawn i ddiddymwyr Cymreig y Gogledd. Roedd yn Gymro a oedd yn gwadu'i Gymreictod (wedi'r cwbl, newidiodd ei enw o Rowlands i Stanley), a go brin y gellid dweud ei fod yn nodweddiadol o Gymry'r cyfnod. A oedd Cymry eraill ym myddin y Gwrthryfelwyr?

Mewn erthygl a gyhoeddwyd yn *Y Drych* (gan ymddangos yn ddiweddarach yn *Seren Cymru*), mae awdur a ddefnyddiai'r ffugenw 'Alpha' yn sôn am '[F]radwyr o Ddisgyniad Cymreig yn America'. Prif bwrpas yr ysgrif yw trafod y Cymry hynny a ymladdodd ar ochr Prydain yn ystod Rhyfel Annibyniaeth yr Unol Daleithiau. Ond cyn gorffen ei lith, mae'n cyfeirio wrth fynd heibio at y ffaith hysbys fod rhai Deheuwyr amlwg o dras Gymreig:

> Ni raid i mi eich hysbysu mai Cymry yw prif arweinyddion y gwrthryfelwyr – y llywydd, Jeff. Davis; yr îs-lywydd, Alexander H. Stephens; a'u prif-gadfridog, Robert E. Lee; a'r llyngeswyr Ap Catesby Jones, Richard L. Jones, a'r Cadben John Pembroke Jones, ydynt o ddisgyniad Cymreig. (SC, 62.7)

Mae'r ysgrif hon yn hynod am o leiaf un rheswm: mae'n disgrifio Americanwyr o dras Gymreig yn syml fel 'Cymry'. Mae hyn yn gwbl groes i'r rhan fwyaf o'r hyn a ysgrifennwyd yn Gymraeg yn America yn ystod y Rhyfel Cartref; fel arfer yr iaith Gymraeg yw ffon fesur Cymreictod.

Eto, er dweud yn gyntaf mai 'Cymry' yw'r 'bradwyr' hyn, dywed wedyn eu bod 'o ddisgyniad Cymreig' gan symud gam yn nes at y dull arferol o ddiffinio Cymreictod. Ceir tinc hunan-fflangellol yn ysgrif 'Alpha'; mae am atgoffa Cymry America nad ydynt wastad wedi bod ar ochr 'cyfiawnder' a'u bod hyd yn oed yn ystod y Rhyfel Cartref yn ymladd yn erbyn disgynyddion rhai o'r ymfudwyr Cymreig cynnar. Gwahanol yw llythyr a gyhoeddodd milwr Gogleddol, Thomas D. Thomas, yn *Y Seren Orllewinol*. Roedd John Hunt Morgan, un o feirchfilwyr enwocaf y Gwrthryfelwyr, o dras Gymreig, ac roedd Thomas Thomas yn ymfalchïo – o leiaf yn rhannol – yn y ffaith:

> Mae yn debyg eich bod wedi clywed am Morgan yn Kentucky, ac am y gwaith a gyflawna. Dyn hynod yw Morgan. *'oh! that we had such go a-head men: I tell you he is somebody,'* yw llais ei wrthwynebwyr am dano yn gyffredinol. Cymro o waedoliaeth yw Morgan, ac fel y cyfryw yr wyf yn ymffrostio ynddo. Diau genyf pe b'ai ein dynion ni, y rhai sydd yn blaenori, yn Gymry o ddysgyniad, y byddai mwy o orchestion yn cael eu cyflawni. [...] ond galarus yw genyf ei fod yn ymladd yn erbyn cyfiawnder. (SO, 62.9)

Roedd digon o bobl o dras Gymreig yn y De, ond, fel y pwysleisiwyd yn y bennod gyntaf, roedd yr Americanwyr hyn yn wahanol iawn o ran iaith, diwylliant a hunaniaeth i'r Cymry Cymraeg (neu Americanwyr Cymraeg) a oedd yn byw yn y taleithiau Gogleddol. Yn wahanol i unigolion fel Jefferson Davis a John Hunt Morgan, roedd y Gogleddwyr hyn yn siarad yr iaith Gymraeg ac yn byw mewn cymunedau a nodweddid gan weithgareddau Cymreig a Chymraeg o bob math. Ar wahân i Henry Morton Stanley ac ychydig o forwyr ar yr *Alabama*, a oedd yna filwyr yn ymladd ar ochr y De a oedd yn cydymffurfio â'r diffiniad hwn o Gymro? A oedd yna filwyr Deheuol eraill a oedd yn gallu siarad Cymraeg?

Roedd ychydig o Gymry wedi ymfudo i'r taleithiau Deheuol yn ddiweddar. Un o'r rhain oedd William Pierce, a aeth â'i deulu i weithio yn Virginia cyn i'r Rhyfel Cartref ddechrau. Mewn llythyr a ysgrifennodd adref at ei frodyr a'i chwiorydd ar ddiwedd y rhyfel mae'n disgrifio effaith y gyflafan ar y dalaith mewn modd sy'n dangos cydymdeimlad â'i gymdogion Deheuol:

Diolch i Dduw yr [ydym] oll yn fyw ac yn iach, ond pur chydig o deuluoedd sydd yma all ddweyd hyn. Nid ydyw ond ffol i mi amcanu disgrifio hanes y rhyfel i chwi sydd wedi darllen cymaint amdano. Yr [ydym] ni wedi bod yn ei ganol, gweled, clywd a theimlo ei effeithiau. Oh! Oh! wlad druenus, wylofain a galar ym mhob ty; nid wyf wedi clywed dim ers 4 blynedd ond swn y magnelau, a swn y cleddyfau, a swn carnau y meirch a'u marchogion yn cynllwyn am waed – swn y clwyfedigion yn gruddfan ac yn marw – edrych o ddrws fy nhy ar golofnau ugeiniau o filoedd wedi meddwi ar waed yn pasio ôl a blaen yn ddiorphwys ac arfau angeuol yn eu dwylaw. Y mae hyn yn beth mor gyffredin i ni yn awr ac ydoedd cicio pel droed yn Ddol y Rhiw ers llawer dydd. Mewn rhai manau prin y gellir canfod pa le yr ydoedd y prif ffyrdd; y mae y wlad yn goch – y doldir breision a'r dyffrynoedd prydferth yn ffyrdd a beddau y meirwon. Yr oedd pob peth fel wedi penderfynu rhoi y gwrthryfel i lawr – yr oedd y byddinoedd undebol mor luosog – canoedd o filoedd yn lluosocach na'r rhai hyn, *sef y Deheuwyr*, [...] er hynny cymerodd iddynt 4 blynedd i'w hanner darostwng[.] (WP)

Ond er disgrifio effaith y rhyfel ar dir a phobl Virginia yn y modd hwn, ac er pwysleisio gallu milwrol y Gwrthryfelwyr, roedd William Pierce yn cefnogi Lincoln, yr Undeb a'r ymgyrch yn erbyn caethwasanaeth. Er i'w gymdogion bwyso arno a'i feibion i ymrestru ym myddin y De, gwrthododd y Cymro:

[Bu] yn galed arnom yn y dechreu – eisiau i mi ymuno â'r fyddin. Ychydig o dramorwyr oedd yn New Canton [...] ni thalent ein cyflog i ni, ni werthent flawd na dim, er treio pob ffordd ein cael ond yr oeddwn mor benderfynol nas awn i byth i ymladd dros yr hen gaethfasnach. Gwrthsefais bob bygythiad – cawsom rybydd i ymadel â'r wlad yn mhen ychydig ddiwrnodau, felly cychwynais yn y fan, ond gan na allwn groesi y llinell i'r Gogledd bu raid aros yn y fan hon. [....] Cyn hir daethant am Richard a David i'r fyddin, ond sefais i'w gwrthwynebu fel llew a chan i mi ddadcan fy marn am Lincoln taflwyd fi i garchar[.] (WP)

Felly er ei fod yn byw yn Virginia, roedd William Pierce yn bell o fod yn *Rebel*. Gellid meddwl mai haws fyddai cydfynd â barn ei gymdogion, ond aeth y Cymro i'r carchar yn hytrach nag ildio'n foesol.

Treuliodd yr 18fed Gatrawd o Draedfilwyr Wisconsin lawer o amser yng ngorllewin Tennessee ar lannau'r Mississippi. Roedd un o Gymry'r gatrawd, D. M. Williams, yn dotio at harddwch yr ardal. Dwysáu a wnaeth y teimlad ar ôl iddo ddod ar draws gweddillion hen gymuned Gymreig – ynghyd â chwpl o Gymry a oedd yn byw yno o hyd. Fel hyn y cyflwynodd yr hanes i ddarllenwyr *Y Drych*:

Ac i wneyd y lle fyth yn fwy anwyl i ni, mae yma rai o'n cenedl yn byw, ac yn y fynwent gerllaw, yn ymyl y pentref, mae rhan farwol llawer Cymro yn pydru yn llwch y pentwr. Un o'r cyfryw o'r enw Hugh Hughes, gynt o Swydd Fon [...], yr hwn fu farw dair blynedd a dau fis yn ôl; a dywed Mr. Griffith, hen dderbyniwr *y Drych*, a'r *Cenhadwr*, sydd wedi bod yn byw yma er's agos i bymtheg mlynedd, ac i'r hwn yr oedd Hughes yn gweithio cyn ei farw, fod yn agos i ddau cant o ddoleri yn ddyledus i'r trancedig, oddiwrth wahanol bersonau yn yr ardal hon, a bod cefnder i'r trancedig yn byw yn Wisconsin, a byddai dda iawn gan Mr. Griffith iddo ddyfod yma i dderbyn yr hyn oedd ddyledus i Hughes.

Mae Mr. Griffith wedi cael llawer iawn o golledion er pan ddaeth ein byddin ni yma. Lladratwyd ei geffyl, ac aeth rhyw ddyhirod i'r ty, ac yspeiliasant lwyau arian Mrs. Griffith, a llawer iawn o bethau eraill nad oeddynt o un defnydd i'r milwyr, [...]. Mae yn dda ryfeddol ganddynt weled *y Drych*, ac yr wyf wedi gadael pedwar rhifyn iddynt.(D, 63.4)

Fel y gwelir ym mhennod 14, roedd milwyr Gogleddol yn aml yn anrheithio wrth deithio drwy'r De (fel yr oedd y Gwrthryfelwyr ar eu cyrchoedd prin i dir y Gogledd). Roedd anifeiliaid fferm yn enwedig yn diflannu'n sydyn i rengoedd y fyddin. Gan fod eiddo Mr. a Mrs. Griffiths wedi syrthio'n ysglyfaeth i'r Gogleddwyr, go brin eu bod nhw'n ofnadwy o frwd ynglŷn â phresenoldeb y milwyr yn yr ardal.

Eto, nid yw'n debygol fod yr hen Gymry hyn yn ochri â'r

Gwrthryfelwyr ychwaith. Dywed D. M. Williams fod Mr. Griffiths yn 'hen dderbyniwr' *Y Drych* ac *Y Cenhadwr Americanaidd*, dau gyhoeddiad a oedd yn gyson yn eu safiad o blaid Lincoln ac yn erbyn caethwasanaeth (yn wir, roedd *Y Cenhadwr* yn arbennig o danbaid ar y pwynt olaf, a hynny am flynyddoedd lawer cyn i'r rhyfel ddechrau). Mae'n amhosibl gwybod a oedd y teulu Griffiths yn cefnogi Lincoln gyda'r un brwdfrydedd â theulu William Pierce yn Virginia, ond eto o'r ychydig dystiolaeth sydd gennym mae'n annhebygol eu bod yn perthyn i'r grŵp bychan hwnnw o *Rebels* Cymreig.

Gwahanol oedd y Cymro y daeth William S. Jones o hyd iddo yng nghyffiniau Memphis, Tennessee. Roedd William Jones gyda'r *56th Ohio Infantry*, catrawd â thros 150 o filwyr Cymreig ynddi. Rhaid mai dyma un o olygfeydd mwyaf rhyfedd y rhyfel: nifer helaeth o Gymry'n gwisgo lifrai glas y Gogledd wedi teithio'n bell o'u cartrefi yn Ohio, a nhwythau – drwy hap a damwain – yn cael eu hanfon i weithio ar ffarm hen Gymro a oedd yn ochri â'r *secesh* (hynny yw, y *secessionists*, y Deheuwyr a oedd am ymneilltuo o'r Undeb):

> Wedi i ni gyraedd Memphis, gorchymynwyd ein milwyr yn y gatrawd hon i fyned allan tua 28 milltir o'r dref i adgyweirio pontydd ar y gledrffordd, y rhai a losgasid gan y gwrthryfelwyr. – Wedi ein myned allan yno, digwyddodd er ein syndod ein bod yn gweithio ar ffarm hen Gymro o'r enw, Davis, yn enedigol o Sir Gaerfyrddin, yn Nghymru. Ymddiddanai yn yr hen iaith o'r goreu, dywedodd nad oedd neb o'i berthynasau yn y rhyfel, nac wedi rhoddi un cynorthwy i fyddin y Deheuwyr; ond hawdd oedd deall fod ei egwyddor fel y rhai olaf yn *secesh*. Carai ni fel Cymry, ond fel milwyr Gogleddol, mynai ein bod wedi cael ein twyllo gan ein blaenoriaid i wneyd yr hyn oedd anghyfiawn. (D, 63.1)

Dywedodd Mr Davis, yr hen sesesiwr o Sir Gâr, 'nad oedd neb o'i berthynasau' ym myddin y De. Ond hyd yn oed pe bai ganddo fab – neu ddau – yn brwydro ar ochr y Gwrthryfelwyr, a fyddai'n fodlon cyfaddef hynny gyda 150 o filwyr Gogleddol Cymraeg eu hiaith yn sefyll yn ei fuarth? Go brin. Mae'n amhosibl gwybod a oedd Mr Davis yn dweud y gwir neu beidio, ond mae'r hanesyn yn sicr yn ein hatgoffa na ddylem synnu ormod pe bai ambell *Rebel* o Gymro yn dod i'r fei.

Cyffesodd un o weinidogion Cymreig y Gogledd, y Parchedig Jenkin Jenkins, fod ei fab, David, wedi ymrestru yn lluoedd y De. Cyhoeddodd lythyr yn *Y Cenhadwr* yn gofyn am faddeuant Cymry America. Eglurodd fod ei fab yn gweithio ar agerfad *(steamboat)* ar yr afon Mississippi cyn y rhyfel; pan ddechreuodd yr helynt, aeth gyda'i gyfeillion i ymuno â byddin y Gwrthryfelwyr. Bu farw David Jenkins yn Virginia ar 22 Hydref 1862. Wedi'i ddal rhwng galar a chywilydd, ceisiodd y Parchedig Jenkins fynegi'i deimladau ar ffurf cerdd:

O pwy all ddwey'd ar eiriau deimladau mam a thad,
Ar ôl eu mab anwylgu, yn trengu yn ei waed.
Fe aeth i dir y gelyn roedd hyn yn wrthyn llawn,
Er hynny 'rym ni'n wylo am dano'n aml iawn.

Ac i gyfannu'r cylch dylid nodi mai Americanwr sy'n siarad Cymraeg ac yn byw yn Virginia heddiw, Robert Roser, a ddaeth o hyd i hanes David Jenkins yn ddiweddar.(Cm)

H. M. Stanley, David Jenkins a morwyr yr *Alabama*; er taflu'r rhwyd yn eang, ychydig iawn o *Rebels* Cymreig sydd wedi dod i'r golwg. Ai oherwydd rhyw duedd hunan-fflangellol fel yr hyn a welir yn ysgrif 'Alpha', ai ynteu oherwydd awydd i ddinoethi a chosbi unryw 'fradwyr', roedd ambell awdur Cymraeg adeg y rhyfel fel pe bai hefyd yn chwilio am Gymry ym myddin y De. (Yn wir, fel y gwelir ym mhennod 19, roedd awduron Cymraeg yn aml yn dinoethi 'pennau-copr' Cymreig a dihirod eraill). Felly cafwyd trafodaeth ar dudalennau'r wasg Gymraeg ynglŷn â Sterling Price, un o gadfridogion y Gwrthryfelwyr yn Missouri. Ond rhoddwyd taw ar y siarad a'r dyfalu tua diwedd y rhyfel gan filwr llengar ym myddin y Gogledd a oedd yn cyson ohebu â'r wasg, Humphrey Pierce – neu 'Wmffra o Faldwyn':

Mr. Gol[ygydd] – Gan fod chwedl wedi cael ei chyfodi yn mysg y Cymry yn y wlad hon, fod y gwrthryfelwr Price yn Gymro, ac yn cael ei chredu gan luaws, ac yn debygol ei bod wedi dyfod o enau y Parch. Edward Jones, Cincinnati. Mae yn sicr i Mr. Jones gam-ddeall y person: nid yr un yw hwn ag un y mae efe yn ei feddwl sydd o Gymru. Deheuwr Americanaidd o'i enedigaeth yw y Price hwn[.] (C, 65.3)

Gwyddai Humphrey Pierce yn iawn beth oedd y ffeithiau; yn wir, roedd wedi aros dros nos yn nhŷ Price cyn i'r rhyfel ddechrau:

bum yn nghartref Price, ac fe gysgasom yno am un noson [...]. Nid oedd yno un llyfr Cymraeg o fewn ei dy. Gall pob dyn fod yn gadarn na welodd Price Gymru erioed, ac na all lefaru gair o'r hen Omeraeg; ac os ydyw o waedoliaeth [Gymreig], nid yw am arddel hyny, efe na'i deulu. (C, 65.3)

Dyma brofiad a oedd yn nodweddiadol iawn o sefyllfa pobl mewn *'border states'* fel Missouri; wedi cysgu yn nhŷ Price yn amser heddwch, bu Wmffra o Faldwyn yn ymladd yn ei erbyn yn amser rhyfel. Er y gellid manylu ar dristwch y sefyllfa honno, agwedd arall ar stori Wmffra sy'n berthnasol i'r pwnc presennol:

> Fe ymladdais â Price o frwydr Wilson Creek hyd y frwydr ar lan Saline, yn 1864. Aethum gyda lluman wen ac ymborth i'n carcharorion un tro, o dan swyddog gwrthryfelgar o Gymro, o'r enw Lewis, yr hwn a ddywedodd yn gadar[n]haol nad yw Price yn Gymro, nac o'n hachau, oddieithr yn mhell. (C, 65.3)

Gwrthbrofi'r si mai Cymro (neu Americanwr Cymraeg) oedd Sterling Price oedd pwrpas erthygl Wmffra o Faldwyn, ond wrth gyflwyno'r dystiolaeth sy'n dangos nad Cymro mo'r cadfridog Deheuol mae'n rhoi enghraifft arall o *Rebel* Cymreig inni. Dyma un arall o olygfeydd mwyaf rhyfedd y rhyfel: cadoediad ar ganol brwydr boeth, ac Wmffra o Faldwyn yn mynd i gwrdd ag un o swyddogion y gelyn o dan baner wen – a chael sgwrs yn Gymraeg gyda'i wrthwynebydd! Pwy oedd y Lewis hwn? Nid oes gennym wybodaeth amdano ar wahân i'r ffaith ei fod yn Gymro ac yn swyddog ym myddin y Deheuwyr. Fodd bynnag, mae'n enghraifft arall o'r creadur prin hwnnw, Cymro a ymrestrodd ym myddin y De.

Fel yr oedd Cymreictod yn cael ei gambriodoli i Sterling Price, felly hefyd roedd y Cymro Samuel Roberts yn cael ei gyhuddo ar gam o gefnogi'r Gwrthryfelwyr. Ym 1857 – gwta pedair blynedd cyn dechrau'r rhyfel – aeth grŵp bychan o Gymry o Lanbrynmair i ddwyrain Tennessee. Y Parchedig Samuel Roberts – neu 'S.R.' – oedd yn eu harwain, cymeriad pur adnabyddus yng Nghymru a oedd wedi penderfynu sefydlu cymuned Gymreig newydd yn America. Er i Gymry eraill geisio perswadio S.R. y dylai fynd i un o'r taleithiau Gogleddol, roedd yn ŵr penstiff ac roedd wedi setlo ar ddwyrain Tennessee. Yn ogystal â'r ffaith fod y lleoliad yn bell o'r cymunedau Cymreig hyfyw agosach yn ne Ohio, roedd Tennessee yn dalaith gaeth ac roedd S.R. wedi cyhoeddi ysgrifau yn erbyn caethwasanaeth. Ond er i'w gyfeillion grybwyll y dadleuon hyn, credai'r gweinidog o Lanbrynmair fod y tir amaeth rhad yn nwyrain Tennessee yn berffaith ar gyfer ei gynllun.

Tipyn o radical oedd S.R., dyn a ysgrifennai ynglŷn â hawliau merched, heddychiaeth a chaethwasanaeth. Ond gan ei fod wedi mynd yn groes i duedd ei gyd-Gymry a symud i dalaeth gaeth, a hynny ar yr union adeg pan oedd y rhwyg rhwng y De a'r Gogledd yn gwaethygu, dechreuai Cymry eraill amau cymhellion y Parchedig Roberts. Ar ôl i'r Rhyfel Cartref ddechrau, cyhoeddodd ysgrif yn ymosod ar 'ysbryd rhyfel y Gogledd' gan wylltio Gogleddwyr nad oedd yn gallu stumogi unrhyw beth ond cefnogaeth ddigwestiwn i'r 'achos'. Aeth S.R. yn gocyn hitio i wasg Gymraeg America a dechreuwyd ei gyhuddo o bob math o gamweddau. Safai ei dir yn ddi-ildio, ond ceisiai hefyd gymodi â'i feirniaid: 'Yr wyf fi yn teimlo yn serchog ac yn gynes at y brodyr yn y Gogledd sydd wedi fy nghondemnio drymaf am i mi feio ysbryd rhyfel y Gogledd.' (CA, 61.9) Mae ansicrwydd rhyfel yn hybu amheuaeth a'r awydd i ddarganfod 'bradwyr' ac felly roedd sïon am S.R. yn rhemp ymysg Cymry'r Gogledd; dywedai rhai ei fod wedi mynd yn groes i'w hen egwyddorion a'i fod bellach yn cefnogi caethwasanaeth, dywedai eraill ei fod yn cefnogi achos rhyfel y De.

Celwyddau noeth oedd y sïon hyn. A dweud y gwir, nid yn unig oedd S.R. a'i gymuned Gymreig fechan wedi aros yn deyrngar i Lincoln, ond roedd y rhan fwyaf o'i gymdogion hefyd yn cefnogi'r Undeb. Nid oedd caethwasanaeth wedi cydio yn nhir mynyddig dwyrain Tennessee, ac roedd llawer o drigolion yr ardal yn drwgdybio'r caeth-feistri cefnog a dylanwadol yng ngorllewin y dalaith. Fel y nododd S.R. ei hun, roedd y sefyllfa'n beryglus gan fod nifer sylweddol o gefnogwyr yr Undeb yn byw mewn talaith 'encilgar' – hynny yw, talaith a oedd wedi ymuno â'r *Confederacy*:

Y mae y dalaeth yn rhanedig; yr ochr yma, gan mwyaf, dros yr Undeb, a'r ochr orllewinol dros encilio. Yr ydym yn ofni clywed bob dydd am frwydrau yn ein hymyl, oblegyd y mae y ddwy ochr dan eu harfau, yn trefnu eu byddinoedd, yn dysgu rhyfel, yn gwylio eu gilydd, ac yn barod i ymladd[.] (CA, 61.9)

Esgorodd y Rhyfel Cartref felly ar ryfel gerila mileinig yn nwyrain Tennessee, gyda chefnogwyr y ddwy ochr yn ymladd yn erbyn ei gilydd ac yn anrheithio sifiliaid. Dioddefodd S.R., ei deulu a'i gyfeillion yn ofnadwy:

Bum yn cysgu lawer noson gyda chyfaill oedd yn cadw ei rifle wrth ochr ei wely, a'i revolver a'i gleddyf dan ein gobenydd. Lladdwyd dau o'n cyfeillion yn ymyl ein ty. Cymerwyd y trydydd yn garcharor; a chafodd ei rwymo wrth goeden yn nôd i ddeg ar hugain saethu ato ar unwaith.(HSR, 69)

Yn eironig o drist, roedd yn dioddef dan law y Gwrthryfelwyr tra oedd

Cymry'r Gogledd yn ei gyhuddo o gefnogi achos y De.

Er i ohebwyr *Y Drych* barhau i bardduo S.R. drwy gydol y rhyfel (ac am sbel ar ôl iddo orffen!), roedd Robert Everett yn sicrhau fod y drafodaeth ar dudalennau *Y Cenhadwr Americanaidd* yn fwy cytbwys. Gan fod brawd S.R. yn golygu *Y Cronicl* yn ôl yng Nghymru roedd ganddo lwyfan yn y cylchgrawn hwnnw i gyflwyno'i safbwynt; ailgyhoeddodd Robert Everett lythyr yn *Y Cenhadwr* yn Mehefin 1863 a ymddangosai yn *Y Cronicl* ym mis Mawrth y flwyddyn honno. Disgrifia'r helyntion a ddaeth i'w ran yn ystod dwy flynedd gyntaf y rhyfel:

> Peth cyfyng ydoedd bod mewn ofn parhaus am bron ddwy flynedd, rhag i'r anrheithwyr oeddynt yn gwibio ar bob llaw ddyfod heibio i ni. Peth cyfyng ydoedd bod bron fel carcharorion rhyfel drwy yr holl amser, na feiddiem symud oddicartref heb fyned i ddanedd rhyw beryglon. [....] Peth cyfyng oedd gweled fy mrawd, a'r Bardd Cadwgan, ar frys gwyllt yn taflu ychydig luniaeth a chorn, a chelfi i'r wagen, ac yn gyru ymaith dros ugain milldir o ffordd arw, i gadw allan o'r golwg am amryw ddyddiau, pan oedd mintai gref o'r anrheithwyr o fewn pedair milldir i ni yn cymeryd y *dynion* a fedrent ddal, yn gystal a'r eiddo[.](CA, 63.6)

Is-destun y llythyr hwn, wrth gwrs, yw'r ffaith fod Cymry ar ddwy ochr y môr yn ei feirniadu'n hallt ac yn annheg yn ystod yr holl brofiadau 'cyfyng' hyn. Ac yntau'n llenor dawnus, mae arddull y darn yn cyfleu anobaith y sefyllfa mewn modd effeithiol iawn; bron y gellid clywed emosiwn ei lais wrth iddo aildarodd y geiriau 'peth cyfyng' ar ddechrau pob brawddeg.

Na, nid *Rebel* mo Samuel Roberts. I'r gwrthwyneb, roedd yn cyson gyhoeddi ysgrifau yn erbyn y sefydliad anfoesol a oedd yn rhan allweddol o economi'r taleithiau Deheuol. A chan ei fod yn heddychwr o argyhoeddiad, roedd yn beiriniadu achos rhyfel y De ac achos rhyfel y Gogledd fel ei gilydd. Ond roedd yn styfnig ac yn hunan-falch, ac roedd yr agweddau anffodus hyn ar ei bersonoliaeth wedi'i rwystro yn ei ymdrech i dawelu'r sïon maleisus amdano. Hyd yn oed ar ôl diwedd y rhyfel, roedd golygydd *Y Drych* yn gyndyn i gymodi â'r Parchedig Roberts:

> mae genym ni resymau i gredu fod S. R. yn euog o'r hyn y cwyna gymaint yn ei gylch, trwy ei fod yn treio dylanwadu ar ddynion i goelio ei haeriadau am anhegwch *y Drych*. Nid oes genym ond tosturio wrth y cyfryw a fynant eu camarwain gan ymadroddion dichellgar a

thwyllodrus Mr. Roberts. (D, 65.11)

Dychwelodd i Gymru ar ôl y rhyfel. Roedd ei gymuned Gymreig yn nwyrain Tennessee wedi troi'n fethiant costus, ac roedd ei enw da wedi'i sarnu. Treuliai Samuel Roberts gyfran go lew o'i egni weddill ei oes yn ceisio cyfiawnhau ac egluro'r hyn a wnaethai yn America. Yn briodol ddigon, pan gyhoeddodd ei hunangofiant ym 1875, *Crynodeb o Helyntion Bywyd S. R.* oedd y teitl a roddodd arno.

'Rachel yn wylo am ei phlant'

Yn ystod gaeaf cyntaf y rhyfel bu John E. Roberts yn teithio gyda'i gatrawd i gyfeiriad y brwydro yn Virginia. Cafodd y milwyr gyfle i fwrw'u blinder yn Philadelphia ar y ffordd:

> Gadawsom Ynys Staten y 12fed o'r mis diweddaf, a chyrhaeddasom Philadelphia am 12, y noson hono. Yno cawsom swper da yn y *Soldier's Refreshment Saloon*. Cedwir y Saloon hwn gan foneddigesau Philadelphia, y rhai ydynt ar bob awr, ddydd a nos, yn barod i groesawu pob milwr o'r Undeb. Bydded i'r Arglwydd eu bendithio am eu caredigrwydd. (CA, 62.3)

Yn debyg i foneddigesau Philadelphia, roedd menywod ym mhob ardal yn y Gogledd a'r De yn gweithio'n galed i gynorthwyo'r milwyr. Gwelir yn *Soldier's Refreshment Saloon* Philadelphia enghraifft o ffenomen genedlaethol; daeth cannoedd o elusennau tebyg i fodolaeth yn ystod y rhyfel. Deuai merched i'r adwy gan ddarparu hanfodion – fel bwyd iach a gofal meddygol – yr oedd biwrocratiaeth y fyddin wedi'u hesgeuluso. 'Bydded i'r Arglwydd eu bendithio', meddai John Roberts, a châi ei eiriau eu hadleisio dro ar ôl tro gan wahanol filwyr drwy gydol y rhyfel.

Roedd menywod hefyd yn ffurfio cymdeithasau er mwyn postio hanfodion a chysuron at filwyr a oedd yn bell o ddinasoedd y Gogledd. Dyna a wnaeth chwiorydd y capeli Cymraeg yn Remsen, Efrog Newydd; cyhoeddwyd hanes eu gweithgareddau yn *Y Cenhadwr Americanaidd* o dan y pennawd 'Cymdeithas er Cynorthwyo y Milwyr, y Claf a'r Clwyfus'.

> Ffurfiwyd y gymdeithas hon yn Remsen, gan foneddigesau y Pentref a'r amgylchoedd. Trefnasant i ymgyfarfod yn wythnosol i barotoi defnyddiau, gwau a gwnio, ac er cael gwahanol bethau yn nghyd ac i drefn i'w danfon ymaith. Buont yn ymdrechgar a gweithiasant yn unfrydol, a llwyddiasant tu hwnt i'w disgwyliad, fel y gorphenasant

un box, ac anfonwyd ef i Washington yn ngofal Mr. George W. Griffiths. (CA, 62.1)

Roedd economi'r Gogledd yn gryfach o lawer nag eiddo'r De, ac felly roedd byddin yr Undeb yn bwydo ac yn dilladu ei milwyr yn well o lawer na byddin y Gwrthryfelwyr. Eto, roedd milwyr y Gogledd yn dioddef o brinder dillad cynnes a bwyd iach ar adegau, ac felly roedd derbyn 'bocs' neu barsel un o'r elusennau yn destun llawenydd.

Yn ogystal â'r hanfodion hyn, roedd darparu cysuron cartrefol yn hybu *morale* y milwyr. Disgrifia dyddiadur John Williams y modd y daeth ychydig o gysur Vermont i wersyll y milwyr yn Virginia:

Sul, Rhagfyr 7ed, 1862. [.....] Yn yr hwyr daeth *Box* i ni yn anrheg oddiwrth ferched ieuainc West Brattleboro; yr oedd yn llawn o bob math o drugareddau, sef, ymenyn, caws, gwin, pies, tea, siwgr, cakes, penwaig cochion, a phob peth o'r defnyddiau goreu; ni welais erioed ferched mor garedig a'r rhai hyn. Yr oedd yn dda cael tamaid o flasus fwyd Vermont yn Virginia ryfelgar. (JW)

Mae cofnodion Cymdeithas y Chwiroydd, Remsen, yn dangos fod boneddigesau Cymreig y pentref hwnnw yr un mor weithgar â merched West Brattleboro. Disgrifia'r ddogfen gynnwys y bocs a anfonwyd ganddynt:

14 cotton sheets neu gynfasau, 7 partly worn shirts neu grysau, 12 pair pillow-cases neu orchudd clustogau, 15 pair drawers neu lodrau, 12 blankets, neu wrthbanau, 3 bed ticks, neu twyg liain, 12 dressing gowns, 3 tywel, 13 pair mittens neu fenyg, 10 comfortables neu cwmffwrt, 15 pair woolen socks, neu hosanau gwlân, 14 rolls of bandages neu rwymynau, 13 pair of pillows neu glustogau. (CA, 62.1)

Nodir hefyd fod 'merched bychain Remsen, o 10 i 15 ml[wydd] oed' wedi cyfrannu '23 pair of woolen mittens, 8 towels, [a] 2 bed ticks,' i gyd wedi'i lapio 'yn sypyn bychan' a anfonwyd gyda Mr Griffiths i Washington.

Mae'r cofnodion yn rhestri capeli unigol y cylch – 'Ebenezer, Sion, Peniel, Capel Ceryg, Pen y Graig' – gan nodi fod chwiorydd pob un ohonynt wedi casglu arian at yr achos yn ogystal â '[ph]aratoi defnyddiau, gwau a gwnio.' Fe ymddengys fod merched y capel olaf hwn yn arbennig o drefnus; cofnodir enwau aeoldau 'Pwyllgor Pen y Graig', sef Mrs. Jane Pugh, Mrs. E. Salisbury, Miss Ann Jones a Miss Ellen Lewis. Cyflwynwyd yr ohebiaeth i'r wasg gan 'Mrs. M. Griffiths, Llywyddes' a

'Miss Sarah A. Griffiths, Ysg[rifenyddes].' Yn ogystal â darparu'r nwyddau, merched hefyd oedd yn trefnu a gweinyddu'r cyfan.

Gan fod bocs mawr y chwiorydd a 'sypyn bychan' y merched bychain wedi'u hanfon i Washington, a chan eu bod yn cynnwys deunydd ar gyfer milwyr claf a chlwyfedig, mae'n rhaid fod Mr Griffiths wedi'u cludo i un o ysbytai'r ddinas. Mae'n bosibl fod un o chwiorydd Remsen yn gweithio yno fel gwirfoddolwraig; yn y De a'r Gogledd fel ei gilydd, roedd menywod yn nysrio ac yn bwydo'r cleifion. Âi rhai merched yn agosach at beryglon y rhyfel a thendio clwyfedigion ar faes y gad. Yr enwocaf o'r rhain oedd Clara Barton, *'the angel of the battlefields'*. Gweithiai gyda milwyr clwyfedig a charcharorion rhyfel yn theatr y dwyrain ac ym 1864 cafodd ei phenodi yn bennaeth ar holl staff nyrsio nifer o ysbytai yn yr ardal. Ysgogwyd hi gan ei phrofiadau yn ystod y Rhyfel Cartref i weithio wedyn i sefydlu cangen o'r Groes Goch Ryngwladol yn yr Unol Daleithiau.

Draw yn theatr y gorllewin, roedd Mary Ann Bickerdyke yn mynd ben-ben â swyddogion biwrocrataidd y fyddin gan eu gorfodi i wella safonau'r gofal meddygol yno. '*Mother* Bickerdyke' oedd y weddw o Illinois i'r milwyr cyffredin, ac aeth yn gymeriad chwedlonol – yn dyner ei gofal dros y claf a'r clwyfedig ac yn ffyrnig ei gwrthwynebiad i dwptra'r meddygon milwrol. Mae llythyr a ysgrifennodd Jenkin Lloyd Jones at ei rieni yn dechrau 'wele fi unwaith eto yn ymdrechu y'ch hysbysi f[y m]od yn iach ac yn fyw'(JLJ); gallai ddweud hynny oherwydd gofal Mary Ann Bickerdyke. Roedd y Cymro ifanc wedi ymrestru gyda'r *6th Wisconsin Battery*, ac yn ystod dryswch brwydr Corinth, Mississippi, aeth olwyn canon dros ei droed a'i ffêr gan falu'r esgyrn. Roedd llawfeddygon y fyddin am dorri troed Jenkin i ffwrdd, ond daeth Mam Byckerdyke i'r adwy a maentumio nad oedd yr *amputation* yn angenrheidiol. Trechodd y weddw fach y meddygon milwrol, gan achub troed Jenkin – ac o bosibl ei fywyd, o ystyried yr haint a ddeuai'n aml yn sgil y ffasiwn lawdriniaeth. (GS)

Fel y trafodir yn fanylach ym mhennod 21, roedd diffyg gofal meddygol ac aflendid y gwersylloedd wedi dychryn sifiliaid fel Clara Barton a Mary Ann Bickerdyke. Ffurfiwyd elusennau cenedlaethol er mwyn adeiladu ar y gwaith da yr oedd grwpiau lleol fel Cymdeithas y Chwiorydd yn Remsen yn ei wneud; sefydlwyd y '*Christian Commission*' a'r '*Sanitary Commission*' ac bu merched Cymreig y Gogledd yn ddiwyd eu cefnogaeth i'r mudiadau effeithlon hyn. Ysgrifennodd Jane Isaac, 'Trysores Cymdeithas y Boneddigesau, Ail Eglwys Gynulleidfaol Utica' at *Y Drych* ar ddechrau 1863 i ddisgrifio gwaith ei chymdeithas hi 'tu ag at gynorthwyo milwyr afiach a chlwyfedig'. (D, 63.1) Dywed fod boneddigesau Cymreig Utica wedi anfon nwyddau 'i Ddirpwyaeth Iechyddol New York' (hynny yw, cangen Efrog Newydd o'r *Sanitary Commission*).

Yn ddiddorol ddigon, yn ogystal â gwasanaethu'r elusen genedlaethol newydd, roedd chwiorydd Utica hefyd yn anfon dillad a bwyd at y '26ain Gatrawd'.(D, 63.1) Cynhwysai'r *26th New York Infantry* filwyr o ardal Utica; dyma enghraifft dda o'r math o gysylltiad agos a geid rhwng milwyr a sifiliaid y gymuned leol yn y Gogledd. Roedd Cymdeithas y Boneddigesau yn gwneud dwywaith y gwaith er mwyn sicrhau fod eu meibion, eu gwŷr a'u brodyr yn elwa'n uniongyrchol o'u llafur. Roeddynt yn anfon bocsys a pharseli at yr elusen genedlaethol i'w dosbarthu yn ôl yr angen, ond roeddynt hefyd yn anfon yr un math o ddeunydd yn uniongyrchol at eu milwyr nhw.

Mae gwaith menywod y cymdeithasau a'r elusennau wedi'i groniclo'n weddol fanwl; mae yna ddigon o gofnodion a llythyrau sydd wedi'u goroesi i'n galluogi i ddeall natur eu gwaith a'u cyfraniad. Wrth gwrs, roedd gwragedd, mamau a chwiorydd yn gwneud gwaith aruthrol bob dydd i gynnal teulu a chartref yn amser rhyfel, ond nid yw'r math yma o lafur wedi'i gofnodi gyda'r un manylder. Chwaraeai merched ran bwysig o ran cynnal cartref, ffarm a busnes tra oedd llawer o ddynion ifainc i ffwrdd yn y fyddin.

Roedd Sarah Everett, merch-yng-nghyfraith golygydd *Y Cenhadwr Americanaidd*, mewn sefyllfa neilltuol o anodd. Yn wahanol i'r rhan fwyaf o Gymry'r Gogledd a oedd yn bell o sŵn y gynnau, roedd Sarah a'i gŵr wedi symud i Kansas, ac roeddynt felly'n rhan o gymuned a oedd yn agored iawn i gyrchoedd y gelyn. Ym 1862 ysgrifennodd lythyr at ei thad-yng-nghyfraith yn disgrifio'r helyntion a ddaeth i'w rhan:

> Boreu ddoe cawsom gryn ddychryn. Rhwng 4 a 5 yn y boreu [...] daeth Charley Mendanhall, bachgen i un o'r Crynwyr tua 12 oed, i mewn i'r ty [...] a deffrodd ni gan waeddi yn frawychus, 'O Sarah! Sarah! mae arnaf eisiau dweud rhywbeth wrthych.' [....] 'Mae y rebels wedi gnweud ruthriad i'r dalaeth – wedi cymeryd yr arfau oedd yn Olathe,' 30 milldir i'r de i ni, – 'wedi lladd rhywun – cymeryd Shipley, y *recruiting officer,* yn garcharwr.'[....] Cododd fy mhriod a brysiodd un ffordd, a minau ffordd arall, i geisio rhybuddio y cymydogion; ond deallasom cyn y nos nad oedd dim perygl uniongyrchol. (CA, 62.10)

Roedd gŵr Sarah Everett wedi arfer â dyletswyddau'r *militia* lleol a ffurfiasid er mwyn amddiffyn cefnogwyr yr Undeb rhag milwyr a geriliaid y Gwrthryfelwyr. Ond gwelwn yma ei bod hi'n ymgymryd â'r un gwaith peryglus â'i gŵr, yn teithio drwy'r gymuned wledig wasgaredig i rybuddio cymdogion yn wyneb bygythiad byddin y De.

Pan fu farw mab, gŵr neu frawd o filwr, merched y teulu'n aml a oedd yn ganolbwynt i'r broses o alaru. Yn sgil marwolaeth Lieutenant Robert Williams, *40th Iowa Infantry*, ysgrifennodd ei fam i'r wasg i ddweud ei fod wedi marw o afiechyd mewn ysbyty yn Tennessee; arwyddodd y llythyr 'Ei anwyl fam alarus, Catherine Williams.' (CA, 63.1) Roedd y brodyr Josiah a Jonadab Jones yn gwasanaethu gydai'i gilydd yn y *94th Illinois Infantry*. Pan fu farw Jonadab mewn ysbyty yn New Orleans, ysgrifennodd ei gefnder – a oedd hefyd yn yr un gatrawd – i'r wasg gyda'r manylion, ac ysgrifennodd ei frawd Josiah farwnad iddo, 'Ymson Milwr ar ôl ei Frawd'. (CA, 65.1) Bu farw Josiah yntau yn fuan wedyn a chyfansoddodd eu mam, Jane, farwnad i'r ddau. Wrth geisio crisialu'r colled eithaf a ddaeth i'w rhan, disgrifiodd ei galar fel tyndra rhwng 'cofio ... gwedd' eu meibion a'r ffaith enbyd na allai fyth eto eu 'canfod' yn y byd go iawn:

> O fy anwyl hoffus fechgyn,
>> Pa fodd gan alar gallaf ddim
> Cofio eich gwedd ac heb eich canfod
>> Sydd yn peri tristwch 'im. (CA, 65.1)

Yr unig gysur a gâi oedd gwybod fod eu brwydro wedi darfod a'u bod bellach wedi cyrraedd bro heddychlon:

> Ni raid yna gario'r cledde'
>> Ofni'r gelyn ni raid mwy
> Pob peryglon wedi darfod
>> Byth i dragwyddoldeb mwy! (CA, 65.1)

Gwelwn gyda Catherine Williams a Jane Jones famau a ddefnyddiodd yr ysgrifbin er mwyn trafod galar eu teuluoedd. Yn ogystal â mamau galarus go iawn fel y rhain, roedd 'y fam alarus' hefyd yn ddelwedd lenyddol bwerus. Nodweddiadol yw'r gerdd 'Y Milwr Archolledig' gan y bardd – neu'r farddones – 'Benoni'. Stori ffuglennol a geir yn y gerdd felodramatig hon, gyda rhyw filwr dychmygol ar faes y gad yn gweiddi:

> O gleddyf! O gleddyf! archollaist fy mynwes,
>> Ymsuddaist yn ddwfn tan waelod fy mron.
> Fy rudd waed sy'n rhedeg yn ffrydlif lifeiriol
>> Nes cochi o'm hamgylch holl wyneb y dòn. (CA, 63.6)

Cyn marw, mae'r milwr clwyfedig yn ymestyn ei olygon y tu hwnt i'w ffawd ei hun i ystyried y bechgyn eraill yn gorwedd o'i gwmpas. Dywed y byddai galar eu mamau'n ddigon i doddi'r arfau a'u lladdwyd.

Pe byddai it' galon, O gleddyf! hi doddai
    Wrth weled y mamau a'u dagrau yn lli
Yn ochain fel Rachel am blant eu mynwesau
    Rhai fagwyd yn anwyl a thyner fel fi.

Ac yn y pennill olaf mae meddyliau'r milwr yn troi tuag at ei fam ei hun:

O Iesu, fy Ngheidwad, gwna dderbyn fy yspryd
    I'th fynwes yn ddiogel o gyraedd pob cam,
Ac yna caf eto yn iach o bob archoll
    edrych yn siriol yn ngwyneb fy mam.

Roedd beirdd gwrywaidd hefyd yn defnyddio llais 'y fam alarus' wrth drafod y rhyfel. Dyna, er enghraifft, y gerdd 'Galar Mam' gan Thomas Edwards o Cincinnati. Mae Mam Gymreig ddychmygol y gerdd yn dechrau drwy ddisgrifio sefyllfa pob Cymraes o fam a ddaethai â'i phlant o Gymru i America:

Ni fuom gynt yn Nghymru'n byw,
    Ein genedigol wlad,
Mewn lle wrth odrau uchel fryn,
    Y man bu'm mam a'm tad[.]
    [.....]
O gylch y tân ar noswaith oer,
    Yn nghanol gauaf hir,
Ymddiddan am y trethi wnaem
    A'r rhent oedd ar y tir;
Y gwr ddywedai, 'Hi ddaw'n well,
    Ni awn yn bell i fyw,
Mae yn Americ', dir yn rhad,
    Na fydd gwynfanus clyw.' (CA, 64.1)

Dywed wedyn fod y rhieni wedi penderfynu ymfudo 'er mwyn y plant'; mae'r geiriau hyn yn rhagweld yn eironig y ffaith mai colli'u plant yn America fydd diwedd y stori. Mae'r gerdd storïol hon yn mynd â'r darllenydd o'r ymfudo i ddechrau'r rhyfel ac effaith hyn oll ar y mamau:

Ein meibion dewr gwisgasant gledd,
   Er cymaint oedd ein cur,
Gan ddywe'yd 'Mae'n rhaid i luoedd maith,
   I gario arfau dur.'

Disgrifia'r modd y mae'r milwyr ifainc yn ceisio cysuro'u mamau drwy ddweud y deuai buddugoliaeth yn fuan. Trafoda'r gerdd wedyn y pryderon a'r disgwyl ('O pwy all draethu gofid mam / Bob awr o'r dydd a'r nos?') a'r newyddion da a ddaeth ar y dechrau:

Ar un prydnawn daeth i'n o'r dref
   Eu llythyr, anwyl yw;
Mor dda oedd genym glywed am
   'Eu bod ar dir y byw.'

Ond cyn hir daw'r tro trist y mae teitl y gerdd wedi'i addo, ac felly mae cynnwys y llythyr nesaf yn wahanol iawn:

Ond buan daeth y newydd blin,
   Do am y frwydr fawr;
Fy nghalon aeth yn oer fel plwm,
   Mi wylais lawer awr[.]

Ac ym mhennill olaf y gerdd clywir 'y fam alarus' yn disgrifio'i chyflwr:

Mewn galar dwys a'm gwisg yn ddu
   Yr af hyd ben fy nhaith,
Ac mi feddyliaf lawer awr,
   Nad yw y ffordd yn faith;
Ac megis Rahel wylo wnaf,
   A hawdd yw gwybod pa'm.
Trwy brofiad gwn rwy'n tystio nawr,
   Mai mawr yw galar mam. (CA, 64.1)

Nid Thomas Edwards oedd yr unig fardd i ddefnyddio llais dramatig 'y fam alarus', ond mae'i gerdd ef yn enghraifft drawiadol o'r modd y gellid defnyddio'r ddelwedd bwerus hon er mwyn canoli sylw ar drasiedi'r rhyfel.

Mae 'Benoni' a Thomas Edwards yn defnyddio'r un cyfeiriad Beiblaidd wrth ddisgrifio'r fam alarus: Rachel (neu Rahel) yn wylo. Yn wir, mae nifer sylweddol o gerddi ac ysgrifau Cymraeg a gyhoeddwyd yn

118

America yn ystod y rhyfel yn dyfynnu Jeremiah 31.15: 'Clywir llef yn Rama, galarnad ac wylofain, Rachel yn wylo am ei phlant, yn gwrthod ei chysuro am ei phlant, oherwydd nad ydynt mwy.' Mae'r adnod yn britho ysgrifau Robert Everett, er enghraifft:

Ceir llawer yn ein hoff wlad y dyddiau hyn yn nyffryn trallod a galar – ac nid hawdd sychu y dagrau. Collasant eu hanwyliaid ar faes yr ymdrechfa fawr, ac fel Rahel ni fynant eu cysuro am nad ydynt. (CA, 65.1)

Roedd grym symbolaidd y fam alarus felly'n deillio o fwy nag un ffynhonnell. Cyfrannai holl felodrama Oes Fictoria at rym y ddelwedd, ond roedd ei thras yn hŷn o lawer na'r bedwaredd ganrif ar bymtheg; roedd hefyd yn dwyn Rachel yr Hen Destamant i gof, y fam honno a gynhyrchodd 'lef, galarnad ac wylofain', y fam honno a oedd 'yn gwrthod ei chysuro' yn sgil marwolaeth ei phlant. Felly roedd dyfynnu Jeremiah 31.15 yn fodd i feirdd a llenorion drafod galar mewn modd dwys a sensitif. O gofio natur Cristnogaeth y bedwardd ganrif ar bymtheg, roedd yna ddisgwyl i deuluoedd galarus gymryd cysur wrth gofio'r 'bywyd a ddaw'; roedd yna ddisgwyl i gredo'r eglwys (neu'r capel) leddfu'r galar eithaf. Ond trwy ddyfynnu darn o'r Beibl sy'n sôn am fam nad oedd yn gadael i neb ei chysuro, gallai bardd neu lenor ddatgan ei fod – neu ei bod – yn ymwybodol iawn o'r ffaith na fyddai dim yn lleddfu'r galar eithaf hwnnw'n iawn.

'Ychydig linellau atoch'

Fel y gwelwyd yn y bennod ddiwethaf, roedd gwaith elusennau fel Cymdeithas y Chwiorydd, Remsen, yn bwysig iawn o ran sicrhau fod dillad cynnes a bwyd iach gan y milwyr. Roedd teuluoedd unigol hefyd yn gofalu am eu meibion drwy anfon bocs personol bob hyn a hyn. Dyma lythyr o ddiolch a ysgrifennodd Joseph R. Davies:

> Annwyl Rieni – Mae y *box* wedi cyrraedd o'r diwedd, y botasau am fy nhraed, a rhan o'i gynnwys wedi ei fwyta, ac yr wyf yn teimlo fel pe byddwn wedi ymborthi ar ddigon o fara ac ymenyn unwaith yn rhagor, a hynny hefyd oddi cartref. (D, 63.3)

Er mor bwysig oedd y 'bocs' ym mywyd y milwr, fe ymddengys nad oedd dim pwysicach o ran cynnal *morale* na derbyn llythyrau personol. Trwy ysgrifennu'n aml eu hunain ceisiai milwyr sicrhau fod ffrwd gyson o lythyrau'n eu cyrraedd. Roedd John Griffith Jones, er enghraifft, am i'w deulu yn Wisconsin wybod ei fod yn ysgrifennu bob cyfle a gâi.

> Yr wyf yn cymeryd y cyfla presenol i ysgrifenu hun o linellau atoch gan obeithio y byddant yn eich caul yn iach a chalonog fel y maynt yn fy ngadaul ina yn bresenol. [....] Yr ydym wedi bod yn trafaelio er pan adawsom Memphis ac felly ni chefais ddim cyfleustra i ysgrifenu dim cynt. Mi ysgrifenaf bob cyfla a allaf gaul; mi fuaswn wedi ysgrifenu ers talwm bytaswn yn gallu. (JGJ, 20)

Cwynodd Cymro o Efrog Newydd fod bywyd y milwr yn ei orfodi i ddefnyddio pensil yn lle ysrifbin ac inc:

> Y mae yn ddrwg genyf na fuasai gennyf inc i ysgrifenu. Y mae cario pob peth yn myned yn drwm ar y cefn, felly teflais fy inc ac amryw bethau eraill a allwn wneud hebddynt. (D, 63.7)

Ac yntau wedi sgriffian epistol hirfaith dan amgylchiadau anffafriol gwersyll rhewllyd, ofnai Jenkin Lloyd Jones na fyddai'i rieni'n gallu darllen y tudalennau blêr: ' Terfynaf yn nawr yn ofni nac allwch ddarllen [hwn]; cofion oddy wrth eich anwyl fab, Jenk[.]' (JLJ)

Ond er gwaetha'r anhawsterau yma, treuliai'r milwr cyffredin ran sylweddol o'i amser hamdden yn darllen ac yn ysgrifennu llythyrau. Mae'r dyddiaduron sydd wedi goroesi wastad yn cofnodi'r broses o anfon a derbyn llythyrau yn ofalus iawn, gan roi'r argraff mai dyna oedd un o'r pethau pwsyicaf ym mywyd y milwr. Ar ôl i wersyllfa'r *14th Vermont Infantry* oroesi cyfnod o dywydd gwlyb, y peth cyntaf a wnaeth John Williams ar ôl sychu'i ddillad a'i babell oedd eistedd i lawr i ailgydio yn ei lythyru:

> Llun, 27ain, 1862. Daeth yn hindda 9 o'r gloch y boreu, cawsom sychu ein dillad, a glanhau ein hunain a gwneyd tent newydd, anfonais lythyr at fy ewythr William Hughes[.] (JW, 11)

Ceir ar ddiwedd dyddiadur John Rowlands, milwr arall gyda'r 14eg Vermont, gofnod manwl o'i holl ohebiaeth. Yn ystod ei saith mis cyntaf yn y fyddin derbyniodd 56 o lythyrau. Anfonodd 78.

Yn ogystal ag ysgrifennu at ei deulu a'i ffrindiau, roedd gan David Davis, milwr o ddyddiadurwr arall, nifer syfrdanol o ferched ifainc yn llythyru gydag ef. Dyma ddetholiad yn unig o gofnodion ei ddyddiadur:

> 28 Mai [1862]. Diwrnod teg. Yn y tent trwy'r dydd. derbyn llythyr oddiwrth Mag Davis. Teimlo yn falch o'i gael ac awydd ei gweled.(DD, 16)

> 29 Mai. Diwrnod teg. Yn y Tent yn ysgrifennu llythyr at J.P.Davis ac un at Mag Davis.(DD, 17)

> 20 Mehefin. Gorfod mynd ar 'guard' ar y ceffylau heno. Derbyn llythyr oddiwrth Angaline ac anfon un at Mary.(DD, 19)

> 23 Mehefin. Diwrnod teg. Gosod yr harneisiau wrth eu gilydd y bore [...]. Derbyn llythyr oddiwrth Alice Mawry. (DD, 19)

> 19 Ionawr [1863]. Diwrnod lled oer. Yn y Camp trwy'r dydd. Derbyn llythyr o gartref ac Anne E.Jones.(DD, 3)

> 4 Mawrth. Diwrnod teg. Ar "guard" trwy'r dydd. Yn derbyn llythyr

Gwersyll Undebol

oddiwrth Angaline heno. Mae ei llythyron yn gynnes a theimladol ond braidd yn rhy ddifrifol ar y cwbl.(DD, 7)

5 Mawrth. Diwrnod teg iawn. Yn y Camp trwy'r dydd. Golchi 2 grys a dros a phar o sanau. Yn ysgrif[e]nu llythyr at Angaline heno ond yn teimlo bod rhaid i mi ddarfod a hi.(DD, 7)

25 Mawrth. Diwrnod teg. Yn y tent y rhan fwyaf o'r dydd ond pan yn gofalu am y ceffylau. Derbyn llythyr oddiwrth Angaline heno a'r olaf am byth yn ôl pob tebyg.(DD, 9)

11 Ebrill. Diwrnod teg braf. Yn ysgrifennu llythyr at Mary Owens y bore.
(DD, 11)

26 Ebrill. Diwrnod teg iawn. Rownd y 'switch' trwy'r dydd yn treio cael tynnu fy mhictiwr. Anfon llythyr at Angaline a'r olaf yn ôl pob tebyg er y caraswn i ddal i ohebu a hi. (DD, 12)

27 Ebrill. Diwrnod teg. Ar 'review' y bore. Yn tynnu fy mhictiwr y prynhawn. (DD, 12)

28 Ebrill. Cynnes glawog. Ar 'guard' trwy'r dydd. Yn anfon fy mhictiwr i Jane yn Madison. (DD, 13)

22 Mai. Diwrnod teg iawn ac hynod gynnes. Yn y Camp y bore. [....] Anfon llythyr at Allis o Ohio. Yn derbyn llythyr oddiwrth Mary. (DD, 16)

Mae nifer sylweddol o lythyrau a ysgrifennwyd gan filwyr wedi goroesi, ond nid yw llawer o'r llythyrau a anfonwyd *at* filwyr ar glawr; nid oedd bywyd y wersyllfa wleb, y marts hir a'r frwydr yn caniatau iddyn nhw gadw llawer o bapurau'n ddiogel. Felly er bod dyddiadur David Davis yn rhoi syniad inni ynglŷn â chynnwys y llythyrau a ysgrifennwyd ganddo, ni fyddwn byth yn gwybod beth oedd yr holl ferched yn ysgrifennu ato. Fe losgodd eu llythyrau:

16 Ebrill [1863]. Diwrnod teg braf. Yn pacio llafur ar y 'carriages' erbyn martsio [...]. Yn llosgi fy llythyron heddiw, 112 mewn nifer. Teimlo yn ddrwg iawn wrth wneud hyny ac yn teimlo hiraeth yn fy mynwes am rai o'r rhai a ysgrifennodd ond gwell gennyf eu llosgi nac iddynt syrthio i ddwylo dieithriaid, yn neilltuol y gelyn. (DD, 11)

Er bod nifer helaeth o ffynonellau cynradd wedi goroesi o gyfnod y rhyfel, mae'r ffaith fod 112 o lythyrau wedi diflannu mewn eiliaid yn ein hatgoffa ein bod ni hefyd wedi colli llawer iawn o ddogfenni pwysig.

Mae'r nifer syfrdanol o ddarpar gariadon a oedd yn llythyru â David Davis yn gwneud gohebiaeth y Cymro ifanc hwnnw'n weddol unigryw. Hyd y gellir barnu o'r dystiolaeth sydd wedi goroesi, roedd y rhan fwyaf o'r milwyr Cymreig yn ysgrifennu at eu teuluoedd, ffrindiau nad oedd wedi ymrestru, a gweinidogion eu hen gapeli. Bu'n rhaid i Evan Davis dreulio cyfnod hir mewn ysbyty yn ne Indiana, ond roedd yn aros mewn cysylltiad â'r Cymry eraill yn ei hen gatrawd drwy gyfrwng post y fyddin. Deuai newyddion drwg yn aml yn y modd hwn:

Derbyn llythyr oddiwrth y 'boys' yn cynnig y newydd galarus o farwolaeth ein hanwyl frawd a'n cydfilwr B[en] Morris ar y 15ed o'r mis hwn. Yr oedd ein cyfaill yn filwr dewr a Christion cywyr – yr oeddwn wrth ei ochr yn y Battl at Perryville. Siaradais ag ef pan oedd y bwledau yn chwythu heibio ein penau dewaf; yr oedd yn ymddangos yn dawel a digyffro. Hefyd wrth ei ochr yn ysgarmes ac *cavalry* y gelyn at at Muphressboro. [....] Ar ein *long marches* trwy K[entuck]y a Tenn[essee] a'n mynych gyfarfyddiad a'r gelyn, yr oedd

Ben bob amser yn barod, hefyd yn ewyllysgar i gyflawnu ei ddyledswydd. Yr oedd ei ymddiddanion [...] bob amser yn werth [eu clywed]. Yr oedd yn un o anwylion y nefoedd, mae yn ddiamau genyf. Collasom ni y Cymry gyfaill gwych. (ED, 26-7)

Ond roedd post y fyddin yn cludo newyddion da hefyd, ac roedd y milwyr Cymreig wastad yn falch iawn o gael derbyn copi o *Y Drych*, *Y Cenhadwr Americanaidd* neu *Y Cyfaill o'r Hen Wlad*. Mae'r dyddiaduron yn cofnodi'n fanwl pob copi o gyhoeddiad Cymraeg a ddaeth i law, er enghraifft: 'Sul Rhagfyr 14eg, 1862. [....] Cefais lythyr oddiwrth W. Herbert a *Chenhadwr*, a llythyr oddiwrth Jane; yr oedd yn dda genyf eu cael.'(JW, 36) Noda John Griffith Jones gyda phryder mewn llythyr at ei fam 'Nid wyf wedi caul y Drych diwethaf' gan ychwanegu 'cefais y Cyfaill a oedd rhiwin wedi i anfon i J. W. J.' (JGJ, 68) Ac ar dderbyn y papur newydd Cymraeg mae'n diolch yn wresog: 'yr wyf yn diolch o galon i chwi am anfon *Y Drych*.' (JGJ, 32)

Ysgrifennodd John E. Roberts lythyr at olygydd *Y Drych* gan ddisgrifio'r papur Cymraeg fel bonheddwr a ymwelai'n achlysurol â gwersyllfa'r milwr. Ond roedd yn ffordd bell o Utica i Virginia, ac roedd aml i lwyth bost yn syrthio'n ysglyfaeth i *guerillas* y Gwrthryfelwyr:

Mr Golygydd: – Mae rhyw awydd arnaf i anfon gair o'n hanes i'w osod yn rhyw gongl o'th Ddrych clodwiw. Yn wir, mae arnaf hiraeth am dy weled, ond er pob peth, nid gwiw gwingo dim. Pan oeddyt yn ymweled a mi nid oedd un boneddwr yn cael mwy o roesaw. Bu Lincoln [...] yn ein gweled, ond yr oedd yn hoffusach genyf dy weled ti; ond anfynych iawn yr oeddyt yn cael chwarae teg, gan fod y ffordd mor bell rhyngom ni ag Utica, felly amddifadwyd fi o'th gyfrinach fwy na hanner yr amser[.] (D, 63.1)

Os 'bonheddwr' oedd *Y Drych*, trosiad arall a ddefnyddiodd y caplan Robert Littler er mwyn disgrfio ymweliad *Y Seren Orllewinol* â'i wersyll ef:

a mi yn eistedd yn fy milwrol babell ar lwmfryn yn nhalaeth Virginia, yngwyneb y gelyn, yn mwynhau fy hwyr-bryd ar fin nos [....], llewyrchodd y 'Seren (siriol) Orllewinol', a synwyd fi gan nad oeddwn wedi gweled unrhyw hysbysiad am ei hymaddangosiad yn yr ardal hon. [.....] Wel, meddwn i, henffych well iti, Seren wib; ar daith yr wyt ti, mae'n debyg, ar draws y wlad [....]. Croeso, croeso i ti, i lewyrchu ar fy mhabell, ac i ddenu'm sylw oddiwrth oleuadau eraill am enyd[.] (SO, 63.9)

Roedd *Y Drych*, *Y Seren*, a'r misolion Cymraeg eraill yn gwneud beth oedd llythyrau personol yn ei wneud ond ar lefel fwy, sef cysylltu milwyr a oedd bellach yn bell oddi cartref â'r cymunedau Cymraeg yn Wisconsin, Ohio, Pennsylvania, Efrog Newydd a thaleithiau Gogleddol eraill. Trwy ddarllen newyddion am y lleoedd cyfarwydd hyn gallai milwyr ymgolli dros dro mewn manylion cartrefol – adroddiad Ysgol Sul o Dy'n Rhos, Ohio, cyfarfod pregethu yn Racine, Wisconsin, neu eisteddfod yn Utica, Efrog Newydd.

Ond roedd gwasg Gymraeg America hefyd yn gyfrwng i'r milwyr gyhoeddi hanes eu catrodau i'r 'bobl adref' gael darllen amdanyn nhw. Enghraifft nodweddiadol yw llythyr a gyhoeddodd William S. Jones o'r *56th Ohio* yn *Y Drych*:

> Mr. Golygydd: – Gan fy mod wedi bod yn un o dderbynwyr y Drych am amser, ond wedi gorfod ei adael, fel pob peth arall, wrth ateb gofynion fy ngwlad fel milwr, dichon y bydd ychydig eiriau oddiwrthyf yn dderbyniol. Gwelais trwy y Drych rai milwyr Cymreig yn ysgrifenu ychydig hanes eu catrodau, eu sefyllfa, a'u gweithredoedd, a bod hynny yn dra chymeradwy gan y Cymry yn gyffredin. Gan fod amryw Gymry yn gwneudy i fyny y 56ain Ohio, ac na welais ddim yn gyhoeddus am dani, meddyliais y gallasai ychydig o'n hanes fod yn gymeradwy gan amryw o'ch darllenwyr. (D, 63.1)

Ac yn aml mae'n amlwg fod Cymry'r gatrawd wedi dewis un llenor o'u plith i lythyru â'r gymuned gartref ar eu rhan drwy gyfrwng y wasg.

Yn ogystal â chadw grŵp o filwyr Cymreig mewn cysylltiad â'r gymuned leol gyfan, roedd cyhoeddi llythyr mewn papur neu gylchgrawn yn arbed amser i ambell unigolyn. Yn hytrach nag ysgrifennu llythyr at bob perthynas a chyfaill, ac yn hytrach nag ymdrafferthu â chael hyd i gyfeiriad newydd rhyw gydnabod a oedd wedi symud, roedd rhai milwyr yn troi at y wasg. Dyna a wnaeth James Thomas. Tipyn o gymeriad oedd y milwr hwn, dyn a oedd wedi troi ei law at bob math o swyddi yn yr Unol Daleithiau cyn ymrestru yn y fyddin. Yn ogystal â cheisio cysylltu â'i deulu yng Nghymru drwy gyfrwng *Y Drych* roedd yn gobeithio tynnu coes un brawd yn America nad oedd wedi dilyn ei esiampl ac ymrestru yn y fyddin.

> Hen lanc ydwyf o Ddeheubarth Cymru, lle a elwir Cwmmarch, Plwyf Llandysul. Yr ydwyf yn y wlad hon er's deg mlynedd. Yr ydwyf wedi bod yn gweithio mewn amryw wahanol leoedd yn y wlad, a gwahanol weithfeydd, sef ffarmio, tori glo, rudlo, ac yn gweithio yn ngwaith

efydd yn Baltimore y ddwy flynedd ddiweddaf.

Yr wyf wedi *listio* oddiar yr 19eg o Ionawr diweddaf yn Philadelphia. Ychydig fisoedd cyn i mi *listio*, yr oeddwn wedi cymeryd tafarn oddi wrth Thomas Thomas, South Street, a pob peth ynddo yn barod[.] [....] Yr oeddwn yn gwneuthur masnach lled dda.

Yr oedd dau beth yn ddiffyg arnaf. Yn gyntaf, nid oedd genyf un wraig i gadw y ty mewn trefn. Yr ail oedd rhoddi gormod o *drust* i'r llanciau; ac mi roddais y dafarn i fyny ac mi ymrestrais yn *Roberts' Independant Batalion* [...]. Yr ydym yn cael ein galw yn awr y 3edd *Pennsylvania Heavy Artillery*. [....]

Os digwydd yr ychydig linellau hyn ddyfod dan sylw rhai o'm cyfeillion yn y wlad hon neu yr Hen Wlad: mae tad, a mam wedi bod genyf, a brodyr a chwiorydd, ond nid wyf ddim wedi clywed oddiwrthynt er's dwy flynedd a hanner. Y mae un brawd i mi yn Pike's Pike er's tair blynedd. Yr wyf yn cael clywed oddiwrtho ef yn fynych. Mi gefais ychydig bach o aur mewn llythyr ddau fis yn ôl. Y mae ef yn dewis cloddio aur a minnau yn dewis wastio plwm a phowdr.

Y mae yr ychydig linellau hyn i'r neb a ddarlleno i ystyried, a ystyrio, gwnaed, a wnelo, parhaed. Wel, gyfaill, mi leiciwn gael gwybod genyt, pa ddaioni yw aur ac arian, a thai a thiroedd i ddyn ar ôl iddo eu colli. 'Dim,' meddai y cyfaill. Wel, cymer dy ddryll yn dy law a lladd bob *rebel* ag alli, ac un dyn arall a ddywedo un sill yn erbyn y *Stars and Stripes*, fel y caffom heddwch yn ein gwlad unwaith eto.

Yn awr, mi derfynaf gan gofio at bob darllenwr y Drych fel brawd. Hyn yn fyr oddiwrth eich ffyddlon gyfaill, James Thomas, Co. E, 3rd Pennsylvania Heavy Artillery, Fortress Monroe, V[irginia]. (D, 63.7)

Ac wrth gwrs, drwy gyhoeddi llythyrau gan filwyr fel James Thomas roedd y wasg Gymraeg hefyd yn cynhyrchu propaganda o blaid achos yr Undeb. Nid anghyffredin yw'r sylwadau gwladgarol tanbaid a geir ar ddiwedd epistol yr 'hen lanc o ddeheubarth Cymru'.

Roedd lluniau hefyd yn croesi yn y post. Gofynnodd John Griffith Jones mewn llythyr am ffotograff o'i frodyr bach:

Mi faswn yn lecio caul llun Richard, er fy mod yn bell mi fyddaf yn meddwl y baswn yn lecio ei welad, neu Owan. Nid oydd geni ddim cyfla i dynu fy ll[u]n, mi gyraf cynta y gallaf. (JGJ, 30)

Cafodd gyfle cyn hir i dynnu'i lun a'i anfon adref; a dweud y gwir, cafodd dynnu mwy nag un llun:

Yr wyf wedi anfon llythur dyddiedig Ebrill 6 yr oudd fy ll[y]n ynddo, yr wyf yn anfon un yn hwn hefyd rhag ofn i un golli. Yr ydwyf yn cyfri hwn yn well arlun na'r llall o lawer. (JGJ, 33)

Cerddodd Jenkin Lloyd Jones a'i gyfeillion ddeng milltir drwy eira Ionawr i 'gael ei wyneb' – hynny yw, cael tynnu'i lun:

Ddoe fy fyon – hynny iw y rhai sydd yn byw yn y shanty – yn Memphis. Fe ddechreion ein taith am 8 o'r gloch y bore a fe ddaithom yn ôl erbyn machlydiad haul, 10 milltair a cerddad trw yr eira gwedy blino peth. Cefais fy Wyneb yr hwn yr wyf yn hala; gallwch weled pa effaith y mae milwra yn gwneyd arnaf i[.] (JLJ)

Er i Jenkin Lloyd Jones fynd i gryn drafferth i gael 'wyneb' i'w anfon adref, roedd tynnu llun yn gymharol hawdd i lawer o filwyr gan fod ffotograffwyr proffesiynol yn dilyn y fyddin ar adegau. Nid peth anghyffredin oedd gweld pabell neu gwt-dros-dro ffotograffydd ar gyrion y gwersyll. Mae'n hawdd dychmygu fod John Williams yn disgwyl ei dro mewn ciw hir o filwyr y tu allan i stondin y ffotograffydd pan glywodd y pôs Saesneg a ysgrifennodd yn ei ddyddiadur: *'Question: What is taken from you before you get it? Ans[wer]: Your Portrait'.* (JW, iii)

Llythyrau, papur neu gylchgrawn, ac efallai llun o'r teulu – dyma arfogaeth y milwr wrth ymladd yn erbyn hiraeth. Ar ddechrau'i gyfnod yn y fyddin, dyweddod John Griffith Jones nad oedd arno hiraeth am ddim byd ond y capel: 'Cofiwch fi i bawb o'm cyfeillion yn Salem; nid oys arnaf hiraeth ar ôl dim ond y capal.' (JGJ, 4) Ond daw'n amlwg o'i lythyrau diweddarach fod y capel yn cynrychioli nifer o wahanol agweddau ar fywyd cymdeithasol y gymuned Gymraeg yr oedd wedi'i gadael yn Wisconsin:

Dywedwch wrthyf y tro nesaf pa fath o gyfarfodydd geusoch ddydd Nadolig a New Years. A ous cyfarfodydd canu a gweddi a llenyddol ac felly yn mlaun yn y capal y gaeaf yma? (JGJ, 79)

Roedd llawer o'r milwyr Cymreig ifainc i ffwrdd o'u cartrefi a'u teuluoedd am y tro cyntaf, ond doedd y rhan fwyaf ohonyn nhw ddim ar eu pennau eu hunain. Yn ogystal â'r cymunedau Cymraeg bychain a oedd ar gael y tu mewn i rai catrodau, roedd yna rwydwaith cymdeithasol Cymraeg ehangach yn cysylltu milwyr Cymreig mewn gwahanol gatrodau â'i gilydd. Fel y gwelir yn llythyr Joseph R. Davies, er bod ei gefnder mewn catrawd arall roedd yn ymwybodol o'i symudiadau

Pabell un o'r ffotograffwyr proffesiynol a oedd yn dilyn y fyddin

ac yn disgwyl am gyfle i'w weld: 'Mae yr 8fed New York yn rhyw le yn y gymydogaeth, a bwriadaf geisio cael pass i fyned i weled fy ngefender John.' (D, 63.3) Ac er bod Evan Davis wedi'i gaethiwo mewn ysbyty am gyfnod, deuai hen gyfeillion i'w weld yn y 'clafdy' fel y noda'i ddyddiadur: 'Yn cael fy lloni yn ddirfawr neithiwr trwy ymweliad fy hen gyfeillion, Tho[mas] Evans a David ei frawd â mi yma.' (ED, 35)

Roedd Elias J. Pritchard ymysg nifer o Gymry a oedd wedi ymrestru yn yr 22ain Wisconsin. Yn ogystal â mwynhau bywyd Cymraeg bywiog y gatrawd honno, roedd ganddo rwydwaith cymdeithasol y tu hwnt i'w rhengoedd:

Yr ydwyf newydd ddyfod yn ôl o Chattanooga yn edrych am fy ffrindia. Yno buas yn edrych am Capt. J. R. Davies, a chefais amser *first rate*. Y mae ganddo le *first rate – quarters, etc.* Y mae yn comandio pob peth yna ac o gwmpas y *fort*. (EJP, 2)

Ond yn ogystal â chadw hen gyfeillion mewn cysylltiad â'i gilydd, deuai newyddion drwg drwy gyfrwng rhwydwaith cymdeithasol y fyddin, fel y dengys llythyr arall a ysgrifennodd Elias Pritchard at ei deulu yn Wisconsin:

Clywais fod y *Battery* yr oedd Owen ynddi wedi cael ei chymryd ar yr 22 o'r mis diweddaf, ond ni chlywais beth a ddaeth o'r dynion. Y mae arnaf ofn e[u] bod wedi e[u] lladd neu wedi e[u] cymeryd yn garcharorion. Nid ydwyf wedi gyrru yr un gair adref am hyn eto; y mae arnaf eisiau gwybod ychwaneg am y peth cyn y gwnaf. Y mae arnaf ofn fod rhiwbeth wedi digwydd i['n] Owen ni, neu fe fuasai wedi dyfod i fy ngweled cyn hyn. (EJP, 4)

Gallai Cymry fynd i gryn drafferth wrth chwilio am filwyr eraill a siaradai'r un iaith â nhw. Cyhoeddodd James R. Jones lythyr yn *Y Cenhadwr Americanaidd* yn disgrifio'r modd y cafodd afael ar un o sêr y wasg. Wedi darllen cynifer o lythyrau ac ysgrifau gan Humphrey Pierce – neu Wmffra o Faldwyn – penderfynodd chwilio am y dyn ei hun:

Lluaws o lythyrau a ddarllenais o waith un Mr. Pierce, mewn newyddiaduron yn y wlad hon a'r hen wlad, ond heb ddeall mai yr un yw'r awdwr hwn ag sydd yn ysgrifenu i'r newyddiaduron Saesneg [...] hyd yr wythnos ddiweddaf, pryd y deryniais ddau Ddrych oddiwrth gyfaill, yn cynws llythyr oddiwrth Mr. P[ierce] ar daith Cad[fridog] Steele i Camden ac ynol i'r lle hwn. [....] Er pan y daethum i'r lle hwn [sef Little Rock, Arkansas] yr wyf wedi clywed amryw yn ymddyddan am y gwr uchod a'i ysgrifeniadau mewn gwahanol newyddiaduron Saesneg [...] ond heb ddeall na meddwl mai Cymro ydyw[.] (CA, 64.11)

Ond wedi rhoi dau a dau at ei gilydd – neu, hwyrach, wedi rhoi'r enw yn *Y Drych* a'r enw a ymddangosai 'mewn gwahanol newyddiaduron Saesneg' at ei gilydd – aeth James Jones yn syth i chwilio am y gohebydd enwog: 'a phan ddeallis hyny aethum i lawr o'r gwersyll i'r ddinas, fel ag y cawn sicrwydd i'm meddwl mai Cymro yw.' Ar ôl stopio rhai milwyr yn y stryd a'u holi, dysgodd fod Humphrey Pierce yn gweithio yn swyddfa'r *Quartermasters Department* yn y dref. Felly daeth y milwr chwilfrydig o hyd i 'Wmffra o Faldwyn' a'i gael yn batrwm o Gymro llengar:

yr oedd yn eistedd y tu allan i'r ddor yn y cysgod, ac newydd dderbyn lluwas o newyddiaduron Gogleddol, ac yn eu mysg y Cenhadwr a'r Drych. Pan y gwelais y cyfryw, gofynais yn yr hen Omeraeg am y tro cyntaf er pan y daethum i'r fyddin, pa fodd yr oedd ei iechyd? Gydag ychydig o syndod gan edrych ataf yn graff atebodd ei fod yn iach, ond nad oedd yn fy adnabod yn bersonol, ond nad oedd hyny o bwys, fy mod yn Gymro a bod hyny yn ddigon yn awr, gan erfyn arnaf gymeryd eisteddle gerllaw, pryd y mynegais pwy oeddwn, a pha fodd y daethum o hyd iddo. (CA, 64.11)

Trwy gyhoeddi'r hanes yn *Y Cenhadwr* roedd James Jones yn rhannu'r gyfeillach amheuthun â chymuned ehangach Cymry America.

Ond gwelwn unwaith eto na ellir didoli'r wedd gymdeithasol hon ar weithgareddau'r wasg Gymraeg â'u gweithgareddau propagandyddol. Gan fod James Jones wedi cael Wmffra o Faldwyn yn batrwm o ymddygiad moesol hefyd, roedd gan olygydd y cylchgrawn reswm arall dros gyhoeddi hanes y cyfarfod. Yn ogystal â phwysleisio fod 'ganddo feddwl am Gymry a Chymraeg' a'i fod 'yn awyddus i siarad yn hen iaith ei fam bob amser', roedd yn esiampl foesol i bawb:

Mae Mr. Pierce yn ddyn tra phoblogaidd yn mysg y milwyr yma; yn ffafriol bob amser i ryddid cymdeithas, rhyddid y wladwriaeth, y wasg, a'r negro du. Mae y rhai a'i hadwaenant yn awyddus am glywed ei farn bob amser ar ryddid drwy y wasg neu ar esgynlawr fel dadleuwr. (CA, 64.11)

Dyna'n union a wnaeth epistol swmpus James Jones, sef trosglwyddo peth o 'farn' yr enwog Mr. Pierce i'r gymuned ehangach drwy gyfrwng y wasg. Yn debyg i'r modd y disgrifiodd John E. Roberts *Y Drych* fel 'bonheddwr' a ymwelai â gwersyll y milwr, gwelwn yma fod gwasg Gymraeg America yn troi'n estyniad printiedig o gymdeithas a chyfeillach y milwyr.

'Ond nid felly gyda Grant'

Cochwyd aml i lanerch y De â gwaed meibion goreu ein cenedl o fryniau Steuben, yn Efrog Newydd, ac o drumau cribog yr Alleghannies, yn swydd Cambria, Pennsylvania, yn nghyda manau eraill ellid nodi yn y ddwy Dalaeth hon yn gystal a Thalaethau Wisconsin, Ohio, Minnesota a Kansas. Nid oes braidd frwdyr o bwys wedi cymeryd lle o lanau yr afonydd James, Potomac, a'r Rappahannock yn y Dwyrain, hyd yr afon byth-gofiadwy Stono gerllaw Murfreesboro yn Tennessee, ac oddiyno hyd New Orleans yn eithaf y De-orllewin, nad yw ein cydwladwyr wedi bod yn bresenol, mewn rhifedi mwy neu lai, ac wedi gwneyd eu hol ar y gelyn na blotir ymaith ar frys.(D, 63.4)

Erbyn mis Ebrill 1863 roedd awdur a ysgrifennai ar gyfer *Y Drych* o dan y ffug-enw 'Undebwr' yn gallu dweud fod y Cymry wedi ymladd ar lannau'r afonydd mawr yn y dwyrain a'r gorllewin. Ond roedd un afon bellach yn hoelio sylw'r Gogledd, a'r Mississippi oedd honno. Yr allwedd i'r Mississippi oedd tref Vicksburg, ond er bod byddin yr Undeb o dan U. S. Grant wedi torri gafael y Gwrthryfelwyr ar afonydd mawr eraill y gorllewin, roedd cadarnle'r *Rebels* yn Vicksburg yn dal heb syrthio. Gyda chanonau mawr ar y llethrau serth rhwng Vicksburg a'r afon a chyfres o ffosydd ac amddiffynfeydd ar ochr arall y dref, gallai'r Deheuwyr ymffrostio mai hi oedd *'the Gibraltor of the West'*.

Penderfynodd Grant dorri Vicksburg i ffwrdd o weddill talaith Mississippi. Aeth â'i fyddin i lawr yr afon ac yna ar draws tir y gelyn, gan symud mewn cylch yn ôl tua Vicksburg. Yn Port Gibson, Raymond, Jackson, Champion's Hill, a Big Black River enillodd y Gogleddwyr frwydr ar ôl brwydr. Yn rhan o'r cyrch a aeth fel cyllell drwy berfeddion Mississippi oedd y *56th Ohio Infantry,* sef y gatrawd â 150 o Gymry ynddi. Disgrifiodd awdur dienw y profiadau a ddaeth i ran Cymry Ohio ar y daith waedlyd honno:

Dranoeth croesasam yr afon 10 milltir islaw, gan gyfeirio ein ffordd tua Port Gibson. Wedi cerdded rhan o'r diwrnod hwnw a thrwy y nos, cyrhaeddosom erbyn y borau, y 1af o Fai [...] yn agos i Port Gibson, lle yr oedd y gelynion mewn grym.

Yr oeddynt yn bwriadu ein cyfarfod erbyn y boreu hanner y ffordd o'r fan hon i'r afon; ond diddymwyd eu hamcanion yn hyn trwy i ninnau gerdded ar hyd nos fel hwythau a dyfod dipyn ymhellach nac oeddynt yn disgwyl arnom, ond erbyn hyn yr oeddynt yn dechreu ein tanbelenu yn fywiog [...] ac i mewn yr aethom ar y *double quick*, gan drefnu ein llinell wrth fyned. Erbyn hyn yr oedd *battery* y gelyn yn gwneyd hafoc ar ein hochr a'r llinellau yn agoshau, gan gynyg cymeryd ein *battery*; ond buan y rhoddwyd stop ar hyny gan y cawodydd a arllwysid genym i'w rhengau; ac yn y cyfamser, dyma [y cadfridog] yn carlamu i fyny ac yn gorchymyn y 56 Ohio, a'r 34 Indiana, wneyd *charge* arnynt a chymeryd eu *battery* [...] ac nid cynt oedd y gorchymyn allan nag yr oedd yn cael ei ufuddhau – pob un yn gosod ei fidog yn barod i'r gair *forward*, a chyda bloedd o eigion calon rhuthrwyd yn mlaen arnynt gan eu herlid fel petris [...]. Cymeryd eu *Battery* ac oddeutu 250 ohonynt hwythau yn garcharorion, yn nghyd a'u baner. [....] Colled ein catrawd ni oedd 26ain. Lladd 4; clwyfo 22; Cymry – lladd: 1, clwyfo 4 yn ysgafn. (D, 63.7)

Sylwer ar y modd y mae'r milwr Cymreig hwn yn cyfrif y Cymry ar wahân wrth nodi colledion y gatrawd. Gwyddai y byddai darllenwyr mewn cymunedau Cymreig y Gogledd am wybod faint o'u cydgenedl a oedd wedi'u lladd, ac yn hyn o beth mae'n nodweddiadol o lawer o lythyrwyr Cymraeg a gyhoeddodd hanes eu catrodau. Yn ogystal â phwysleisio'r pris a dalwyd gan gymunedau penodol mewn gwahanol frwydrau (gan gofio fod cwmnïau a chatrodau'n cael eu ffurfio'n lleol), roedd nodi'r nifer o Gymry a gollwyd yn fodd i bwysleisio cyfraniad cyffredinol y Cymry i 'achos' yr Undeb. Yn debyg i ymffrost 'Undebwr' fod 'aml i lannerch y De' wedi'i chochi 'â gwaed meibion gorau ein cenedl', roedd yn ffordd o ddweud fod Cymry America wedi ennill dinasyddiaeth eu gwlad fabwysiedig.

Fodd bynnag, wedi disgrifio Brwydr Port Gibson, mae llythyrwr dienw'r 56ain Ohio yn mynd ymlaen i fanylu ar weddill y cyrch. Dywed nad oedd Grant yn dilyn 'y drefn gyffredinol' gan felly dynnu sylw'i ddarllenwyr at un o hynodion ei gadfridog:

Ar ôl brwydr galed a buddugoliaethus, y drefn gyffredinol ydyw gorphwys am amser a gorfoleddu trosti, ond nid felly gyda Grant;

eithr boreu dranoeth yn foreu yr oeddym ar gerdded yn gweithio ein ffordd yn mlaen, a hynny am ddyddiau lawer. O 12 i 15 milltir y dydd oedd ein taith gyffredin, ac yr oedd yr hin mor anarferol o boeth, a'n llwyth ninau yn drwm, fel yr oedd hyny yn ddigon o orchwyl, canys ychwanegwyd 60 ergyd i'w cario at y nifer arferol yn gwneud 100 o gwbl, *100 rounds of cartridges* [...].

Cawsom ni amryw ysgarmes fach ar ein ffordd mewn gwahanol fanau, ond dim o bwys nes yn Raymond, ar y 12fed cyfisol. Bu brwdyr lled boeth yma am fyr amser [...]; ond rhoi eu ffordd a wnaethant yma eilwaith a chilio yn ôl gyda cholled drom. Dranoeth a basiwyd yn symud byddin yn mlaen ar Jackson, lle y disgwylid am frwydr fawr [...]. Boreu y 14eg cymerwyd Jackson yn rhwydd heb gymaint o wrthwynebiad ag oeddynt yn ddisgwyl. Yr oedd dau ddivision o gorff McPherson yn gwneud i fyny yr aden aswy, a rhuthrasant i mewn arnynt yn union ar *charge*, nes y dychrynasant y gelynion gymaint wrth weled y dur oer yn cael ei anelu arnynt, fel y gadawsant y cwbl – eu gweithfeydd a'r gynau *(Seige Guns)*, a dianc am eu bywyd. (D, 63.7)

Roedd taith byddin Grant trwy dalaith Mississippi yn llwyddiant anhygoel, ac i'r Cymro hwn roedd yn dechrau edrych fel pe bai'r Gogleddwyr am ysgubo'r dalaith heb lawer o drafferth. Ond pan gyrhaeddodd y fyddin Champion's Hill, roedd y Gwrthryfelwyr yn barod amdanyn nhw. Yn y caeau a'r coedwigoedd o flaen y bryn bychan hwn y profodd y milwyr Cymreig o Ohio yr ymladd caletaf a ddaeth i'w rhan yn ystod yr holl ryfel:

Ar foreu y 16eg, symudwyd yn dair rhan ar dair gwahanol ffyrdd [...], ac wedi i ni drafaelio pump neu chwe' milltir daethom at ffarm un o'r enw Champion; oddiwrth y gwr hwn y cafodd Champion Hills yr enw [...]; a daeth cenad [...] oddiwrth yr *advance guard* yn hysbysu fod yno allu yn ein disgwyl, trefnwyd ninau yn frwydr linell a symudasom ychydig yn mlaen. Yr oedd hyn tua 10 o'r gloch. Dechreuwyd ysgarmesu yn lled drwm yn mlaen. Clywem *pop pop pop pop pop pop* yn y coed tu hwnt ac ambell *wizz* heibio ein penau yn profi fod yno ryw rai yn fyw hefyd, a pharhaodd felly am awr; a thua 11eg A.M., cawsom orchymyn i symud yn mlaen arnynt, ac nid aethom yn mhell cyn myned ar eu traws mewn grym, ac wedi planu eu *batteries* yn barod mewn lle cyfleus iddynt, buan yr aeth yn dân cyffredinol ar hyd yr holl linell; ond y gelynion o roisant eu lle drwy gilio yn ôl yn cael eu canlyn genym ar eithaf *charge*, a chymerwyd eu *battery* wrth fynd;

ciliasant yn ôl ddwy filltir nes daethant at eu cynorthwywyr, y rhai oeddynt yn gorwedd dan ochr [allt], a'r rhai a ddaethant yn mlaen arnom yn amryw linell o drwch. [....] Wedi eu sefyll am ychydig ciliasom yn ôl yn raddol, canys nid oedd neb ar ôl i'n cynorthwyo [...]; ac fel yr oedd yn digwydd yn y llinell, yr oedd sefyllfa ein catrawd mewn cae agored [...], yr hyn oedd yn ein gosod fyth yn fwy agos i dân ein gelynion. Ciliasom yn ôl at ein *batteries,* y rhai oedd wedi eu planu yn llinell ac yn barod i'w derbyn ac agorasant eu *double charge canisters* arnynt; ac yma daethom a hwy i *halt* hyd nes daeth dwy Frigade [...] i'n cynorthwyo a throisom y gelynion yn eu holau eilwaith[.] [....]

Er na pharhaodd y frwydr hon ond byr amser, o bump i chwe'; eto yr oedd ei heffaith yn helaeth a dinistriol. [....] Ein colled o hyn oedd 1,340; colled ein catrawd oedd 175 o gwbl; colled ein cwmni oedd tri wedi eu lladd a 15 wedi eu clwyfo; 3 Cymro wedi eu lladd ac 8 wedi eu clwyfo. (D, 63.7)

Bu farw o leiaf ddau o'r Cymry clwyfedig hyn yn yr ysbyty:

29ain, yn yr Hospital yn Indiana, Corporal Henry Martin, 56 Reg't [...]. Cafodd ei glwyfo yn Champion Hill, ger Vicksburg. Dyoddefodd boenau llymion o herwydd y clwyf a gafodd yn ei fynwes; yr oedd iddo ganmoliaeth fawr gan y swyddogion fel milwr dewr, ond ei ragoriaeth mwyaf oedd ei ofal am ei rieni oedranus, sef Joseph ac Elizabeth Martin, gynt o Ben-y-Cae, Mynwy; efe oedd unig ffon eu cynnaliaeth, ac o herwydd ei golli mae eu teimladau yn archolledig, a'u mynwesau yn friw. Nid oedd ond 27ain mlwydd oed. (C, 63.10)

Mab ydoedd William Jones i Thomas ac Ann Jones, Sardis, Swydd Jackson, Ohio, yr hwn a fu farw yn yr Yspytty yn Miliken's Bend, ger Vicksburgh, Gorph. 8, 1863, yn y 26ain flwyddyn o'i oedran. [....] Ymunodd a'r Gatrawd 56ain, Cwmni F, a dilynodd hi yn ffyddlon yn ei holl deithiau a'i brwydrau hyd yn mrwydr galed Champion Hills [sic], yn mis Mai diweddaf, pryd y derbyniodd archoll ar ei wyneb.(C, 63.12)

O safbwynt Cymry'r 56ain Ohio, roedd Champion's Hill yn gyflafan; collodd y gatrawd 175 o ddynion (sef tua 20% o'i milwyr) ac roedd colli 11 Cymro yn ergyd drom. Ond o safbwynt Grant a'i ymgyrch, roedd y frwydr yn fuddugoliaeth ysgubol.

Aeth byddin y Gogleddwyr ymlaen gan drechu'r gelyn eto ar lannau'r Black River a gyrru'r Gwrthryfelwyr yn ôl i Vicksburg. Wedi ennill cyfres o bump o frwydrau ar ei daith drwy Mississippi, roedd Grant yn hyderus wrth ddilyn y Deheuwyr yn ôl i ffosydd Vicksburg. Taflodd ymosodiad yn erbyn yr amddiffynfeydd, ond methodd y Gogleddwyr y tro hwn. Roedd yn amlwg na fyddai Gibralter y Gwrthryfelwyr yn syrthio'n hawdd, ac felly dechreuodd byddin Grant baratoi ar gyfer gwarchae hir. Ond er bod y fyddin wedi methu â chipio Vicksburg, roedd y Cymro anhysbys hwnnw yn y *56th Ohio* yn hynod falch o ran y Cymry yn yr ymgyrch:

symudodd Grant a'i fyddin yn mlaen ar Vicksburg, lle maent wedi gosod llinell gylchol o'r afon i'r afon oddiamgylch [...]; eto gyda gwaith graddol ag amser bydd yn sicr o gael ei chymeryd, os yw yn unol ag ewyllys Hwn y mae y rhyfel yn eiddo iddo. Yn ein holl frwydrau diweddaf ar ein ffordd tuag yma, [y] mae genyf yr anrhydedd o hysbysu yr hyn na ddywedais erioed o'r blaen, sef fod pob dyn wedi gwneyd ei ddyledswydd [...] o'r swyddog blaenaf hyd y *private* [...]. Nid wyf yn credu fod mewn un hanesyddiaeth hen na diweddar am gynifer o swyddogion wedi cydweithredu yn well os cystal ag a wnaeth y rhai hyn dan Grant. (D, 63.7)

'Fel Pla o Locustiaid'

Wrth i fyddin Grant deithio drwy Mississippi roedd yn rhaid i'r Gogleddwyr 'fyw oddi ar y tir'. I bob pwrpas, ystyr yr ymadrodd milwrol hwnnw, *'live off the land'*, oedd mynd â bwyd oddi ar sifiliaid y dalaith. Dywedodd llythyrwr Cymraeg dienw'r *56th Ohio Infantry* eu bod nhw 'fel pla o locustiaid'. Roedd John Griffith Jones hefyd gyda byddin Grant yn Mississippi ac roedd y Cymro ifanc a'i gyd-filwyr wedi hen arfer â'r dull hwn o fyw: 'Yr oeddym yn dwyn gwydda a moch a defaid a bob math o betha i'w fwyta. Caswom boxiad o fêl y noson'. (JGJ, 11) Nododd hefyd nad diffyg bwyd oedd yr unig arwydd fod byddin y Gogledd wedi bod yn yr ardal: 'Yr ydym wedi llosgi Port Gibson bob cwt i lawr *by the order of U. S. Grant, Major General'.* (JGJ, 40)

Tra oedd byddin Grant yn ysbeilio Mississippi, roedd milwyr Gogleddol eraill yn gwneud pethau tebyg yn y dwyrain. Ysgrifennodd Jonathon Davies lythyr at ei frawd yn Utica, Efrog Newydd, yn disgrifio'r modd yr aeth ei gatrawd o feirchfilwyr ar ruthrdaith drwy Virginia:

> [C]awsom y gorchymyn i fyned a gwneyd rhuthrdaith *(raid)* am tua 100 milltir i lawr y Rappahanock, (cofiwch fod genym ni fel meirchfilwyr mewn gwlad enciliadol y fraint o'n helpu ein hunain at beth bynag a ddymunom, a gellwch feddwl ein bod yn cael amser da[...].) [....]
>
> [Y]mosodasom ar yr ymborth yn ddidrugaredd. Oh! Pe buasech gyda ni yn ein gweled yn ymosod ar y pies o bob math, y *fowls* wedi eu coginio, teisenau &c., a bron bob peth y gallech feddwl am danynt.[....] Cefais i ar y daith hono, bar da o fotasau, menyg, blancet o *rubber,* &c, &c., a nifer o bethau eraill rhy luosog i'w henwi. Cymerasom tua 7 o *sutlers* a 150 o geffylau, a dychwelasom i'r gwersyll. (D, 63.3)

Gellid dyfynnu llawer iawn o lythyrau ac ysgrifau eraill gan filwyr Gogleddol – gan gynnwys nifer sylweddol o filwyr Cymreig – sy'n adleisio cyffes y Cymro anhysbys hwnnw o Ohio a ddywedodd eu bod yn byw 'fel pla o locustiaid'. Yn wir, cyfaddefodd Cymro arall o'r 56ain Ohio, William S. Jones, mewn geiriau plaen:

> Yr oeddym yn lled eon ar ffermydd ar ochr y ffyrdd, yn gyffredin, ïe, ac o fewn milltiroedd i'r ffordd. Ein holl gig o'n cychwyniad hyd ein dychweliad yn ôl oedd anifeiliaid yr hen ffermydd ac nid ychydig oedd i'w gael chwaith. Dygem hefyd bob peth arall a wnai les inni. (D, 63.1)

Ceisiodd William Jones gyfiawnhau hyn drwy ychwanegu: 'Rhaid ystyried mai gwrthryfelwyr a dinystrwyr Llywodraeth ydyw yr oll braidd o'r Deheuwyr; onide buasai y fath ymddygiad yn gywilydd i ni'. (D, 63.1)

Ceir peth gorddweud yn y modd y mae'n ceisio amddiffyn ymddygiad y Gogleddwyr; nid Gwrthryfelwr oedd pawb yn y De. Yn wir, fel y gwelwyd ym mhennod 10, tystia ysgrifau'r Cymro Samuel Roberts i'r modd y dioddefodd trigolion dwyrain Tennessee a oedd yn deyrngar i'r Undeb wrth i'r fyddin Ogleddol yr oeddynt yn ei chefnogi ddwyn eu heiddo! Eto, roedd moesoldeb y sefyllfa yn gymhleth, ac roedd gan William Jones bwynt teg i raddau: roedd sifiliaid y De, fel sifiliaid y Gogledd, yn cefnogi eu milwyr, ac ni allai byddin barhau i ymladd heb yr ymborth a ddeuai o ffermydd o stordai'r sifiliaid.

Ac ar adegau roedd y llinell rhwng sifiliad a milwr yn denau iawn; llechai geriliaid ymhlith y sifiliaid ym mhob un o'r taleithiau Deheuol, fel y nododd William Jones pan oedd ei gatrawd yn Arkansas:

> Y guerilliaid ydyw yr unig elynion sydd yn y parthau hyn, a'r gelynion gwaethaf a chreulonaf o bawb ydynt. Maent yn peri llawer o aflonyddwch i ni yma, ac yn cyflawni y gweithredoedd mwyaf ysgeler i ddynoliaeth.[....] [N]id ydynt ond lladron cyhoeddus, yspeilwyr a llofruddion a hyny i'r graddau gwaethaf. (D, 63.1)

Gallai rhyfel anghonfensiynol y geriliaid fod yn fileinig iawn. Torrodd y Jesse James ifanc ei ddannedd gwaedlyd yn y modd hwn gan 'wasanaethu' gyda William Clarke Quantrill, arweinydd mwyaf creulon y geriliaid Deheuol. Er bod llên gwerin America wedi troi Jesse James yn arwr, roedd y campau a gyflawnai gyda Quantrill yn cynnwys lladd milwyr diarfog a oedd ar eu ffordd adref ar *'furlough'* a llofruddio sifiliaid. Mewn diwrnod ym mis Awst 1863, lladdodd Quantrill a'i ddilynwyr 150 o sifiliaid yn Lawrence, Kansas.

Meddwi a chwarae cardiau: milwyr Gogleddol yn difyrru'r amser

Roedd ysbïwyr hefyd yn cuddio ymysg sifiliaid y De. Yn ogystal, roedd rhai o'r ysbïwyr mwyaf beiddgar yn gwisgo fel milwyr Gogleddol ar adegau. Bu Cymro o Wisconsin, Thomas M. Jones, yn dyst i'w gweithgareddau:

> Prynhawn yr 8fed o'r mis hwn, daeth dau swyddog yma i edrych ar y *Fort*; Yr oedd ganddynt bapurau ac enw Lincoln wrthynt yn dweud eu bod yn swyddwyr dano i edrych ar yr amddiffynfeydd. Ar ôl iddynt gychwyn i ffordd, daeth milwriad arall i'w cyfarfod, yr hwn oedd yn eu hadnabod cyn i'r rhyfel ddechrau; gwaeddodd hwnnw am gynorthwy i'w dal, a deuwyd â hwynt yn ôl: erbyn edrych, ysbiwyr dros y gwrthryfelwyr oeddynt. Cyfaddefasant y cwbl, a chawsant eu crogi borau dranoeth o flaen y *Fort*. (D, 63.7)

Nid oedd llinell glir bob amser rhwng milwr gwrthryfelgar a sifiliad gwrthryfelgar, ac roedd ceisio diffinio'r gelyn a chyfiawnhau holl weithredoedd y fyddin yn broblem foesol i lawer o filwyr. Ond roedd yna broblemau moesol eraill. Cyhoeddodd *Y Cenhadwr Americanidd* lythyr a ysgrifennodd merch 15 oed at ei brawd o filwr: 'Anwyl Frawd [...] paid a chwareu cardiau, paid a rhegi, paid ag yfed diodydd meddwol, ac uwchlaw pobpeth, paid ag anghofio dy Dduw'. (CA, 62.10) Roedd gan y ferch ifanc reswm i boeni gan fod cannoedd o filoedd o filwyr ar y ddwy ochr yn cyflawni'r pechodau hyn bob dydd. Cytunai'r caplan Ben Chidlaw:

Mae yma lawer o anystyriaeth a phechod yn ein plith, a llu o demtasiynau i ddifa ein milwyr, eto rhaid ymdrechu er eu bendithio â dylanwadau efengyl gras ein Duw, a gallaf ddweyd o waelod fy enaid, 'O frodyr, gweddiwch drosom!' (CA, 61.10)

Mae dyddiadur John Rowlands yn disgrifio'r gwahanol ffyrdd yr oedd milwyr yn treulio'u hamser hamdden:

8 October. [....] Mae yn y Barics hwnn canu a dawnsio – rhai campus eraill yn lled wael am y celfyddid hwn; mae eraill yn canu cerddi, eraill yn cario naill llall ar ysgwyddau eu gilydd, eraill yn neido tros pen naill a'r llall, eraill yn cario dwr, eraill yn baratoi y boreufwyd, eraill [yn] chwara cardau, eraill yn darllen, eraill yn gwenud rhiw bethau eraill, yn ysgrifenu. Fel hyn mae pethau yn myned yn mlaen yma ac yn wir mae yma lle hynod iawn yn ein mysg – tyngu a rhegi a caplu y Duw mawr yr hwn wnaeth Daear a'r Nefoedd, dyn ac anifail, ac ni parchant ddyn ac ni ofnant Dduw. Fel hyn mae bethau yn mynd heibio. (JR)

Roedd gwahanol fathau o alcohol yn chwarae rhan amlwg ym mywyd cymdeithasol y wersyllfa, ac roedd hyn yn anad dim yn poeni dirwestwyr Cymreig. Er iddo gwyno'n enbyd am y 'meddwdod' a lethai'r fyddin, bu Ben Chidlaw yn fwy ffodus na llawer o gaplaniaid eraill gan fod swyddogion ei gatrawd – y 39ain Ohio – yn cytuno ag ef:

I lawr a'r fasnach feddwol yw arwyddair yr wrol 39ain, ac y mae ein swyddwyr o un meddwl am ddarostwng cynhyrfydd i'r fath anfoesgarwch. Bydd ein gwragedd, ein mamau a'n chwiorydd yn ateb yn y modd mwyaf canolog i hyn, ac i bob ymdrech arall i amddiffyn ein moesau, cynal ein hiechyd, a'n parotoi at y gwasanaeth a'r treialon sydd yn ein haros. (CA, 62.10)

Ond doedd pob Cymro yn y fyddin ddim yn ddirwestwr. Yn ôl tystiolaeth ei ddyddiadur, doedd David Davis byth yn colli cyfle i feddwi. I ddyfynnu *rhai* cofnodion *yn unig*:

139

5 Ebrill [1862]. Diwrnod teg. Saethu at y targed heddiw y bore. Yn derbyn llythyr o gartref a '2 dollars' ynddo. Mynd i'r dre i gael glasied neu ddau o gwrw yn y prynhawn.(DD, 10)

11 Ebrill. Diwrnod teg. Cael ein tal heddiw. Cael fy 'ordro' allan gan y Capten ar 'patrol' y prynhawn i gasglu y Bois i fewn. Corporal Titus 'in charge'. Cael fy 'mhostio' ganddo wrth ymyl 'Saloon' ond cefais bedwar glasied llawn o 'whisky' gan y perchennog am beidio bod yn frwnt wrth y bois. Cael 'Good Time'. [....] Buom i lawr yn y dref a thrwy y 'Saloons' heb ofyn cennad neb. Erbyn 8 p.m. yr oeddem wedi cychwyn [...] tua'r 'Post'. Gorfu arnom gario un, (6 ohonom mewn nifer). Cawsom ddigon o beth yfed am ddim.(DD, 11)

24 Mai. Diwrnod teg. Yn y coed yn helpu llwytho y bore. Yn bwrw glaw y prynhawn. Mynd i bysgota. Easland yn 'furnisho'r' whisky a minnau yn ei brynu a'i gadw. Ni thrystiwn neb arall. (DD, 16)

4 Gorffennaf. Diwrnod poeth iawn. Cryn weithrediadau yn mynd ymlaen yn y Fort. [....] Yn y tent trwy'r dydd yn bur sal. Ddim yn gallu mwynhau y 'fourth'. Yn well tua'r nos. Cryn dipyn o whisky heddiw.(DD, 20)

15 Awst. Diwrnod cynnes. Mynd i Washington i newid 'wheels' y 'carriages'. Cael ein 'treato' ar y ffordd gan Lieutenant Knapp. Cael amser iawn yn Washington. Snyder a minnau gyda'n gilydd yn bur llawn a llawen yn dod nol. (DD, 24)

1 Ionawr [1864]. Yn y Camp trwy'r dydd. Cael amser da heno trwy smocio 'cigars' ac yfed 'hot punch' sef potelaid o whisky a gafodd Briggs mewn bocs oddiwrth ei frawd yr hwn oedd wedi ei anfon yn enw Lieut. Gale er mwyn iddo beidio cael ei agor. Gwahodd John Gilmor atom. Hill a Ropes yn bur feddw. Cael llawer o sport am eu pen.(DD, 1)

25 Chwefror. Diwrnod teg gwyntog. Yn seino y 'Pay Roll' a cael ein tal. Yn derbyn $37.35. Mynd tua'r Station heno. Yn 'Orderly' i C. Mynes yr hwn oedd yn chwarae Lieutenant er treio cael cwrw. Yn cael whisky. (DD, 6)

Roedd yna ffyrdd eraill i'r milwyr gael hwyl a threulio amser, ffyrdd nad oedd, o leiaf o anghenraid, yn ymwneud â meddwi. Cyfeiriodd John

140

Rowlands at y 'canu a dawnsio' yn ei ddyddiadur; disgrifiodd hefyd y gwahanol gampau a oedd yn mynd ag amser y milwyr. Roedd *baseball* yn dod yn boblogaidd iawn yng Ngogledd America yn y cyfnod, ac roedd hyd yn oed y cyrnol yng nghatrawd John Griffith Jones yn ymuno yn y gêm: 'Yr ydym yn caul cryn sport wrth chwara pêl bob nos; mi fudd y Col[onel] wrthi hefyd.' (JGJ, 33)

Yn ôl y llythyrau a'r dyddiaduron sydd wedi goroesi, roedd y rhan fwyaf o'r Cymry ym myddin y Gogledd hefyd yn treulio tipyn go lew o'u hamser hamdden mewn gwasanaethau crefyddol a chyfarfodydd canu. Roedd y Cymry yng nghatrawd John Griffith Jones hefyd yn cynnal eu hysgol (Sul?) eu hunain:

Yr ydwyf wedi cael pleser mawr wrth ddarllen y testament gefais gin Ann Jones Glan yr Afon. Mi fyddwn yn mynd at ein gilydd i gadw ysgol, [ac] mi fyddwn yn cael cyfarfod canu bron bob nos. Mi fyddwn wedi dysgy cany yn lled berffaith erbyn y down adra os cawn fyw. (JGJ, 12)

Roedd yn rhaid i John Griffith Jones a'i gyd-Gymry drefnu gweithgareddau crefyddol drostyn nhw eu hunain am ddau reswm. Yn gyntaf, gan eu bod yn canu ac yn astudio'r ysgrythur yn Gymraeg; ac yn ail, gan nad oedd gan y gatrawd gaplan. Ond roedd y Cymro ifanc yn achub pob cyfle i glywed caplaniaid catrodau eraill yn pregethu, gan gynnwys y catrodau o filwyr duon a oedd bellach yn rhan o'r fyddin:

Nid ous genym ni ddim Chaplin yn y reg[imen]t eto – y mae pregethwyr yn y catrodau eraill. Y mau yma amryw o coler[e]d regiments, ac y mae ganddynt hwy bregethwyr 'run lliw. Yn wir, y maunt yn pregethu yn ardderchog; y maunt yn tynu sylw'r milwyr yn fwy na'n pregethwyr ni ein hunain. Y mau ganddynt ddoniau mawr. Y mau cystal genyf welad y milwyr duon a gwelad y rhai gwynion. (JGJ, 72)

Ac o ran asesu pregethwr, roedd Elias J. Pritchard hefyd yn dipyn o *gonnoisseur*:

mae gennym ni Bregethwr Babtist yn chaplin yn bresenol. Y mae yn bregethwr da iawn, ac [y] mae yn ddyn *nice* iawn, ac y mae'r reg[imen]t yn meddwl cryn dipyn ohono. (EJP, 2)

Peth amheuthun i Gymro crefyddol o filwr oedd cael Cymro arall yn gaplan ar ei gatarwd. Ysgrifennodd J. D. Jones, caplan y *117th New York*, at Robert Everett gan ddweud y byddai'n 'hynod ddiolchgar [...] pe medr[ai] sicrhau tua dwsin o Destamentau Cymreig at wasanaeth y Cymry' yn y gatrawd. (CA, 64.10)

Ni ddylid meddwl bod y crefyddwyr a'r llymeitwyr yn ddau garfan a oedd yn hollol ar wahân. Roedd rhai milwyr Cymreig yn mwynhau diodydd cadarn a chyfarfodydd crefyddol fel ei gilydd. Yn wir, roedd David Davis ei hun, yn ogystal ag yfed cwrw, chwisgi ac unrhyw beth arall a ddaeth i law, yn darllen ei Feibl o glawr i glawr ac yn mynychu cyfarfodydd crefyddol o bob math. Nid rhagrithiwr ydoedd ychwaith; yn ôl yr hyn a ysgrifennodd yn ei ddyddiadur, roedd gan David Davis argyhoeddiadau crefyddol dwfn. Yn wir, gan fod rhai o'i gydfilwyr yn priodoli dewrder y Cymro yn wyneb *'shells'* y gelyn i'w grefydd, llwyddodd i ennill tri enaid i'r achos:

Sul, Ebrill 17 [1864]. Diwrnod teg a hyfryd iawn. Ar 'Sunday Morning Inspection' [...] y bore. Yn gwrando pregeth ar y Psalm 119, Adnod 116, ac efallai mai dyma y bregeth olaf a glywaf am byth. Yr oedd yn deffro teimladau cysegredig yn fy mynwes ac yn codi rhyw awydd dwys yn fy ysbryd am gartref a hen gapel Nelson (O!! Enw annwyl) ac am gael mwynhau'r Efengyl yn fy hen iaith felys ac annwyl fy hun. Yr ydym wedi bod yn cael moddion crefyddol yn lled gyson ar y Sabbath ers wythnosau bellach a chyfarfodydd gweddi yn ystod yr wythnos ac wedi cael llawer o fwynhad ynddynt. Robertson, Ropes a Briggs wedi cael eu hennill at grefydd y tri (fel y mae ein pabell o ddedwyddwch ers amser). A'u tystiolaeth wrthyf oedd eu bod wedi dod i'r penderfynniad bod rhywbeth mewn crefydd (Ac y gwnaent broffes gyhoeddus ohoni y cyfle cyntaf a gaent i wneud hyny) pan welsant fi mor dawel a digyffro pan o dan y tan dychrynllyd o 'shells.' (DD,12)

Dywed i bregeth ar Salm 119.116 gael effaith arbennig o ddwys arno. 'Cynnal fi yn ôl dy addewid, fel y byddaf fyw' yw dechrau'r adnod hwnnw. Dewisodd y pregethwr destun a fyddai'n gweddu cynulleidfa o filwyr; yn wir, yn ôl 'tystiolaeth' ei gyd-filwyr, roedd geiriau fel y rhain yn 'cynnal' David Davis yn wyneb 'tân dychrynllyd' y frwydr.

'Y diwrnod mwyaf ofnadwy a fu ar fy mhen erioed'

Camp Wolf-run, Shoals, V[irginia]. Mai 4ydd, 1863.

Mr. Golygydd: – Mae rhyw ysfa ynof i geisio ysgrifenu gair bach i'r *Drych* am unwaith yn ychwaneg. Ac wrth ddechreu, efallai y dylwn ddweyd nad oes genyf ddim newydd a fydd yn werth sylw y rhan fwyaf o bobl fawr y Gogledd. Pobl y *coesau meinion* wyf yn feddwl wyddoch, y rhai sydd yn ceisio rhoi y *rebellion* i lawr yn y Stores, a'r Offices, hefo eu tafodau llithrig. O'r anwyl, y fath gynlluniau cywrain y maent wedi ddwyn oddiamgylch er dechreuad y rhyfel hwn er ei roddi i lawr, ond y mae mor fyw yn awr ac erioed. A mentraf ddweyd na rydd pobl y dweyd byth mo hono i lawr, pobl y gwneyd sydd eisiau yma at ddwyn yr amcan i ben, a rhaid eu cael cyn y cymer hyny le. Yr oedd yn ysmala genyf glywed y dydd o'r blaen un o fy nghyd filwyr yn dweyd fod rhai o'i genedl yn nhalaeth y *'Bryn Gwyrdd'* yn dweyd na wnaeth y 2il Brigade *ddim* er pan y maent yn Virginia. (D, 63.5)

Erbyn mis Mai 1863, dim ond dau fis a oedd gan John H. Williams ar ôl yn y fyddin. Yr haf blaenorol, gyda'r rhyfel yn llusgo ymlaen, roedd llywodraeth y Gogledd wedi penderfynu fod angen rhagor o filwyr ar frys ac felly ffurfiwyd nifer o gatrodau newydd i wasanaethu am naw mis yn unig. Un o'r rhain oedd y 14eg Vermont, catrawd gyda nifer o chwarelwyr Cymreig ynddi. Fel y nodwyd ym mhennod 7, dechreuodd dau ohonynt – John Rowlands a'r milwr hwn, John Williams – ysgrifennu dyddiaduron. Gallwn felly olrhain yn fanwl daith y gatrawd (a'r 'Ail Frigâd' yr oedd yn rhan ohoni) o'r *Green Moutain State* – neu 'dalaith y Bryn Gwyrdd', chwedl John Williams – i Virginia.

Mae'r ddau ddyddiadur yn croniclo'n ofalus gwaith y milwyr. Nid oeddynt yn segur; am fisoedd bu'r gatrawd yn cyflawni gwahanol ddyletswyddau – yn ogystal â chael eu hanfon allan yn wylwyr *(pickets)* yn aml, roedd y 14eg Vermont yn gwarchod gwersylloedd a rheilffyrdd. Ond nid oeddynt wedi dod wyneb yn wyneb â'r Gwrthryfelwyr ar faes y gad, ac felly clywodd John Williams fod rhai o'u hen gymdogion yn Vermont yn difrïo'r milwyr gan ddweud nad oeddynt 'wedi gwneud dim':

Wel, yr ydym yn berffaith foddlawn o fod yn rhestr milwyr y gwneyd *dim*, os bydd hyny o ryw les i rai pobl. Gwir, na chafodd y *2nd* Brigade y cyfleustra o wynebu y gelyn ar faes y frwydr eto, ond nid oes genym ddim help am hyny. Nid cwrs yn unig yw gwaith milwyr, mae rhaid cael rhai o honynt i wneyd *picket duty, guard a'r patrol, &c*. A dyna waith y *2nd* Brigade er pan ydym yma; ac er bod allan ar bob tywydd i gyflawni ein dyled swyddau, nid ydym yn gwneyd *dim*; a nad oes genym ond dau fis i aros eto, efallai y daw ein hamser i fyny cyn i ni wneyd *dim*. (D, 63.5)

Mae'n debyg fod awydd y Cymro i ysgrifennu llythyr amddiffynnol i'r wasg wedi'i ddwysáu gan un ffaith sylfaenol: gan fod tymor y gatrawd-naw-mis yn dod i ben mewn rhyw wyth wythnos, nid oedd yn edrych yn debygol y câi gyfle i wneud mwy na gwarchod a gwylio.

Mewn llawer o ffyrdd, roedd 'dynion-naw-mis' y 14eg Vermont yn nodweddiadol o filwyr y Gogledd: 25 oedd oed milwyr y gatrawd ar gyfartaledd, ond roedd traean ohonynt o dan 21 oed. Yn wir, llais dyn ifanc, brwd a glywir yn ymateb John Williams i'r cyhuddiad nad oedd ei gatrawd 'wedi gwneud dim':

Leiciwn gael rhoi fy mhig i fewn i ddweyd gair dros y *2nd* Brigade, o'r hyn lleiaf dros ran o honi, sef ein Catrawd ni, y 14eg. Yn gyntaf, mae genym y Col[onel] mwyaf anwyl o'i gatrawd, a'r mwyaf am roi pob chwareu teg i'w bobl ag sydd yn ngwasanaeth y *Talaethau Unedig*. Pwy bynag yw y goreu, mae Col. William T. Nichols, yn siwr o fod yn gyfartal ag ef. Yn ail, mae pob aelod o'r gatrawd am dano, ac yn barod i wneyd pob peth iddo ar yr alwad leiaf. Yn drydydd ac yn olaf, yr ydym gyda ein gilydd yn barod i wynebu y gelyn unrhyw awr, mynyd, neu foment. Rhoddwyd y *false alarm* allan droiau er pan ydym yma, a chyn pen y pum mynyd byddem allan mewn *line of battle*, a'r Col. yn brydlon yn ei le bob tro; a rhof fy ngair i ddarllenwyr y *Drych*, mai mor fuan ag y daw disbyglion Jeff[erson Davis] yn agos i'r gymdogaeth yma, cant deimlo blas y *powder* a'r *plwm* mor fuan ag y bydd yn bosibl i ni eu hanfon atynt. A siawns na chawn y gair o fod wedi gwneyd rhywbeth ar ôl hyny. (D, 63.5)

Gan nad oedd yn debygol o gael 'profi'i hun' mewn brwydr, ceisiodd y chwarelwr ifanc frolio rhinweddau eraill y gatrawd – disgyblaeth y milwyr, personoliaeth 'annwyl' eu cyrnol, ac yn y blaen. Ond ar ddechrau Gorffennaf, gwta mis ar ôl ysgrifennu'r llythyr hwn, cafodd John Williams, John Rowlands a gweddill y *14th Vermont* 'y cyfleustra o wynebu'r gelyn', er nad Virginia ond tir y Gogledd ei hun fyddai lleoliad y cyfarfod hwnnw.

Roedd Robert E. Lee wedi penderfynu ceisio mynd â'r rhyfel i dir y Gogledd unwaith eto. Gwyddai Lee a llywodraeth y *Confederacy* fod pawb wedi blino ar ryfel ar ôl dros ddwy flynedd o dywallt gwaed. Er gwaethaf eu holl bropaganda, roedd arweinwyr y Gwrthryfelwyr yn gwybod erbyn 1863 na fyddai'n bosibl trechu holl filwyr yr Undeb. Eu gobaith oedd ymosod ar dalaith Pennsylvania a chipio un o ddinasoedd mawr y Gogledd fel Philadelphia ac felly gorfodi llywodraeth Lincoln i drafod telerau heddwch a chydnabod annibyniaeth y taleithiau Deheuol. Ychydig cyn i'r Gwrthryfelwyr ddechrau symud tua'r Gogledd roedd Lincoln wedi penodi uwch gadfridog newydd, sef George Meade o dalaith Pennsylvania; byddai'n rhaid i Meade felly amddiffyn ei fro enedigol.

Ar ddiwedd Mehefin aeth Robert E. Lee â'i Wrthryfelwyr o Virginia i fyny drwy dalaith Maryland i Bensylvannia gan orfodi byddin y Gogledd i'w dilyn. Mae dyddiaduron y chwarelwyr o Vermont yn croniclo caledi'r daith wrth iddynt ruthro i rwystro'r ymosodiad ar dir yr Undeb; gan fod John Williams wedi bod yn wael ei iechyd ers talm roedd y martsio'n enwedig o galed arno:

Llun, Mehefin 29ain, 1863. Cychwyn 7 o'r gloch y boreu; daethom drwy Frederick City, M[arylan]d, lle y gorphwysasom dros y nos. *March* galed a llawer yn syrthio allan.

Mawrth, Mehefin 30ain, 1863. Cychwyn yn foreu, diwrnod niwlog a gwlawog; daethom drwy Lewistown a McHelleckstown, ac ymlaen i Emmitsburgh, pentref hardd o fewn tair milltir i *Penn[sylvania's] lines*. Gorphwysasom dros y nos. *March* galed ofnadwy iawn.

Mercher, Gorphenaf *1st*, 1863. Symud yn mlaen, gorfu i mi syrthio allan a myned i'r *Ambulance*. Daethom i Penn[sylvania] o fewn 2 filltir i Gettysburgh, yr oedd ein *Corps* ni, sef y *1st*, wedi bod yn ymladd drwy y dydd yn galed; cysgasom ar y maes ar ein harfau. (JW, 105)

Er bod y corfflu *(corps)* y perthynai'r 14eg Vermont iddo wedi bod yn ymladd yn barod y diwrnod hwnnw, nid oedd y gatrawd wedi cyrraedd mewn pryd i ymuno yn y frwydr ar y cyntaf o Orffennaf. Ond mae dyddiadur John Rowlands yn cytuno â'r hyn a ysgrifennodd John

Magnelfeydd Undebol fel yr un y bu David Davis yn gwasanaethu gyda hi.

Williams; cysgodd y milwyr ar eu harfau ar faes y frwydr y noson honno:

> *July 1st.* Dyma ni yn cychwyn eto ar ein taith, y 7fed dydd. Yr oeddym yn Campo wrth Emmetsburg; ni cawsom daith caled iawn heddyw wrth ini nesu at y lle hwn. Yr ydym yn clywed twrw y canones a gweled mwg; mae y *Rebels* wedi rhoddi y pendra ar dân. Wel dyma ni yn y fan glwyfedigion yn dyfod o faes y Gwaed. Dyma hwy wedi distewi a'n Briged yn gorwedd ar ein arfau.(JR)

Go brin fod y chwarelwyr o Vermont wedi clywed am y lle cyn hyn. Tref fach dawel oedd Gettysburg, Pennsylvania, a'i thrigolion yn meddwl eu bod nhw'n byw'n bell o dwrw'r rhyfel. Ond newidiodd hynny ar ddiwrnod cyntaf mis Gorffennaf 1863 pan gyrhaeddodd unedau blaen byddin Robert E. Lee. Yna i'w cyfarfod oedd meirchfilwyr John Buford; er nad oedd ond un Gogleddwr i bob tri *Rebel*, gwyddai Buford fod yn rhaid iddo geisio cadw'r Gwrthryfelwyr rhag cipio'r tir uchel y tu draw i Gettysburg. Felly gwnaeth y Gogleddwyr safiad ar gyrion y dref er mwyn arafu'r fyddin Ddeheuol anferthol. Yn y modd hwn y dechreuodd y frwydr fwyaf yn hanes yr Unol Daleithiau.

Llwyddodd meirchfilwyr Buford i ddal eu tir yn rhyfeddol yn ystod oriau cynnar y frwydr, a daeth atgyfnerthion nes ymlaen yn y dydd wrth i'r traedfilwyr Gogleddol cyntaf gyrraedd y maes. Yn eu plith oedd y *149th Pennsylvania* (a elwid yn *'Bucktails'* gan fod y milwyr yn rhoi cynffonnau ceirw ar eu capiau), catrawd â nifer o Gymry ynddi. Un ohonynt oedd Thomas P. Jones, a oedd yn 18 oed ar y pryd. Roedd eisoes yn filwr profiadol gan ei fod wedi gwirfoddoli yn ôl yn Awst 1862; yn wir, roedd wedi goroesi cyflafan Fredericksburg. Rhaid bod Thomas a'i gydfilwyr yn teimlo'n rhyfedd wrth groesi ffin y dalaith; dod 'adref' i Bennsylvania oeddynt, ond mewn amgylchiadau nad oedd neb wedi'u rhagweld:

> Drachefn aethant i Bennsylvania, ac ar ôl trafaelio caled am amryw ddiwrnodau, trwy'r gwres mawr, cyrhaeddasant i Gettysburgh. Am 2 o'r gloch y dydd 1af o Orphenaf gorchymynwyd hwy i fyned yn mlaen i'r *battlefield*, ac am 4 o'r gloch, cafodd [Thomas] ei glwyfo yn ei glun, a chafodd ei gymeryd yn garcharor gan y gelyn. (CA, 63.10)

Collodd y Gogleddwyr lawer o ddynion a chawsant eu gwthio'n ôl drwy strydoedd Gettysburg. Ond roedd Buford wedi llwyddo i ddal y tir uchel ar ochr arall y dref, ac felly i'r bryniau bychain hynny yr aeth y chwarelwyr o Vermont ynghyd â'r holl filwyr Gogleddol eraill a ddaeth

Gogleddwyr a laddwyd ar ddiwrnod cyntaf Gettysburg

i'r maes yn ystod y nos.

Roedd David Davis, y dyddiadurwr hwnnw o dalaith Efrog Newydd, ar ei ffordd i'r frwydr hefyd. Yn wahanol i draedfilwyr y *14th Vermont*, ni wyddai dynion ei fagnelfa *(battery)* ef i ble yr oeddynt yn teithio y diwrnod cyntaf hwnnw:

> 1 Gorffennaf [1863]. Diwrnod teg. Yn y Camp ger Cherrytown hyd tua 6.30 p.m. pryd y cawsom orchymyn i ymadael, am ba le nis gwn. Yn dod i'r Camp tua 11 p.m. (wedi teithio tua 12 milltir). Heb fod ymhell o faes y frwydr. (DD, 21)

Nid oedd y magnelwyr o Efrog Newydd wedi cyrraedd y maes eto, a thra oedd y chwarelwyr o Vermont a'u cydfilwyr yn swatio ar yr ucheldir ac yn paratoi ar gyfer ail ddiwrnod brwydr Gettysburg roedd David Davis wrthi'n bwydo a harneisio ceffylau'r fagnelfa:

> 2 Gorffennaf. Diwrnod cymylog. Yn cychwyn heddiw am 5 a.m. Yr oeddem wedi ffido a glanhau'r ceffylau a'u harneisio cyn dydd. Cael ffordd rwff a mwdlyd iawn. Cyrraedd maes y frwydr tua 8 a.m. Ymladd trwm iawn ddoe gyda cryn golled o bob ochr, tua 1,500 o

garcharorion yn disgyn i'n dwylo. Dim tanio gwerth son amdano yn cymeryd lle bore heddiw. Tanio poeth yn dechreu tua 4 p.m. sef 'cannonading'. (DD, 21)

Bu John Williams a John Rowlands dan dân y gelyn y diwrnod hwnnw wrth i'r Deheuwyr geisio eu gwthio oddi ar y tir uchel:

Gorphenaf [yr A]il, 1863. Dechreu saethu yn foreu, yr ydym yn yml cael ymladdfa. *Skirmishing* gwyllt, yna dechreuodd y *Rebel Batteries* agor arnom. Gorweddasom i lawr, a'r shels fel cenllysg o'n cwmpas. Troisant i'r *left*, curo caled yno, yn yr hwyr ar y *centre*. (JW, 106)

Mae y ddwy ochor wrthi yn sgarmesu er y bora [...]. [....] Dyma y *Rebels* yn dechra shellio yn sender, chwith a'r de [h.y., 'ein *center*, chwith a de'], ac mae yn dyfod tros ein penau o bob cyfeiriad. (JR)

Dal eu tir a wnaeth y Gogleddwyr drwy'r dydd, ond tua diwedd y prynhawn cynyddodd y Gwrthryfelwyr eu hymdrechion:

Ymladd trwm dychrynllyd yn cymeryd lle o 4 hyd 6 p.m., 'cannonading & musketry'. Rhan o'r 6 Corps yn mynd i'r 'front' ar y 'Double Quick' er 'reinforco' y 'left flank'. Ninnau yn cael gorchymyn i fynd i'r 'front' i 'relievo' Ricket's Battery pa un oedd wedi ei thorri i fyny yn hynod ddrwg gan dân y gelynion. (DD, 21)

Ac wrth i'r ymosodiad gyrraedd yr uchafbwynt brawychus hwn ar ail ddiwrnod y frwydr, sylwodd cadfridog Gogleddol o'r enw Winfield Scott Hancock fod yna fwlch yn ei linell. Roedd brigâd gyfan o filwyr Alabama – 1,600 o *Rebels* i gyd – wrthi'n rhedeg am y bwlch, ac nid oedd dim byd gerllaw i'w gwrthsefyll ond un gatrawd fechan, y *1st Minnesota Infantry*.

Y gatrawd hon oedd y gyntaf i gael ei chyflwyno i Abraham Lincoln ar ddechrau'r rhyfel, ac fel y nodwyd yn y bennod gyntaf, un o filwyr y *1st Minnesota*, William D. Howells, oedd y Cymro cyntaf i wirfoddoli. Roedd gan y Gatrawd Gyntaf dros 1,200 o filwyr pan gafodd ei chyflwyno i'r arlywydd, ond ar ôl dwy flynedd o ymladd a rhai o frwydrau gwaethaf y rhyfel nid oedd ganddi ond 262 o ddynion ar ôl. Gan nad oedd gan Winfield Hancock ddewis, rhoddodd orchymyn i 262 o filwyr Minnesota ruthro ar 1,600 o Alabamiaid.

Llwyddodd yr ymdrech, ac wrth i'r haul fachlud ar ail ddiwrnod y frwydr roedd llinell y Gogleddwyr heb ei thorri ac roedd ucheldir Gettysburg yn eu dwylo o hyd. Ond aberthwyd y Gatrawd Gyntaf o

`The Death of a Sharpshooter': un arall o luniau Gettysburg

Wirfoddolion Minnesota er mwyn sicrhau hynny. O'r 262 a wnaeth y rhuthr, roedd 215 wedi'u lladd neu wedi'u clwyfo, ac ymysg y clwyfedigion oedd y Cymro William Howells. Roedd y colledion a ddaeth i ran y *1st Minnesota* ymysg y gwaethaf i unrhyw gatrawd eu profi yn ystod yr holl ryfel.

'Symudasom ni ymlaen drwy ganol y tân i'r *front'*, meddai John Williams wrth ddisgrifio diwedd ail ddiwrnod y frwydr; 'gyrwyd *Rebs* i bob cyfeiriad, a chymerwyd lluaws o garcharorion; gorweddasom ar y ddaear drwy y nos.' (JW, 106) Roedd colledion y ddwy ochr yn drwm, ond nid oedd neb am ildio'r maes. Felly daeth trydydd diwrnod brwydr Gettysburg:

> *July 3*. Dyma y bora wedi wawrio [...]; dyma inni ordor i fyned yn mellach i'r maes ac i fyny a ni ar ein traed ac yn cychwyn.(JR)

Ar forau'r 3ydd o Orffennaf roedd y 14eg Vermont wedi'u gosod mewn llinell *'skirmish'* denau ar waelod yr allt – ac felly o flaen prif linell y Gogleddwyr ar yr ucheldir. Nhw fyddai'r cyntaf i gyfarfod y gelyn pe bai'r Gwrthryfelwyr yn ymosod eto.

A dyna a ddigwyddodd. Penderfynodd Lee daflu'i filwyr unwaith eto yn erbyn llinellau Meade, a hynny yn erbyn cyngor rhai o'i is-gadfridogion. Dyma'r dyn a oedd wedi curo'r Gogleddwyr dro ar ôl tro gan orfodi byddin fawr McClellan i adael tir Virginia; roedd Robert E. Lee yn hyderus y gallai roi buddugoliaeth arall i'r Deheuwyr. Gwyddai fod y Gogleddwyr wedi blino ar ôl dau ddiwrnod o ymladd ac roedd yn sicr y gallai un ymosodiad arall eu symud o'r tir uchel ar ôl i'w artileri deneuo eu rhengoedd. Felly dechreuodd yr ymosodiad mawr olaf gyda 'thân-beleniad' mawr, sef holl ganonau'r Deheuwyr yn saethu ar unwaith. Ysgrifennodd David Davis gofnod byr yn ei ddyddiadur: 'Y "Rebs" yn agor tân dychrynllyd arnom tua 1 p.m.' (DD, 22) Gwyddai John Rowlands a John Williams, a hwythau'n ceisio cuddio yn y gwair uchel ar waelod yr allt, fod yr awr wedi dod:

Wel, wel, dyma hi wedi myned arnom. Mae [...] gynau mawr y *Rebels* wedi dechra [ein] tan pelanu ni [yn dd]ychrynllyd a nina ar ein gwynebau ar lawr. (JR)

Gwener, Gor[ffennaf] 3ydd, 1863. Agorodd y *Rebel Batteries* eu tân arnom 5 o'r gloch y boreu; symudasom yn nes atynt a gorweddasom ar y ddaear; troisant eu tân i'r *Right* a'r *Left*, a bu ymladdfa frwd am gwrs o amser [...] yr oedd eu *shells, grapes* [h.y., *'grape shot'*] a *canisters* yn disgyn yn gawodydd arnom am oriau. (JW, 106-7)

Ac yna am dri o'r gloch y prynhawn daeth 13,000 o Wrthryfelwyr dan arweiniad George E. Pickett ar draws y caeau i gyfeiriad yr allt. Byddai *'Pickett's Charge'* yn cael ei gofio fel trobwynt y frwydr, ac yn wir, yn ôl rhai haneswyr, dyma oedd penllanw Gwrthryfel y *Confederacy*. Roedd y chwarelwyr o Vermont ymysg y milwyr cyntaf i wynebu Rhuthr Pickett. Mae geiriau syml John Rowlands yn dweud y cyfan: 'Dyma'r diwrnod mwya ofnadwy a fu ar fy mhen yrioed ac nid wyf yn dymuno weled rhun o'i fath eto'. (JR)

Fel y nododd David Davis yn ei ddyddiadur ef, 'cyn nemawr o amser yr oedd wedi dod yn "general engagement" o'r ddwy ochor'. (DD, 22) Hynny yw, yn fuan ar ôl i ddynion Vermont ddechrau saethu, ymunodd dwsinau o filoedd o'u cydfilwyr a oedd y tu ôl iddynt ar yr ucheldir. Manylodd John Williams ar y profiad:

O'r diwedd daeth eu *Infantry* ymlaen am danom; rhuthrasom arnynt, syrthiasom yn ôl, a'r ailwaith yn mlaen a ni a gwnaethom hwynt i *Skeddadlio*, eu lladd, a chymeryd eu *Colors* [h.y., eu baneri rhyfel], a channoedd yn garcharorion. Cafodd Lt. Bosworth ei glwyfo yn dost,

Ar ôl tri diwrnod o ymladd yn Gettysburg, roedd dros 50,000 o ddynion wedi'u lladd, wedi'u clwyfo neu ar goll.

Meuling ei ladd, Lt. Hamilton ei glwyfo a'i ladd, a lluaws eraill eu lladd a'u clwyfo. Yr oedd yn ymladdfa galed. Yn yr hwyr, cawsom ein rhyddhau o'r *front*, a daethom i'r *rear* i gysgu. Yr oedd yn fuddugoliaeth o'n tu.(JW, 107)

Gyda methiant Rhuthr Pickett, daeth y frwydr i ben. Mewn tridiau o ymladd roedd Meade wedi colli dros chwarter ei fyddin – rhyw 23,000 o ddynion rhwng y meirwon, y clwyfedigion a'r rhai a gymerwyd yn garcharorion. Roedd Robert E. Lee yntau wedi colli dros draean o'i fyddin ef, tua 28,000 o filwyr i gyd.

Rhwng y ddwy ochr, esgorodd brwydr Gettysburg ar dros 50,000 o golledion dynol. Dyma'r frwydr fwyaf yn hanes yr Unol Daleithiau a throbwynt y Rhyfel Cartref: roedd y Gogleddwyr wedi ennill, bu'n rhaid i Robert E. Lee droi'n ôl am Virginia ac ni fyddai'r Deheuwyr byth yn ymosod mewn grym ar dir y Gogledd eto.

Roedd John Williams a'i gydfilwyr wedi cael cyfle i 'wneud rhywbeth', a hynny dair wythnos yn unig cyn i'w tymor ddod i ben. Diolchwyd i'r milwyr o Vermont yn arbennig gan yr uwch gadfridog am eu rhan yn y frwydr:

Sadwrn, Gorphenaf 4ydd, 1863. Cawsom ein galw yn nghyd i wrando ar gymeradwyaeth [y] *Major General* [...] i ni am dal mor wrol yn ngwyneb tân y gelyn ddoe, ac am i ni droi y fuddugoliaeth o'n tu, pan oedd o 75 i 100 o *Batteries* yn agor arnom, heblaw miloedd o *Infantry*. (JW, 108)

Y 4ydd o Orffennaf oedd y diwrnod, *'Independence Day'* yr Unol Daleithiau. Byddai rhai milwyr yn edrych yn ôl flynyddoedd wedyn gan ddweud na chafwyd *Fourth of July* mwy bendigedig erioed, ond rhaid bod yr holl golledion wedi taflu cysgod dros y dathlu.

Dyna, er enghraifft, Thomas P. Jones o'r *Pennsylvania Bucktails*, y bachgen 18 oed a glwyfwyd ar ddiwrnod cyntaf y frwydr ac a gymerwyd yn garcharor: 'Danfonwyd ef ac eraill i ysgubor' gan y gelyn, meddai'r hanes a gyhoeddwyd amdano, ond gadawodd y Gwrthryfelwyr y carcharorion clwyfedig yn eu prysurdeb i adael yr ardal. Gan eu bod wedi'u rhoi mewn ysgubor, roedd yn sbel cyn i'w cydfilwyr ddod o hyd iddynt:

bu yn aros yno yspaid 4 diwrnod heb ddim i'w fwyta nac yfed, na chwaith meddyginiaeth. Oddiyno symudwyd ef i hen eglwys y Pabyddion ac oddiyno symudwyd ef i'r clafdy yn Philadelphia.(CA, 63.10)

Cyn diwedd y mis bu farw Thomas Jones mewn ysbyty yn Philadelphia.

Daeth newyddion drwg i Eglwys y Methodistiaid Cymreig yn Freedom, Efrog Newydd, hefyd. Roedd nifer o'u dynion nhw yn Gettysburg gyda'r *154th New York Infantry*, gan gynnwys y brodyr Samuel ac Issac Williams (roedd gan eu rhieni bedwar mab arall yn y fyddin – chwech i gyd). Ond 'yn nechreu mis Gorphenaf, 1863' ac 'yn ddilynol i frwydr Gettysburgh', meddai aelod o'r Eglwys a ohebai â'r wasg:

caethgludwyd [...] [t]ri a berthynai i'n heglwys yn garcharorion i Richmond, V[irginia], sef William, mab i'r Diacon John J. Jones, ac Isaac a Samuel, meibion i'r dywededig William a Jane Williams. (C, 64.5)

A beth am William Howells o'r *1st Minnesota?* Er iddo gael ei glwyfo, gwella fu ei hanes yntau. Ond gyda chynifer o'i gydfilwyr wedi'u lladd wrth ei ochr ar ail ddiwrnod y frwydr, go brin ei fod yn dathlu ychwaith.

Gwahanol iawn fu ffawd John Rowlands a John H. Williams. Roeddynt yn ôl yn Vermont cyn diwedd Gorffennaf. Daeth eu naw mis i ben, a thra oedd y tri Chymro o Freedom, Efrog Newydd, ar eu ffordd i garchar yn Virginia, roedd y ddau chwarelwr yn ail ymdoddi i fywyd y sifiliaid:

Gwener, Gorphenaf 31ain, 1863. Yn y boreu, llawnodi y *Clothing, State pay*, a'r *Government pay Rolls* [....]. Cefais y *Discharge Paper* a setlo pob peth i fynu.
Sadwrn, Awst 1af, 1863. Talu $2.50 am fy lle [...] rhoi 50 c[ents] i ferch fach M[ary] a W[illia]m Simonds. Cymeryd y cars, cychwyn hanner awr wedi unarddeg am Rutland [Vermont]; cyrhaedd cartref 5 o'r gloch y prydnawn yn llwyddianus. Felly y terfyna y fy mywyd milwrol, daioni a thrugaredd yr Arglwydd a'm cadwodd yn fyw.(JW, 121)

Aeth John Williams yn syth yn ôl i weithio yn y chwarel, gan ddarganfod nad oedd ganddo gymaint i'w gofnodi yn ei ddyddiadur bellach:

Awst 10fed, 1863. Dechreu gweithio yn y Chwarel. Dal ati hi drwy y dydd. Gweithio yr wythnos i fynu yn ddigoll.
Awst 17, 18, 19 a'r 20 a weithiais o'r ail wythnos. Stopio Gwener a Sadwrn. Mynd i roi tro i Saratoga hefo fy ngwraig. (JW, 123)

Ac yn fuan wedyn y daw dyddiadur John Williams i ben. Ond er ei fod ef a John Rowlands yn bell o'r ymladd erbyn Awst 1863, ac er eu bod wedi gorffen eu gyrfa filwrol nhw ar nodyn tra buddugoliaethus, roedd dwy flynedd o'r rhyfel eto i ddod.

'Tua Vicksburg y mae llygaid y wlad yn tremio'

Symudiad y gwarchae oddiar afon fawr y Mississippi.- Y mae yn hanfodol i fasnachaeth lwyddiannus y talaethau gorllewinol fod yr afon hon yn rhydd. Bodolaeth y gwrthgloddiau a'r magnelfanau trymion yn Vicksburg ydyw grym y gwarchae hwn. Y mae ein byddin yn awr ar y maes a'n llynges ar yr afon yn dechreu ymosod eto o ddifrif i chwalu y nyth bradwrol hwn. (CA, 63.3)

Tu ag at Vicksburg y mae llygaid y wlad yn gyffredinol yn tremio y dyddiau hyn; a thu ag yno mae cyrchfa eu disgwyliad am ryw newyddion pwysig a dyddorol, o herwydd y mae yn lle ag y mae canlyniadau pwysig i'r hyn a wneir yno y dyddiau hyn. (D, 63.7)

Er ei holl lwyddiant yn Mississipi yn gynharach yn y gwanwyn, ni allai byddin U. S. Grant gipio Vicksburg. Gyda'i ganonau mawr yn edrych dros yr afon ar un ochr, a chyfres o ffosydd ac amddiffynfeydd ar yr ochr arall, nid oedd cadarnle'r Gwrthryfelwyr ar y Mississippi am idlio'n hawdd. Fel y nododd John Griffith Jones mewn llythyr, roedd y Gogleddwyr yn gorfod cynefino â math newydd o ymladd:

Gobeithio y gwnewch fy esgusodi am fod mor hir heb ysgrifenu y tro hwn; treiaf fod yn fwy cyson. Yr ydym wedi bod yn ymladd ers 10 diwrnod o flaun muriau Vicks[burg]. (JGJ, 41)

Llusgodd y gwarchae ymlaen drwy'r haf. Roedd 'brwydr y ffosydd' yn fileinig iawn ar adegau. Rhwng saethu di-ddiwedd y canonau a'r cyrchoedd achlysurol ar amddiffynfeydd y gelyn, deuai cyfres ddi-dor o farwolaethau. Un o'r meirwon oedd Sarjant Thomas Rees o'r *4th Minnesota* . Er bod cymaint â 66 dyn o'r gymuned Gymreig fechan yn Blue Earth a LeSeur Minnesota wedi ymrestru yn y fyddin, Sgt. Rees oedd y cyntaf i gael ei ladd gan y gelyn; roedd y rhyfel ar lannau'r Mississippi wedi dod adref i Gymry'r Gogledd pell.

Milwyr Undebol y gorllewin, yn debyg i'r rhai a fu'n ymladd yn ffosydd Vicksburg.

Chwaraeai rhai cannoedd o filwyr Cymreig ran yng ngwarchae Vicksburg. Lladdwyd nifer o Gymry Iowa ar waliau'r Gwrthryfelwyr:

> [B]u farw Mr. William J. Jones, mewn canlyniad i gael ei saethu y dydd o'r blaen, yn y frwydr o flaen Vicksburg. Yr oedd tua 34 mlwydd oed. Daeth i'r wlad yma tua ddeuddeg mlynedd yn ôl, o Danygrisiau, Sir Feirionydd. Bu yn cartrefu, oddiar pan y daeth i'r wlad yma, yn Stellapolis, Iowa Co., Iowa. Aeth i'r fyddin ychydig gyda blwyddyn yn ôl. [....] Ysgrifenai cyd-filwr iddo o'r enw John T. Jones, ei fod wedi cael ei gladdu yn barchus.(C, 63.8)

Un o Gymry'r dalaith a ddaeth yn ôl yn fyw o gyrch ar y waliau oedd Joseph Griffiths, sarjant gyda'r 22ain Iowa. Dringodd i mewn i un o'r caerfeydd bychain a oedd yn britho'r rhwydwaith o ffosydd a waliau, a daeth yn ôl â nifer o garcharorion. Enillodd y Cymro ifanc sylw neb llai na Ulysses S. Grant ei hun ac roedd y wasg Gymraeg yn America wrth ei bodd â'r stori:

> Y milwr ieuanc hwn gyda 12 eraill a lwyddasant [...] i furddringio a chymeryd un gaerfa o eiddo y gelyn. Ond adgymerwyd y gaerfa

drachefn a lladdwyd y milwyr hyn oll, oddieithr Jospeh ac un arall, a tharawyd yntau i lawr; ond daeth ato ei hun drachefn, a phan ganfyddodd y gelynion wedi saethu eu hergydion, cododd ar ei draed, a chyda ei ddryll llwythog galwodd arnynt yn awdurdodol i roi eu harfau i lawr. Gwnaethant hyny, ac arweiniodd yntau â'i law ei hun allan o'r gaerfa 13 ohonynt yn garcharorion rhyfel[.](CA, 63.7)

Er gwaethaf ymdrechion milwyr fel Joseph Griffiths, nid bwledi ond diffyg bwyd a sicrhaodd gwymp Vicksburg yn y diwedd. Ar ddechrau'r gwarchae, dywedodd Grant am y gelyn *'we'll outcamp them,'* ac ystyr ymarferol hynny oedd mygu'r ddinas nes ei bod yn newynu.

Ar ôl wythnosau lawer, bu'n rhaid i'r Gwrthryfelwyr ildio, a hynny ar 4 Gorffennaf. Bu John W. Jones, 23ain Wisconsin, yn dyst i'r digwyddiad:

Ni welwyd erioed fyddin yn teimlo mwy o lawenydd mewn un man ag oedd yn myddin ardderchog yr U[wch] Gadf[ridog] U. S. Grant o flaen Vicksburg ar forau'r 4ydd o Orphenaf, 1863. [....] Yr oedd y gelynion tenau newynllyd mor falch â ninnau ynghylch y *surrender,* canys yr oeddynt yn cyfaddef eu bod yn gorfod bwyta mulod er's llawer o amser. Yr oeddynt yn awyddus iawn am gael ychydig o crackers celyd i'w bwyta.(C, 63.9)

Ac yng ngeiriau J. D. Jones o'r *94th Illinois:*

canfyddwyd y faner wen [...] yn cael ei derchafu uwch y gweithiau gelynol, yr oeddym oll ar unwaith allan o'n dirgel-fanau a chyn nemawr o fynydau ychwanegol yr oedd yr holl fryniau tu fewnol i'r gweithiau wedi eu gorchuddio â thyrfaoedd o filwyr o bob ochr mewn cydymddyddan cyfeillgar fel pe na buasai dim wedi myned yn mlaen yn flaenorol o nodwedd droseddawl ar ddeddfau cyfeillgarol naturiaeth. (CA, 63.10)

Cael bwyd a llonydd rhag y canonau oedd y peth pwysicaf i'r milwyr Deheuol erbyn hyn. Yn ogystal â mwynhau'r 'cydymddiddan cyfeillgar' â'u cyn-elynion, gallai'r Gogleddwyr ymffrostio yn eu llwyddiant: gyda chwymp Vicksburg roedd yr hen gynllun 'Anaconda' wedi'i wireddu o'r diwedd, a'r afon Mississippi bellach yn nwylo'r Undeb.

Ildiodd Vicksburg yr un diwrnod ag y ciliodd Robert E. Lee o faes y frwydr yn Gettysburg. Roedd ymosodiad y Gwrthryfelwyr yn y dwyrain wedi methu ac roedd eu prif gadarnle yn y gorllewin wedi syrthio, a digwyddodd y cyfan ar ddiwrnod cenedlaethol yr Unol Daleithiau, *the*

Fourth of July. Ar ôl hir ddisgwyl, meddai golygyddion *Y Drych*, roedd y fuddugoliaeth fawr wedi dod:

> Gallwn longyfarch ein darllenwyr yr wythnos hon mewn teimladau yr ydym yn ddyeithr iddynt er's yn agos i ddeg-ar-hugain o fisoedd bellach, ac yr ydym yn cymeryd y cyfle cyntaf i anog ein cydgenedl i ddyrchafu eu calonau mewn diolchgarwch[.](D, 63.7)

Tebyg oedd ymateb golygydd *Y Cyfaill o'r Hen Wlad:* 'Buddugoliaeth Eto! – Vicksburg Wedi Ei Chymeryd.' (C, 63.8)

Ond tra oedd golygyddion gwrywaidd y wasg yn ymffrostio, ymbwyllo yn sgil cyflafan yr haf fu ymateb un o feirdd benywaidd America. Yn ei cherdd 'Gwraig y Milwr', gofynnodd Margaret Watkins o Racine, Wisconsin, gwestiwn syml:

> Os Vicksburg a gwympodd, pa beth os fy mhriod
> A orphwys yn dawel yn nyfnder y bedd [?]
> Tramwyaf dros erchyll glogwyni'r magnelau
> I dremio a ydyw fy anwylyd mewn hedd. (CA, 63.9)

Roedd rhai'n dathlu'r ffaith fod 'y faner wen' wedi'i gweld o'r diwedd uwchben ffosydd Vicksburg ac roedd eraill yn ymfalchïo wrth nodi fod 'Baner yr Undeb' wedi'i chodi unwaith eto ar adeilad uchaf y dref. Ond dymuniad Margaret Watkins oedd gweld baner arall yn chwifio:

> Prysura y dyddiau bydd baner odidog
> Brawdgarwch a chariad yn chwifio uwch ben
> Pob adail fawreddog a'r tyrau godidog
> A rhyddid yn mhob man i'r du fel y gwyn. (CA, 63.9)

'Y Frwydr Uwchben y Cymylau'

Roedd Dafydd Owen yn chwech oed pan ymfudodd ei deulu o Argoed, Sir Fynwy, i'r Unol Daleithiau ym 1849. Ar ddechrau'r Rhyfel Cartref roedd yn ddeunaw oed ac yn byw gyda'i rieni yn Ohio. Unig blentyn oedd Dafydd a dechreuodd ei rieni boeni pan agorwyd swyddfa recriwtio yn yr ardal:

> Yn ystod yr amser hwn daeth Cyhoeddeb allan oddiwrth yr Arlywydd yn gofyn am chwech can' mil o filwyr. Teimlodd ein cyfaill ieuanc gwladgarol dros ei wlad, ac wele ef yn awr am y tro cyntaf yn ei fywyd yn dweyd 'na' wrth ei rieni. Pan ddeisyfasant arno beidio ymrestru, atebodd yntau nas gallasai gydsynio â'i gais yn y peth hwn. 'Fy ngwlad i yw hi, ebe fe, y mae hi yn ddyledswydd arnaf ei hamddiffyn hyd y mae ynof, ac yr wyf yn penderfynu gwneud.' (CA, 64.3)

Ymunodd â'r 97ain Gatrawd o Draedfilwyr Ohio, ac yn fuan iawn roedd Dafydd a'i gydfilwyr wedi'u hanfon i rwystro'r Deheuwyr yn Kentucky. Aeth y gatrawd ymlaen wedyn i dalaith Tennessee.

> Gwelsant lawer o galedi ar y daith hon. Teithiasant gannoedd o filldiroedd trwy oerni a gwres, gwlaw a hindda, nos a dydd, weithiau â chanddynt ymborth, pryd arall heb ddim; gan ysgarmesu â'r gelyn fel oeddynt yn myned rhagddynt. (CA, 64.3)

Goroesodd Dafydd hyn oll, a goroesodd hefyd un o frwydrau mwyaf theatr y gorllewin: '[bu] yn mrwydr waedlyd 8 niwrnod Stone River, pryd na chawsant hamdden i fwyta nemawr na chysgu dim.' (CA, 64.3)

Ar ôl cwymp Vicksburg bu byddin yr Undeb yn erlid y Gwrthryfelwyr yn nhalaith Tennessee. Erbyn dechrau mis Medi roedd ar gyrion Chattanooga yn ne'r dalaith. Yn hytrach na gadael i'r Gogleddwyr amgylchynu'r dref ac ailadrodd hanes gwarchae Vicksburg, llithrodd y

Mynydd Lookout: Milwyr Undebol yn brolio'u rhan yn `Y Frwydr Uwchben y Cymylau'.

Rebels i ffwrdd gan deithio rhai milltiroedd drwy fwlch yn y mynyddoedd i ogledd Georgia. Un o'r milwyr Gogleddol cyntaf i 'gymryd' Chattanooga oedd Dafydd Owen:

A phan gymerwyd y dref, y gatrawd y perthynai ein cyfaill iddi gafodd yr anrhydedd o fyned i mewn iddi gyntaf, eu baner hwy oedd y flaenaf yn chwifio yn awelon Chattanooga. Wedi cymeryd y dref gweithiodd y 97th Ohio yn galed i'w chadarnhau am fisoedd, ac yma yr oeddynt hwy pan ymladdwyd brwydr erchyll Chicamauga. (CA, 64.3)

Tra oedd Dafydd a'i gatrawd wrthi'n cadarnhau'r dref, aeth y rhan fwyaf o'r Gogleddwyr ar ôl y gelyn. Cyfarfu'r ddwy yn ymyl afonig Chickamauga yng ngogledd Georgia, ac aeth yn frwydr am ddau ddiwrnod. Collodd yr Undeb dros 16,000 o ddynion rhwng y meirwon, y clwyfedigion a'r milwyr a oedd ar goll. Er bod colledion y Gwrthryfelwyr yn uwch, llwyddasant i dorri llinell y Gogleddwyr a'u gwthio o'r maes. Pan glywodd am 'y frwydr waedlyd yn Georgia'(CA, 63.11), cyfansoddodd Ieuan Ddu o Cattaraugus, Efrog Newydd, englyn:

> Afradwr farch coch ddifrada! — sathrwyd
> Ar faes uthr yr aerfa
> Lawer dewr o'n milwyr da
> Yn agos i Chattanooga. (CA, 63.11)

Ciliodd byddin y Gogledd yn ôl i dref Chattanooga, gyda'r Deheuwyr yn eu herild hwythau y tro hwn.

Mae tref Chattanooga yn gorwedd ar waelod dyffryn. Erbyn diwedd mis Hydref roedd Dafydd Owen a'i gyd-Ogleddwyr yn edrych i fyny ar y cylch o fryniau a mynyddoedd sy'n amgylchynu'r dref, a'r tir uchel hwn bellach yn nwylo'r gelyn. Lookout Mountain yw copa uchaf yr ardal, '[t]air milldir i'r deheu o Chattanooga, ac yn ymgodi ddwy fil o droedfeddi uwchlaw iddi[.]'(DG, 50) Fe'i disgrifiwyd gan William Davies Evans, Cymro a fu'n gweithio fel arlunydd gyda byddin y Gogledd:

Caem oddiar Fynydd Lookout rai o'r golygfeydd ardderchocaf. Safai uwchlaw yr holl fynyddoedd cylchynol, fel y gellid ar ddiwrnod clir weled drostynt i bellder o gan' milldir, a chanfod manau amlwg mewn saith o wahanol dalaethau.(DG, 53)

Caerfa naturiol oedd Mynydd Lookout: '[t]eimlai y gwrthryfelwyr fod ganddynt ar y mynydd hwn amddiffynfa nas gellid eu gyru o honi[.]' (DG, 56) Ond er mwyn dechrau torri'r gwarchae, bu'n rhaid symud y *Rebels* oddi ar y mynydd uchel hwn. Dyma un o gyrchoedd mwyaf dramatig y rhyfel, a chwaraeodd Cymro arall o Ohio ran ynddo. Roedd Richard Evans wedi bod yn gwasanaethu gyda'r y *40th Ohio Infantry* ers dros ddwy flynedd, ond go brin ei fod wedi dychmygu y byddai'n ymladd mewn lle fel Lookout Mountain. Tra oedd Dafydd Owen a'r 97ain Ohio yn gwylio o waelod y dyffryn, aeth y 40ain Ohio a nifer o gatrodau eraill i fyny llethrau serth a charegog y mynydd.

'Y Frwydr uwch ben y Cymylau' fyddai pobl yn galw *the Battle of Lookout Mountain* wedyn. O waelod y dyffryn gellid gweld fflachiadau'r gynnau drwy'r cwmwl a guddiai ran o'r mynydd wrth i Richard Evans a'i gydfilwyr ymladd eu ffordd i fyny'r llethrau. Yn rhyfeddol ddigon, llwyddwyd i wthio'r Gwrthryfelwyr o'r mynydd; nid oeddynt wedi dychmygu y buasai'r Undebwyr yn ceisio gwneud y fath ymosodiad, ac felly nid oeddynt wedi paratoi'n ddigonol. Byddai'r frwydr fach ac arallfydol honno yn cael ei rhamantu am flynyddoedd i ddod, ond roedd yna bris i'w dalu am y fuddugoliaeth:

Daeth y newydd yn ddiweddar [...] fod Mr. Richard Evans wedi syrthio yn farwol yn yr ymdrechfa ar y Lookout Mountaint [...]. Gadawodd ar ei ôl wraig a dau o blant bychain. Bu mewn 4 o ymladdfeydd heblaw amrywiol o ysgarmesion, ond ar y Lookout Mountain efe a gollodd ei fywyd. (CA, 64.4)

Er mor ddramatig oedd 'Y Frwydr Uwchben y Cymylau', roedd brwydr fwyaf Chattanooga eto i ddod. Draw ar ochr arall y dref roedd prif fyddin y Deheuwyr yn disgwyl mewn cyfres o ffosydd ar Missionary Ridge; ymosododd y Gogleddwyr ar y cadarnle hwnnw y diwrnod wedyn. Er nad oedd hanner mor uchel â Lookout Mountain, roedd hi'n dywydd poeth ac roedd y dringo yn anodd. Bu Dafydd Owen a'r 97ain Ohio yn ei chanol hi:

Ac yn ngwaith y fyddin yn dringo i fyny i'r mynydd [...] cawsant orchymyn i sefyll am ei bod hi mor boeth; ond rhuthrodd y 97th ymlaen i [...] gael cymeryd y lle, pryd y syrthiodd ein hanwyl frawd dan effaith pelen a dderbyniodd yn ei ochr aswy. Cafodd ei glwyfo mor dd[wy]s fel na allodd siarad ond ychydig mwy. Deisyfodd am ddyferyn o ddwfr, yr hyn a gafodd; a gofynodd i'w feddyg os oedd yn meddwl y gallai wella? Atebodd hwnw nas gallai sirhai hyny. Ac yn mhen pum' awr wedi syrthio yr oedd wedi tynu ei anadl olaf a'i ran anfarwol wedi ehedeg yn mhell o swn y rhyfel. (CA, 64.3)

Nid oedd Dafydd wedi troi'n 21 oed eto ac roedd wedi bod yn ymladd ers dros ddwy flynedd.

Cyhoeddwyd cofiant byr iddo yn *Y Cenhadwr Americanaidd*, ond cafodd ei gofiannydd rai manylion yn anghywir; dywed mai ar Lookout Mountain ac nid ar Missionary Ridge y cafodd ei ladd. Mae'r gwallau ffeithiol yn ddadlennol o ran y modd y byddai'r rhyfel yn cael ei gofio. Yn ogystal â'r ffaith fod safle'r frwydr fach ar Fynydd Lookout yn anhygoel o ddramatig, Joseph Hooker oedd yr is-gadfridog yn gyfrifol am y rhan honno o'r ymgyrch, ac roedd yn hunan-hyrwyddwr medrus. Aeth ati'n fuan ar ôl y frwydr i borthi'r rhamant, a byddai'r broses hon yn parhau ar ôl diwedd y rhyfel wrth i Hooker gomisynu arlunydd i baentio murlun anferthol o *The Battle Above the Clouds*. Cyhoeddwyd cofiant Dafydd Owen bedwar mis ar ôl iddo gael ei ladd, ond fe ymddengys fod hanes Lookout Mountain eisoes yn taflu'i gysgod dros weddill ymgyrch Chattanooga.

Go brin fod y gwahaniaeth o bwys i Issac a Sarah Owen, a hwythau wedi colli'u hunig blentyn. Mae'n debyg eu bod wedi derbyn ei lythyr olaf tua'r un pryd ag y daeth hanes ei farwolaeth gan fod Dafydd wedi ysgrifennu at ei rieni 'ychydig ddyddiau cyn y frwydr a brofodd yn angau iddo'. Dywedodd gweinidog y teulu ei fod '[f]el pe bai yn tybied fod awr ei ymddatodiad yn agosau'. Dyfynnodd un frawddeg o'r llythyr hwnnw yn ei gofiant: 'Hwyrach na chyfarfyddwn eto nes cyfarfod yn y wlad lle na raid ymadael mwy – gwlad lle nad oes swn rhyfel ynddi'. (CA, 64.3)

'Yr iawn ddyn yn yr iawn le'

Gan fod cynifer o'u dynion ar flaen y gad gyda Grant yn Mississippi a Tennessee, bu newyddion drwg yn cyson gyrraedd Cymry de-ddwyrain Ohio drwy gydol 1863. Deuai hanes marwolaethau eraill wrth i'r flwyddyn lusgo i'w therfyn, a gellid meddwl bod trigolion yr ardal yn chwilio am bethau i'w dathlu erbyn y flwyddyn newydd. Ond cafwyd rhywbeth i'w ddathlu yn Ironton, Ohio, ym mis Chwefror 1864 wrth i gyfarfod cyhoeddus gael ei gynnal i anrhydeddu un o Gymry'r dref, y Cyrnol William H. Powell.

Roedd William Powell newydd ddychwelyd i'w gartref yn Ohio ar ôl gyrfa lwyddiannus – a helbulus – yn y fyddin. Wedi'i saethu a'i glwyfo'n ddrwg mewn brwydr yn Virginia, ac wedi'i gymryd yn garcharor rhyfel gan y *Rebels*, roedd Powell wedi profi rhai o'r agweddau gwaethaf ar fywyd y milwr. Ond goroesodd amgylchiadau erchyll carchar Libby yn Richmond, a chafodd ei gyfnewid ac felly ei ryddhau. Roedd wedi dychwelyd i Ohio i orffwys am ychydig cyn ailymuno â'i gatrawd a'r rhyfel. Cyhoeddodd Cymro arall o Ironton, John Abrams, ddisgrifiad o'r noson arbennig yn *Y Cenhadwr Americanaidd*:

Feallai mai nid annerbyniol gan eich darllenwyr fyddai cael ychydig o hanes cyfarfod mawr a dyddorol a gynaliwyd yn y lle hwn ar nos y 22 o Chwefror diweddaf [...] i'r dyben o roddi derbyniad cyhoeddus i'r Col[onel] W[illiam] H. Powell, ar ei ddychweliad adref o garchar y gwrthryfelwyr yn Richmond, V[irginia]. Mae y Col[onel] yn Gymro glân gloyw, o dad a mam, wedi ei eni yn Pontypwl, swydd Fynwy. (CA, 64.5)

Gan fod Cymry America wastad yn awyddus i ddarllen am lwyddiannau'u 'cydgenedl', aeth John Abrams ati i sicrhau darllenwyr fod y cyrnol 'yn Gymro glân gloyw'.

Wedi dechrau'i adroddiad drwy ddweud fod y cyfarfod yn 'fawr' ac yn 'ddiddorol', mae'n mynd rhagddo i brofi'r ddau osodiad:

Yr oedd y cyfarfod i ddechreu am 7 o'r golch yng nghapel y Presbyteriaid; ond ym mhell cyn i'r amser dd'od, yr oedd y capel mawr wedi ei orlewni – llanwyd pob man ac aeth cannoedd ymaith o eisiau lle. Wedi ein difyru gan y *String Band*, galwyd y cyfarfod i drefn trwy ethol y Provost Marshal Capten B. F. Corey yn gadeirydd, yr hwn a alwodd ar Lieut. Acton i'n harwain mewn gweddi. Yna dangosodd y Cadeirydd ar fyr eiriau ddyben y cyfarfod, a galwodd ar y Col[onel] i fyny i'r esgynlawr, pryd ein difyrwyd â cherddoriaeth fywiog o'r oriel. Yna yn annysgwyliadwy i lawer esgynodd Mr. Sherman G. Johnson i'r esgynlawr, ac yn enw a thrwy gydweithwyr y Col[onel], [...] cyflwynodd iddo oriawr aur, gwerth cant a phumparhugain o ddoleri, ac arni yr arwyddair 'Always in time.' Dywedai Mr. Johnson ei fod yn mawrhau yr anrhydedd o gael cyflwyno yr oriawr yma yn enw a thros ei gyd-weithwyr yn Melin Rolio Lawrence, fel arwydd o'u parch a'u hymlyniad a'u hedmygedd o hono a'i weithrediadau fel milwr glew a gwladgarol. (CA, 64.5)

Roedd gan bobl Ironton reswm dros ymfalchio yn llwyddiant y Cymro lleol hwn. Wedi'i ddyrchafu nifer o weithiau, roedd William Powell bellach yn gyrnol ac felly'n gyfrifol am gatrawd gyfan.

Fel rheol, nid oedd y Cymry yn dringo mor uchel y fyddin. Yn wahanol i lawer o'r Almaenwyr yn America doedd gan y mwyafrif llethol o'r Cymry ddim cefndir milwrol. Ac yn wahanol i lawer o Wyddelod y wlad, nid oedd neb yn eu hannog i ymuno â byddin yr Undeb er mwyn cael hyfforddiant milwrol y gellid ei ddefnyddio yn y dyfodol mewn gwrthryfel yn erbyn Lloegr. Nid oedd yn draddodiad gan Gymry i anfon eu meibion i'r athrofa filwrol yn West Point, ac ar y cyfan doedd Cymry America cyn y rhyfel ddim yn gweld ymuno â'r fyddin fel gyrfa ddeniadol.

Heidiodd bechgyn Cymreig i ymrestru pan ddechreuodd y Rhyfel Cartref, ond milwr cyffredin oedd y rhan fwyaf o'r gwirfoddolion. Yn ôl yn Mai 1861, gwta mis ar ôl y frwdyr gyntaf, roedd golygydd *Y Seren Orllewinol* yn brolio'r ffaith fod cynifer o Gymry wedi ymrestru. Ond roedd hefyd yn gresynu nad oedd Americanwyr eraill wedi nodi hyn ac roedd yn credu fod y diffyg sylw i briodoli i raddau helaeth i'r ffaith nad oedd gan y Cymry eu swyddogion eu hunain:

Nid oes nemawr o honynt ychwaith yn swyddogion; dim ond milwyr cyffredin. Pe ffurfiesent gwmnïau eu hunain, gallasent ddewis swyddogion o'u plith eu hunain, a buasent fel y cyfryw yn cael eu hystyried a'u cydnabod yn Gymry, a diau y buasai eu cydwladwyr yn

Y Cyrnol William H. Powell   *Archelyn Powell: John Singleton Mosby*

llawenhau o'u herwydd; ond gan mai yn wahanol y maent, nid oes genym ond dymuno eu llwyddiant. (SO, 61.6)

Dros ddwy flynedd yn ddiweddarach, yn Awst 1863, roedd golgydd *Y Seren* yn canu'r un diwn gron:

> Er nad yw y Cymry yn cael llawer o anrhydedd cyhoeddus oddiwrth genedloedd eraill am eu gwroldeb a'u gwladgarwch yn y rhyfel presennol, eto, da genym hysbysu nad ydynt yn ôl i gyflawni eu dyledswydd, a chredwn fod cymmaint o honynt wedi myned allan â neb eraill yn gyfatebol i'n rhifedi: Ond wedi y cwbl llyngcir ni o'r golwg gan y mwyafrif.(SO, 63.8)

Eto, bu'n rhaid iddo gyfaddef fod y sefyllfa wedi gwella ychydig bach. Nododd y golygydd fod nifer o Gymry 'yn nghwmni y Cad[ben] Wm. H. Hopkins' a bod 'Mr John E. Davies, Minersville, [wedi gwneud c]ynnig i godi cwmni Cymreig, ac wedi llwyddo i gael dynion[.]' (SO, 63.8) Doedd y Cymry ddim yn gallu codi catrodau cyfan fel yr Almaenwyr a'r Gwyddelod, ond, fel y gwelwyd ym mhennod 3, roedd gan ambell gatrawd gwmni cyfan o Gymry, sef 100 o ddynion. Roedd swyddogion y cwmnïau hyn – y cadben *(captain)* a'r ddau is-gadben *(lieutenant)* fel arfer yn Gymry.

Gan i'r rhyfel orfodi'r llywodraeth i ffurfio byddin anferthol o wirfoddolion roedd yna gyfle i unigolion brwd heb gefndir milwrol ymdaflu i'r 'achos' a dringo i fyny'r ysgol filwrol. Un ffordd o fynd yn swyddog oedd ymrestru fel milwr cyffredin ac ennill dyrchafiad ar faes y gad. Trafodwyd gweithredoedd Sarjant Joseph Griffiths yn ystod gwarchae Vicksburg ym mhennod 16; yn ogystal ag ennill sylw gwasg Gymraeg America ar waliau Vicksburg, enillodd y milwr o Iowa gomisiwn i West Point gan felly fynd yn swyddog.

Ond gellid mynd yn swyddog cyn gweld eiliad o frwydro drwy ymroi i godi cwmni neu ddenu nifer sylweddol o wirfoddolion eraill. Dyna a wnaeth J. H. Evans yn Centreville, Ohio, yn ystod misoedd cyntaf y rhyfel:

Yn ddiweddar ymosododd ein cydwladwr caredig, Mr. J. H. Evans, Centreville, sef mab Mr. Thomas Evans, masnachwr cyfrifol yn y lle hwnw, ar y gorchwyl o godi cwmni o wirfoddiaid i fyned allan yn erbyn y creulawn, a da genym ddweyd fe lwyddodd hefyd. – Dechreuodd o dde, ac yna aeth rhag ei flaen yn llwyddiannus. Aeth at fab y Parch. D. C. Thomas, llwyddodd gyda y bachgen *llon heini* hwn sydd a'i sirioldeb yn enill pawb o'r bron. Aeth Tom serchog allan gyda Mr. Evans a chwareuodd ei chwibanogl gyda y fath fedusrwydd, y canlyniad fu i fechgyn dewrion Cymry ymrestru yn y cwmni nes ei wneud mewn ychydig amser braidd yn llawn. Yn awr maent yn Camp Morrow, ger Portsmouth [Ohio], ac yn gwneud yn rhagorol. (CA, 61.12)

Ymestyniad o wleidyddiaeth sifilaidd ym myd y fyddin oedd y math hwn o ymgyrch recriwtio. Fel arfer roedd y dynion a aeth ati i 'godi milwyr' yn wleidyddion lleol, yn ddynion busnes dylanwadol yn yr ardal, neu'n feibion i'r cyfryw bwysigion. Gwelwn felly fod J. H. Evans o Centreville yn fab i un o 'fasnachwyr cyfrifol' y cylch. Cofier Dr. J. M. Jones a arweiniodd nifer o Gymry ifainc Pennsylvania i gyflafan Fredericksburg (pennod 9); cafodd y Doctor Jones yntau'i wneud yn gadben ar y cwmni o wirfoddolion a godasai. Roedd yn gallu codi'r milwyr yn y lle cyntaf gan ei fod yn ddyn pwysig yn yr ardal: 'Enwog ydoedd ef fel meddyg / Hoffai pawb ei wyneb llon[.]' (CA, 63.6)

Gellid dechrau'r broses trwy gynnal 'cyfarfod gwladgarol' fel yr un a gofnodwyd yn y *Racine County Militant*:

On August 12 [1862], a large and inspiring war meeting of Welsh citizens was held for the purpose of securing recruits for Owen Griffith's company of the Twenty-second [Wisconsin]. Speeches were made by Rev. W. J. Hopkins, Owen Griffith, W. G. Roberts, Robert O. Jones, John Bowen and W. W. Vaughan. The following vigorous patriotic resolutions were adopted by the meeting. [....] Committees were appointed at this meeting to solicit funds and volunteers among the Welsh citizens at Skunk Grove and at Pike Grove. (RCM, 81)

Noder i'r hanes ymddangos mewn cyhoeddiad Saesneg: dyma'n union beth oedd golygydd *Y Seren Orllewinol* – a chynifer o awduron Cymraeg eraill yn America – yn dyheu amdano: cydnabyddiaeth gan Americanwyr eraill a gwasg Saesneg y wlad.

Bu William H. Powell yn gweithio yn y diwydiant haearn drwy gydol ei oes (ar wahân i gyfnod y rhyfel). Ym 1857 cafodd ei benodi yn rheolwr cyffredinol ar ffwrnais Lawrence yn ardal Ironton gan fynd yn ddyn dylanwadol yn ne-ddwyrain Ohio. Ei gydweithwyr a roddodd yr oriawr aur iddo yn ystod y 'cyfarfod mawr a diddorol' hwnnw a gynhaliwyd i'w groesawu'n ôl i'r dref. Roedd y geiriau *'always in time'* wedi'u cerfio ar y wats, ac roedd ystyr ddwbl i'r ymadrodd; roedd yn ddiwydiannwr llwyddiannus, yn rheolwr yr oedd ei gydweithwyr yn gallu dibynnu arno, ac roedd hefyd 'wastad mewn pryd' fel milwr. Mae neges yr anrheg yn crisialu hanes William Powell: dyma enghraifft o ddiwydiannwr a dyn busnes a droes ei ddylanwad yn y gymuned leol yn rym er mwyn codi milwyr.

Cododd William Powell gwmni o feirchfilwyr ym mis Medi 1861. Pan aeth rheolwr y ffwrnais haearn i gyflwyno'i ddarpar filwyr i lywodraeth y dalaith, clywodd fod holl gatrodau *cavalry* Ohio wedi'u llenwi'n barod. Yn hytrach na gyrru ei wirfoddolion adref, aeth Powell dros yr afon i ymuno â'r Ail Gatrawd o Feirchfilwyr Virginia. Roedd Virginia, wrth gwrs, yn rhan o'r *Confederacy*, ond roedd llawer o drigolion gorllewin y dalaith wedi aros yn ffyddlon i'r Undeb. Ffermwyr mynydd tlawd oedd y bobl yma, yn wahanol iawn o ran diwylliant i'r caethfeistri cefnog a deyrnasai yn y rhan fwyaf o Virginia. Ymrestrodd nifer helaeth o ddynion gorllewin Virginia ym myddin yr Undeb. Yn wir, mor wahanol oedd teimladau siroedd gorllewinol Virginia, ffurfiwyd talaith newydd, West Virginia, hanner y ffordd trwy'r rhyfel. (Ac felly y *2nd Virginia Cavalry U.S.* oedd catrawd Powell ar y dechrau, gyda'r enw'n newid i'r *2nd West Virginia Cavalry* pan ymunodd y dalaith newydd â'r Undeb). Yn debyg i ddwyrain Tennessee a nifer o ardaloedd eraill, esgorodd y sefyllfa ar ryfel gerila; roedd mynyddoedd a chymoedd anhysbell gorllewin Virginia yn berffaith ar gyfer 'rhyfel anghonfensiynol' y geriliaid. Am ba reswm bynnag, roedd William Powell yn gwybod sut i ymladd y math hwn o ryfel.

Roedd Cymry eraill o dde Ohio wedi dilyn William Powell i rengoedd y *2nd West Virginia Cavalry,* ac ysgrifennai o leiaf ddau ohonynt lythyrau i'r wasg Gymraeg. Drwy gyfrwng y llythyrau hyn gallai Cymry eraill ar draws y wlad ddilyn y Cadben Powell wrth iddo gael ei ddyrchafu dro ar ôl tro:

Mae genyf i'ch hysbysu am ddyrchafiad Cymro yn ein catrawd, sef y Capt. Powell, o Ironton, O[hio], i fod yn *Major,* ac mewn llai na dau fis, cafodd eilwaith ei ddyrchafu i fod yn *Lieu[tenant] Col[onol].* Llwyddiant iddo ac i bob Cymro arall sydd yn cyflawni ei ddyledswydd. Y siarad yma yw mai efe yw yr 'Iawn ddyn yn yr iawn le.' [....] Yr eiddoch yn barchus, E. A. Rosser, Company I, Ail Gatrawd Meirchfilwyr V[irgini]a. (D, 63.1)

Y mae ein cydfilwr a'n cydwladwr, W. H. Powell, yn awr gartref yn glaf o'r Typhoid Fever, ond ein gobaith ni oll yw ei fod wedi ei adferyd erbyn hyn, am mai efe yw ein swyddog goreu, a chyn bo hir os adferir ei fywyd, bydd yn un o sywddogion goreu y wlad. [....] Ydwyf, yr eiddoch, Howell G. Hopkins, Co[mpany] B, 2il Virginia Cav. (D. 63.3)

Goroesodd y *typhoid fever* a dychwelodd at yr ymladd yn Virginia. Erbyn mis Mai 1863, roedd y *Lieutenant Colonel* wedi'i ddyrchafu'n gyrnol llawn; *Colonel* Powell oedd y Cymro o Ironton bellach, ac roedd ganddo gatrawd gyfan o feirchfilwyr y Gogledd dan ei arweiniad. I un o filwyr Cymreig William Powell, ef oedd 'yr iawn ddyn yn yr iawn le'. I un arall o Gymry'r gatrawd, 'Y swyddog gorau' ydoedd.

Enillodd ymdrechion Powell yn erbyn geriliaid Virginia edmygedd ei gyd-Gymry a chydnabyddiaeth ffurfiol y llywodraeth yn rhinwedd y gyfres o ddyrchafiadau a ddaeth i'w ran. Ond enilliodd hefyd gasineb y gelyn, gan gynnwys yr enwocaf o'r *Confederate Raiders,* John Singleton Mosby. Ar un achlysur cymerodd milwyr Powell un o ddynion Mosby yn garcharor, dyn o'r enw Absalom Willis. Roedd un o'r Gogleddwyr wedi'i ladd mewn *ambush* yn yr ardal, a thybiai Powell fod geriliaid Mosby yn gyfrifol. Felly ar orchymyn y cyrnol Cymreig cafodd Absalom Willis ei grogi, a hynny er gwaetha'r ffaith ei fod yn weinidog gyda'r Bedyddwyr. Gadawodd Powell gorff y gweinidog gwrthryfelgar yn crogi gyda nodyn ar ei ddillad: *'this would be the fate of Mosby and all his men.'* O ganlyniad aeth John Singleton Mosby – sef un o arweinwyr mwyaf cyfrwys y De –

ati i ymladd rhyfel personol yn erbyn William Powell.

Dywedodd Mosby y byddai'n lladd y Cymro yn syth pe bai'n gallu ei ddal, a daeth y newyddion i glustiau'r cyrnol. Rhaid ei fod yn poeni nid ychydig pan gafodd ei gymryd yn garcharor rhyfel:

Ar y 18fed dydd o fis Gor[ffennaf], 1863, pan yn arwain ei gatrawd mewn ymosodiad ar dref Wytheville, V[irginia], saethwyd ef trwy ffenestr un o'r tai anedd gan un o'r gelynion, a chlwyfwyd ef mor ddrwg fel nas gallesid ei symud gyda'r gatrawd yn ôl; o ganlyniad syrthiodd i ddwylaw y gwrthryfelwyr, a rhai o honynt oeddynt yn gwaeddi yn uchel am ei grogi yn y fan, ond cyfryngodd eraill; felly symudwyd ef i Richmond, a rhoddwyd ef yn yr ysbytty, lle y bu am 9 niwrnod. Wedi hyny dodwyd ef mewn daeargell dywyll a gwlyb, gan, meddent hwy, fod ganddynt amryw gyhuddiadau yn ei erbyn. Ond clywodd ein llywodraeth a chyfryngasant; felly dygwyd ef allan o'r ddaeargell a gosodwyd ef yn y carchar cyffredin gyda'r swyddogion. Bu yn Richmond fel hyn o gylch wyth mis[.](CA, 64.5)

Ac felly cafodd fyw i weld Ohio eto. Gan ddychwelyd i'r 'cyfarfod mawr a diddorol' a gynhaliwyd yng nghapel Presbyteriaid Ironton, gwelir bod yr achlysur yn fodd i drigolion y dref rannu peth o brofiadau'r arwr lleol:

Yna wedi i'r Col[onel] roddi i ni hanes ei daith i Dixie ac yn ôl ynghyd a'r driniaeth a gafodd gan y gwrthryfelwyr, [...] canodd y Battle Hymn of the Republic – yr holl dorf fawr yn cyduno yn y gydgân – ac wedi rhoddi tair banllef fawr i Abraham Linclon, y Stars and Stripes, a'r Col[onel] Powell, ymadawsom wedi cael cyfarfod dyddorol iawn ac yn teimlo i wneud a allom dros ein gwlad fabwysiedig, a thros a chyda yr Arglwydd ein Duw yn y cyfwng mawr presenol i ryddhau y caeth ac i sefydlu ein Llywodraeth ar gyfiawnder a Rhyddid. (CA, 64.5)

Roedd cyfarfodydd cyhoeddus fel hwn yn ddigwyddiadau symbolaidd o bwys; drwy graffu ar y manylion gallwn ddysgu llawer am y berthynas rhwng y gymuned leol a'i milwyr. Wedi cyfres o weithredoedd symbolaidd – caneuon, areithio, cyflwyno anrhegion – daeth y noson i ben gyda 'thair banllef fawr', a chyda'r banllefau hyn cafodd Cyrnol Powell ei osod yn rhan o drindod wladgarol: Abraham Lincoln, y *Stars and Stripes* a William Powell.

Roedd Powell yn ôl gyda'i gatrawd yn fuan wedyn. Ond er gwaethaf ymdrechion John Singleton Mosby i'w gipio a'i grogi, er gwaethaf ei glwyf a'i fisoedd mewn carchar yn Richmond, ac yn wir, er gwaethaf pedair blynedd o ymladd yn nyffrynnoedd a mynyddoedd Virginia, fe lwyddodd Powell i oroesi'r cyfan. Erbyn diwedd y rhyfel byddai'r cyrnol Cymreig o Ironton wedi'i ddyrchafu'n *Frigadeir General.* Ond er gwaethaf y llwyddiant a ddaeth i'w ran, gadael y fyddin ar ddiwedd y rhyfel fyddai hanes William Powell; roedd am ddychwelyd i weithio unwaith eto ym myd y ffwrneisi haearn.

'A hwy a gurant eu cleddyfau yn sychau' yw'r disgrifiad Beiblaidd o ddiwedd rhyfel. Ac yntau wedi crogi gweinidog yn Virginia, mae'n anodd gwybod a oedd yr adnod ar wefusau William Powell, ond mae'n disgrifio'n berffaith yr hyn a wnaeth y Cymro ar ddiwedd y Rhyfel Cartref. Gollyngodd ei gleddyf er mwyn canolbwyntio unwaith eto ar haearn tawdd y ffwrnais.

'Y Pennau-Copr'

Yn ogystal â chofnodi hanes Cymry amlwg fel y Cyrnol William Powell, bu gwasg Gymraeg America wrthi ers dechrau'r rhyfel yn anrhydeddu milwyr Cymreig cyffredin. Roedd J. P. Thomas o Mineral Ridge, Ohio, am ddechrau rhestr swyddogol er mwyn cofnodi enwau'r meirwon; anfonodd ei syniad i nifer o gyhoeddiadau Cymraeg y wlad:

Meddyliais mai teg iawn fyddai i ryw un o bob ardal Gymreig, anfon gair o hysbysiaeth am bob Cymro o fewn cylch ei adnabyddiaeth, ag sydd wedi syrthio yn aberth dros ei wlad, naill a'i mewn brwydrau neu yn y clafdai er dechreuad y rhyfel. (D, 63.7)

Ac roedd gan J. P. Thomas deitl ar gyfer ei gofrestr – 'Coffadwriaeth y Dewrion'. Fel heddiw, roedd y wasg yn ffon fesur foesol gyhoeddus.

Ond nid enwau'r 'dewrion' yn unig a gafodd eu cofnodi; ceid cryn awydd hefyd i gyhoeddi enwau Cymry a oedd 'yn warth i'r genedl'. Daeth cyfeiriadau at y cymeriadau dirmygedig hyn i fritho'r wasg fwyfwy yn ystod ail hanner y rhyfel wrth i'r ddrafft ddod i rym. Fel y gwelwyd ym mhennod 3, nid oedd diffyg milwyr yn broblem ar ddechrau'r Rhyfel Cartref. Heidiodd dynion yn y De a'r Gogledd i ymrestru a gallai Robert Everett ymffrostio ym mharodrwydd y gwirfoddolion:

Ond pan ganfyddwyd y gelynion yn ymgodi yn ein plith, yn gwisgo eu harfau ac yn tanio eu magnelau, wele Fyddin o *saith gan' mil o wyr* yn dyfod i'r maes mewn ychydig wythnosau, oll yn *wirfoddolion*, heb na galw enwau na *drafftio* neb!' (CA, 62.1)

Er i'r ddwy ochr hybu cwlt y gwirfoddolion, dechreuodd y ffrwd sychu ar ôl y flwyddyn gyntaf. Roedd gan y De lai o boblogaeth na'r Gogledd, ac erbyn gwanwyn 1862 bu'n rhaid i'r Gwrthryfelwyr ddechrau drafftio dynion. A buan y daeth yr un broblem i lethu byddin yr Undeb. Nid oedd pawb o'r un anian â'r 'saith gan mil' a ruthrodd i'r gad ym 1861, a chan fod nifer sylweddol o'r gwirfoddolion gwreiddiol wedi'u lladd, daeth yn gynyddol amlwg na fyddai gan Lincoln ddigon o filwyr i fynd â'r maen i'r wal. Dechreuwyd drafftio milwyr Gogleddol yn ysbeidiol ar lefel y dalaith yn haf 1862 ac erbyn haf 1863 roedd y ddrafft genedlaethol mewn grym.

Roedd dyfodiad y ddrafft yn ddigon i sbarduno llawer i ymrestru. Dyna, er enghraifft, Rees Evans o Pittsburgh, Pennsylvania:

Yr oedd ei galon yn llawn o wladgarwch, ac yr oedd yn wrthwynebwr penderfynol i wrthryfelwyr y De. Meddyliodd amryw weithiau am ymrestru yn filwr. Ond yr oedd gwaeledd ei iechyd a dybyniad teulu lluosgog arno [gwraig a phump o blant] yn rhwystrau anorfod ar ei ffordd. Ond yn wyneb galwad ddiweddaf ein llywodraeth am filwyr, gwelai fod y *ddrafft* yn anocheladwy, ymrestrodd yn wirfoddol, ac aeth y *regiment* y perthynai iddi ar ei hynt ddeheuol. (CA, 65.10)

Yn ôl John Griffith Jones, nid oedd y rhai a ddrafftiwyd yn cael eu trin yn dda gan yr hen wirfoddolion: 'Yr ydwyf i wedi gwelad rhai wedi cayl ei gyru i lenwi yr hen regiments, dyna beth na leiciwn i welad [i'r] un o fechgyn Cymru ardal Salem [Wisconsin]'. (JGJ, 18) Pe bai un o'i gyfeillion yn cael ei alw, byddai'n well iddo ddianc ac ymuno o'i wirfodd â chatrawd arall: 'os cei[ff] rhai ei dra[ff]tio y may yn well iddynt ddengid a listio os gallant.' (JGJ, 18) Gan wybod fod ei gyngor wedi cyrraedd clustiau'i frodyr iau, ceisiodd dawelu'u meddyliau mewn llythyr arall:

Yr ydym yn clowad fod cryn gynwrf yn yr hen dalayth W[i]s[consin] hefo y drafftio. Gair at Richard a Owan fy mrodur, yr ydych chwi eich dau yn rhy ifanc i'r dra[ff]t, peidiwch a listio tra y cewch aros gartra. Gwnewch fel yr wyf i yn dweud, peidiwch a gwneud fel yr wyf i yn gwneud. (JGJ, 31)

Mae gonestrwydd y llythyr preifat hwn yn wahanol iawn i'r hyn a geir mewn ysgrifau propagandyddol a gyhoeddwyd gan y wasg; ymrestrodd John pan oedd yn ei arddegau, ond mae'n benderfynol na fydd ei frodyr yn gwneud yr un peth.

Yn wir, tra oedd John Griffith Jones yn dweud wrth ei frodyr i *beidio â dilyn* ei esiampl ef, roedd milwyr Cymreig eraill yn cyhoeddi llythyrau a ymosodai ar sifiliaid na allai stumogi bywyd y fyddin. Gwylltiodd David Williams pan glywodd fod rhai o'i gyn-gymdogion yn Swydd Waukesha, Wisconsin, wedi osgoi'r ddrafft. Cyhoeddodd lythyr yn *Y Drych*:

Yn niwedd mis Awst diweddaf daeth y newydd allan fod y *drafftio* i fod y 15fed o Fedi, a mawr oedd yr ofnau a gynyrchwyd gan yr hysbysiad. Yr oedd rhai bron yn methu cysgu yn eu gwely y nos. [....] Pan ddaeth y drafftio, y 10fed o Tachwedd, ciliasant i bob cyfeiriad, a rhedasant gan ofn megys defaid yn myned ar gyfrgoll.(D, 63.1)

Aeth y milwr ymlaen i ddweud fod 'ugeiniau' o Gymry Waukesha wedi mynd o flaen y meddyg i gael eu hesgusodi. Penderfynodd rhai a oedd yn rhy iach i'r meddyg 'ddianc ymaith i Canada, neu yr Hen Wlad' er mwyn osgoi gwasanaeth milwrol. (D, 63.1)

Atebwyd llythyr David Williams gan un o sifiliaid yr ardal, Thomas D. Jones; dywedodd fod y milwr ifanc wedi gorddweud:

Ni wyddom ar hyn o bryd pa nifer a ymddangosodd yn mhentref Waukesha, eithr hyn a wyddom, ei fod ef yn eu cyhuddo yn anwireddus; ni ymddangosodd ugeiniau o honynt o flaen y meddyg; a gwyddom hefyd fod y rhan fwyaf o'r rhai a wnaeth hyny, wedi cael eu hesgusodi, ac nid heb achos. (D, 63.3)

Dywed ymhellach nad oedd y Cymry'n wahanol i bobl eraill yn yr ardal. Yn wir, roedd pob un Ianci (hynny yw, Americanwr Saesneg ei iaith) wedi osgoi'r ddrafft yn y modd hwn: 'Onid oedd gan y Cymry gystal hawl i hyn a chenedloedd eraill? Cafodd bron bob *Yankee* eu rhyddhau, ar ba dir nis gwyddom.' (D, 63.3)

Aeth 'Cymry Swydd Waukesha a'r Ddrafft' yn bwnc llosg ar dudalennau'r papur. (D, 63.4) Yn wir, mae'n bosibl iawn mai trwy gyfrwng *Y Drych* y clywodd John Griffith Jones a'i gydfilwyr 'fod cryn gynwrf yn yr hen dalaith W[i]s[consin] hefo y drafftio'. Y llythyrwr nesaf i ymuno yn y ddadl oedd ewythr David Williams, Evan Williams o Milwaukee:

Mr. Golygydd: – Canfyddais yn y *Drych* am Mawrth 21, ysgrif o waith un a eilw ei hun, Thomas D. Jones, yn ymosod ar fy nai, David Williams, sydd ar faes y gwaed, yn filwr gwirfoddol yn ymladd dros lywodraeth ei wlad, yn nghwmni F, 28ain Gat. Gwirfoddlu Wis. Gan fod D. W. mewn lle mor anfanteisiol i amddiffyn ei hun yn wyneb cyhuddiadau maleisus T. D. Jones, ymddiriedaf yn eich egwyddor y gwelwch mai teg i mi roddi fy mys ar rai o'r camddarluniadau [...].(D, 63.4)

Gellir synhwyro yma oslef foesol sy'n nodweddiadol o gynnyrch y wasg adeg y rhyfel. Sut y gellid beirniadu ei nai, meddai Evan Williams, ac yntau wedi gwirfoddoli i wasanaethu'i wlad 'ar faes y gwaed'? Roedd y gwirfoddolion mewn dosbarth moesol ar wahân i'r rhai a gefnogai'r *draft dodgers*, dyna'r ergyd. Cyflwynodd ewythr y milwr ei neges yn blwmp ac yn blaen: 'A ydych yn meddwl nad ydych yn warth i genedl y Cymry yn eich ymddygiadau at Lywodraeth dirion ein gwlad?' (D, 63.4)

Fe ymddengys i Thomas D. Jones gael ei guro ar dudalennau *Y Drych* gan ei wrthwynebwyr (ar y llaw arall, gellid dweud ei fod wedi dewis tawelu yn wyneb eu holl floeddio gwladgarol hunangyfiawn). Ond roedd yn hollol gywir wrth ddweud nad oedd Cymry'n ceisio'n galetach na 'chenedloedd eraill' i osgoi'r ddraft. Roedd cyfran sylweddol o boblogaeth y Gogledd yn defnyddio rhyw ddull neu'i gilydd i osgoi'r 'alwad'. Gallai dyn cyfoethog dalu *'substitute'* i gymryd ei le. Rhoddai llawer eu gobaith ar yr arholiadau meddygol. Fel y Cymry hynny a aeth i Ganada neu'r Hen Wlad, roedd llawer yn dianc neu'n anwybyddu'r ffaith fod eu henwau wedi'u galw. Felly pan laddwyd Dafydd Roach ym mrwydr Hatchers Run, cynhwyswyd pennill yn ei farwnad yn ei ganmol am ufuddhau i'r ddrafft:

Cadd ei ddrafftio yn mis Hydref,
   Pan oedd adref yn ei dy,
Ufuddhaoedd ef i'r alwad,
   Aeth i'r gâd yn eithaf hy'[.] (CA, 65.7)

Er fod cydfilwyr John Griffith Jones yn edrych i lawr ar y rhai a ddrafftiwyd, dengys yr ystadegau fod gan y bardd hwn reswm i ganmol yr ymadawedig am 'ufuddhau i'r alwad'. Dengys cofnodion y fyddin fod dros 20% o'r dynion a alwyd wedi peidio ag ufuddhau i'r ddrafft.

Yn ôl y bardd a gyhoeddodd 'Rigwm o Bittsburgh' ar dudalennau *Y Cyfaill o'r Hen Wlad*, yn ogystal â'r dianc a'r diflannu, daeth 'beio' a 'bygwth' yn sgil y ddrafft:

A *Draft* i fod eto, yn dechreu dydd Mercher:
Mae rhyw rai yn beio, ac ereill yn bygwth,
A llawer yn myned ar goll yn ddisymwth;
Cyfeiriant eu camrau i rywle yn wyrgam,
Yn hytrach na rhoddi ufudd-dod i Abra'm:
Ac felly canfyddwch fod llawer o bethau
Heb fod yn hollol gyd fyn'd â'n teimladau. (C, 65.3)

Os oedd y bardd hwn wedi'i bechu gan ymddygiad pobl Pittsburg, cododd trigolion dinas Efrog Newydd gywilydd ar bawb yn y Gogledd. Dyma ddisgrifiad *Y Cenhadwr Americanaidd* o'r ' Terfysg yn New York':

> Bydd ein darllenwyr wedi clywed, trwy gyfryngau eraill, am y terfysg mawr yn ninas Efrog Newydd cyn i'r rhifyn hwn allu eu cyrhaedd. Ceisiwn roddi crynoad byr o'r hanes, ac nis gallwn lai na theimlo cywilydd dros ein gwlad wrth draethu yr hanes. [....] Yr achos *ymddangosiadol* o'r terfysg oedd fod y gyfraith i *ddrafftio* dynion i'r fyddin yn cael ei dwyn i weithrediad. Ond y gwir achos yw ysbryd bradwrol y dosbarth hwnw o bobl yn y gogledd y rhai a bleidiant fradwriaeth y De yn erbyn Llywodraeth y wlad [...]. Yr *offerynau* a ddefnyddiwyd i weithredu yn y terfysg gan mwyaf oedd y dosbarth iselaf o'r Gwyddelod yn nghyd ag eraill o'r dyhirod meddwon [...]. (CA, 63.8)

Bu nifer o Ddemocratiaid Efrog Newydd, gan gynnwys llywodraethwr y ddinas, yn beirniadu penderfyniad Lincoln a'i gyd-Weriniaethwyr i ddefnyddio'r ddrafft. Roeddynt hefyd yn chwarae ar hiliaeth y dorf gan ddweud mai anheg oedd drafftio dynion gwyn i ymladd dros y caethwas du. Fel y nododd golygydd *Y Cenhadwr,* roedd Gwyddelod tlawd Efrog Newydd yn barod iawn i wrando ar y math yna o *rabble rousing*; nid oedd yr ymfudwyr difreintiedig hyn am ymladd i ryddhau pobl dduon a fyddai'n dod i'r Gogledd a chymryd eu swyddi nhw.

Ffrwydrodd y ddinas ar ddydd Llun, 13 Gorffennaf 1863. Dyma ddechrau'r *'New York Draft Riots'* , sef y terfysg sifil gwaethaf yn hanes y wlad. Am dros hanner wythnos aeth y dorf drwy'r ddinas yn llosgi *draft offices* ac yn ymosod ar swyddfeydd papurau newydd a gefnogai'r Gweriniaethwyr a'r diddymwyr. Yn ôl *Y Cenhadwr*, pan welwyd un 'boneddwr mewn cysylltiad â'r wasg' yn sefyll ar y stryd:

> Y terfysgwyr, rai o honynt, a'i hadnabuasant a gwaeddasant, 'Dyma wrthgaethiwr melldigedig (d----d Abolitionist) gadewch i ni ei grogi.' Ymosodasant yn greulon arno, curasant ef i lawr [...] a gadawsant ef mewn llewyg. (CA, 63.8)

Lladdwyd dros 100 o bobl yn ystod yr helynt, y rhan fwyaf ohonynt yn bobl dduon:

> Ymddangosai mai rhan o gynllun pennodol y terfysgwyr oedd dinystrio y bobl dduon. Ymosodent ar ddynion a merched a phlant negroaidd [...]. Llawer a lusgwyd o'r ceir ac oddiar y certi, ac a

anafwyd yn fawr, rhai a laddwyd, a llawer o aneddau y bobl dduon a losgwyd. (CA, 63.8)

Ymysg yr adeiladau a losgwyd gan y Gwyddelod a'u cyd-derfysgwyr oedd cartref ar gyfer plant amddifad duon. Yn y diwedd bu'n rhaid galw milwyr Gogleddol blinedig a oedd newydd ennill brwydr Gettysburg i helpu tawelu'r ddinas.

Er bod llawer o Ddemocratiaid y Gogledd yn cefnogi 'achos' yr Undeb i'r eithaf, nid gwleidyddion Efrog Newydd oedd yr unig rai a aeth ati i danseilio 'Rhyfel Lincoln'. Bu asgell dde y blaid Ddemocrataidd wrthi ers y dechrau'n ceisio gwrthwynebu posilïau mwyaf radicalaidd y llywodraeth fel yr *Emancipation Proclamation*. Erbyn canol y rhyfel roedd y Democratiaid Gogleddol hyn wedi ffurfio mudiad y *copperheads*. Gan fod llawer o gyfarfodydd y mudiad gwrth-ryfel hwn wedi'u cynnal yn gyfrinachol, nid yw holl hanes y 'pennau-copr' yn gwbl glir. Mae'n debyg eu bod yn annog eu haelodau i dorri pen *Liberty* allan o geiniog copr a'i wisgo'n fathodyn ar eu dillad. Yn y modd hwn gellid yn hawdd adnabod y rhai a safai dros 'Ryddid' (rhyddid i leisio barn yn erbyn y llywodraeth, rhyddid y De i ymneilltuo o'r Undeb, ond *nid* rhyddid y caethweision). Bathwyd felly'r enw pennau-copr, ond gan fod y *copperhead* hefyd yn fath o neidr wenwynig sy'n gyffredin yng Ngogledd America, hawdd oedd troi'r label yn sarhad.

Cyhoeddodd rhyw ddychanwr 'Gredo y Pennau-copr' yn *Y Drych*, a'r cyntaf ar restr y credoau oedd 'Nid oes gan neb hawl i fod yn Arlywydd ond Democrat caethbleidiol. Nid oes genym Lywodraeth o unrhyw blaid arall.' (D, 63.7) Clement Vallandigham, cyfreithiwr dylanwadol o dalaith Ohio, oedd un o arweinwyr y pennau-copr. Rhaid ei fod wedi denu ambell Gymro i ymuno â'r mudiad gan i nifer o Gymry Ohio gwyno am y 'bradwyr' yn eu cymdogaeth. Roedd y fyddin wedi anfon Michael Jones yr holl ffordd o Ohio i ymladd yn erbyn Gwrthryfelwyr ar arfodir y gorllewin. Ond pan glywodd y newyddion, aeth ati i fynegi'i siom a'i ddicter yn y wasg:

Drwg iawn genyf ddeall fod Cymry, fy nghyd-genedl, trigolion Paris a Palmyra [Ohio], lawer o honynt yn fradwyr i'r Undeb – yn bleidwyr gwrthryfelwyr melltigedig, y rhai sydd wedi achosi cymaint o anrhefn yn ein gwlad, y rhai sydd wedi achosi cymaint o rwygiadau mewn teuluoedd cysurus, y rhai sydd wedi peri neu achosi anrhrefn a gwarth ar ein gwlad rydd Republicanaidd. (D, 63.7)

Mae ymateb Michael Jones yn debyg i'r modd y cwynodd David Williams am Gymry yn Wisconsin a oedd yn osgoi'r ddrafft. Roedd yna elfen o wirionedd yn y straeon a ddaeth i glustiau'r milwyr, ond roedd y ddau yn bell i ffwrdd o Ohio neu Wisconsin y rhan fwyaf o'r amser ac wedi neidio i gyhoeddi condemniad yn y wasg cyn dysgu'r holl fanylion. Yn debyg i David Williams, gan fod Michael Jones wedi gwirfoddoli ac felly wedi dewis peryglu'i fywyd ei hun 'dros yr achos', roedd yn amddiffynnol iawn pan ddaeth si fod rhywrai'n cwestiynu moesoldeb y rhyfel. Gall rhyfel gau'r drws ar drafodaeth agored yn y modd hwn gan arwain pobl i weld unrhyw feirniadaeth fel 'brad':

Dyben y *Copperheads* yn ddiamhau yw ein digaloni ni sydd yn y gwasanaeth, a'n tueddu i ddesertio, &c., ond dyn a'u helpio, pell ydynt o gyrhaedd eu hamcan, mor isel yw, nid ydynt ond yn ein cynddeiriogi i ymladd yn fwy gwrol pan fydd galwad, a mwynhau ein casineb at yr achos isel y maent yn ei bledio. (D, 63.7)

Tebyg fu ymateb awdur dienw o Ohio a gyhoeddodd lythyr agored 'Oddiwrth Filwr Cymreig at ei Gyd-Genedl':

er gwarth a dirmyg [...] i'n cenedl, yr wyf yn deall trwy lythyrau a thystiolaethau rhai o'm cydfilwyr a fu gartref fod lluaws o Gymry uchel eu dylanwad fel dinasyddion a chrefyddwyr yn Nhalaeth Ohio wedi troi yn gopperheads o'r fath waethaf a mwyaf pigog[.] [....] Cofiwch ein bod wedi gadael ein cartrefi hoff, a rhieni, perthynasau, a chyfeillion tirion, ac wedi gwynebu maes y rhyfel, ac hefyd wedi aberthu ein galwedigaethau; ïe, er hyny yr ydym yn foddlon i aberthu ein bywydau gwerthfawr os bydd achos, er mwyn cael y gwrthryfelwyr dan draed, baner heddwch i'r lan, a gwedd newydd ar achos y Duw hwnw sydd yn ein cadw[.] (D, 63.7)

Mae brawddegau olaf y dyfyniad yn tynnu sylw at sefyllfa bresennol y milwr. Yn debyg i gynifer o ohebwyr eraill y wasg, awgrymodd fod ei statws fel gwirfoddolwr yn ei osod mewn dosbarth moesol arbennig. Ac yntau a'i gydfilwyr wedi aberthu cymaint, sut y gellid gwrthwynebu'r achos? Mae'r math yna o rethreg yn gyffredin iawn yn amser rhyfel.

Gyda mwy nag un milwr o'r dalaith yn cwyno am bennau-copr Ohio, rhaid bod y ffasiwn greaduriaid ar gael. Yn wir, gallai golygydd *Y Drych* enwi o leiaf un ohonynt:

[Mae] y Copperheads wedi ffurfio Cymdeithas yn Palmyra, Ohio, yr hon y dywedir fod ei hamcan i wrthwynebu gweinyddiad deddf y rhestriad milwrol, rhwystro darostyngiad y gwrthryfelwyr, ac atal y Llywodraeth i ryddhau y caethion, a bod boneddwr o Gymro, o'r enw John Breeze, yn gadeirydd i'r cyfryw gymdeithas, a Chymro arall yn ysgrifenydd iddi[.] (D, 63.4)

Ond nid yw ymchwil ddiweddar wedi dod o hyd i dystiolaeth a fyddai'n cefnogi'r haeriad 'fod lluaws o Gymry' yr ardal wedi ymuno â'r mudiad. Yn gyntaf, mae holl ffynonellau'r cyfnod yn cytuno fod y mwyafrif llethol o Gymry America'n cefnogi'r Gweriniaethwyr, a lleiafrif oddi mewn i'r Democratiaid oedd y *copperheads*. Ac yn ail, o gofio'r ffaith fod nifer o awduron yn mynegi awydd i enwi 'bradwyr' y genedl yn y wasg, mae'n rhyfedd na chyhoeddwyd rhestr hir o enwau'r pennau-copr Cymreig. Gellid dweud mai *'name and shame'* oedd y polisi, ond mae'r enwau'n brin. Rhaid bod yna ambell ben-gopr o Gymro na wyddwn ei enw heddiw, ond mae hefyd yn amlwg fod rhai awduron – y rhan fwyaf ohonynt yn filwyr – yn or-awyddus i weld bai ar eraill. Cofier y modd y cyhuddwyd Samuel Roberts ar gam o gefnogi achos rhyfel y De (pennod 10). Mae'r holl gyhuddo ac amau yn rhan o *hysteria* rhyfel.

Yn wir, cyhuddwyd o leiaf un Cymro enwog ar gam o fod ymysg y pennau-copr. Cyhoeddodd William G. Roberts o Racine, Wisconin, lythyr yn *Y Drych* yn cyhuddo'r bardd Eos Glan Twrch (John Edwards) o ben-gopryddiaeth. Nid yw pob rhifyn y papur o gyfnod y rhyfel wedi goroesi, ac felly nid yw holl fanylion y ddadl ar gael inni heddiw. Ond – oni bai fod rhyw ffeithiau syfrdanol wedi diflannu gyda threigl amser – mae'n anodd iawn credu mai *copperhead* oedd yr Eos; cyhoeddodd nifer o gerddi yn erbyn caethwasanaeth ac o blaid achos yr Undeb. Tybed a gyhoeddodd John Edwads erthygl neu gerdd (sydd bellach ar goll) yn dyrchafu heddwch uwchlaw rhyfel yn gyffredinol? Ac yntau wedi dathlu gorchestion milwyr Cymreig ar faes y gad, mae'n anodd credu ei fod wedi dadlau achos heddychiaeth bur, ond mae'n bosibl fod y cyhuddgar Mr. Roberts wedi camddeall cerdd a soniai'n haniaethol am heddwch.

Damcaniaethu a dyfalu yn wyneb diffyg ffeithiau yw hyn oll; mae'n anodd gwybod beth yn union a sbardunodd William G. Roberts i gyhuddo Eos Glan Twrch o fod yn ben-gopr. Ond mae trafod y cwestiwn yn ein harwain at ffaith bwysig: cyhoeddwyd rhai cerddi ac ysgrifau yn dadlau achos Heddychiaeth yn ystod y rhyfel. Nid Samuel Roberts oedd yr unig Gymro yn America i arddel safiad heddychlon. Cyhoeddwyd y llith 'Ac Ni Ddysgant Ryfel Mwyach' gan awdur dienw yn *Y Cyfaill o'r Hen Wlad*:

Pa beth a *enillwyd* i ni trwy [...] *rhyfel?* Ennill yn wir! Y mae hyny allan

178

o'r cwestiwn; nid oes anrhydedd, na gogoniant, na chyfoeth i'w gael trwy ryfel. Ganddo mae anrhydedd yn cael ei ddirymygu, gogoniant ei anffurfio, a chyfoeth ei wastraffu [...]. A pha beth yw golud bydol, yr hwn a wastreffir trwyddo, i'w gymharu a'r bywyd dynol, wrth ei ystyried yn ei berthynas âg amser neu dragywyddoldeb, neu y ddau; ond trwy ryfel y mae y trysor anmhrisiadwy hwn yn cael ei afradu a'i golli[.] (C, 62.6)

Mae'n bosibl iawn fod rhai heddychwyr Cymreig wedi'u cyhuddo ar gam o fod yn bennau-copr. Wedi'r cwbl, 'Democratiaid *Heddychol*' oedd un o'r labeli dirmygus eraill a roddid ar y Democratiaid hynny a ddymunai ddod i delerau â'r Gwrthryfelwyr.

Yn ogystal â'r dihangwyr drafft a'r pennau-copr roedd math arall o Ogleddwr yn cael ei ffieiddio ar dudalennau'r wasg – y *deserter*. Ar wahanol adegau roedd desertio yn bla ar fyddinoedd y ddwy ochr. Am gyfnod ar ôl cyflafan Fredericksburg yn Rhagfyr 1862 roedd rhyw gant o Ogleddwyr yn dianc o'r fyddin bob dydd. Ar yr un pryd, cwynodd un cadfridog Deheuol yn Tennessee fod traean o'i filwyr ef wedi gadael heb ganiatâd. Roedd 'Gomer', sef un o Gymry'r *22nd Wisconsin*, yn poeni am yr un broblem: 'Ar y daith diangodd amryw o'r gatrawd [...], a drwg genyf ddweud fod tri o'r rhai hyn yn Gymry[.]' (D, 63.3) Fel gweinidog llym yn torri pechaduriaid allan o'i gapel, aeth Gomer rhagddo i gyflwyno enwau'r unigolion gerbron Cymry America:

enwau y Cymry yw Evan G. Roberts, gynt o Nelson Flats, N.Y., ond yn ddiweddar o Gambria, Wis[consin]; Thomas Hall, bu yn gweithio yr haf diweddar i Mr. W.G. Roberts, Racine, Wis[consin]; a Samuel I. Thomas, mab Thomas Thomas, o Berlin, Green Lake Co[unty], Wis[consin]. Nid hoff genyf gyhoeddi ffaeleddau y Cymry, ond yr wyf o'r farn fod cyfiawnder yn galw am roddi enwau yr uchod o flaen y cyhoedd yn y modd mwyaf amlwg [...] fel y gallai pob Cymro, ac yn enwedig pob Cymraes, gael gweled pwy ymhlith y Cymry sydd yn gallu iselu eu hunain gymaint[.](D, 63.3)

Mae'r pwyntio bys yn fanwl o ddidrugaredd; rhoddodd Gomer fanylion ychwanegol – cartref, cyflogwr, enw'r tad – i sicrhau fod yr unigolion cywir yn cael eu 'rhoddi o flaen y cyhoedd'. Fel yr oedd rhai awduron am gadw 'Coffadwriaeth y Dewrion', roedd Gomer a'i debyg am gofnodi'n gywir enwau'r Cymry anffodus hyn. Ond nid dyna ddiwedd y gosb:

Nid oes neb (*os nad yw Copperheads y Gogledd*) yn fwy dirmygedig yn fy ngolwg na *Deserter*, y mae wedi fforffedio ei hawl i'w fywyd ei hun, nid yw yn teilyngu na haeddu y parch lleiaf gan ei gyd ddyn, a dylai pob gwladgarwr ei ysgoi fel gelyn personol iddo ei hun, a gobeithio y bydd y Cadf[ridog] Hooker yn rhoddi y ddedfryd o farwolaeth mewn grym yn erbyn y rhai a gaed yn euog o ddesertio. (D, 63.3)

'Yn aberth i gleddyf gelyn ein gwlad'

Yn sgil ei fuddugoliaethau yn Vicksburg a Chattanooga cafodd U. S. Grant ei ddyrchafu'n bennaeth ar holl luoedd y Gogledd. Ei brif orchwyl bellach oedd mynd i'r afael â byddin Robert E. Lee yn Virginia. Roedd Grant yn deall hanfodion y rhyfel modern newydd; nid cipio Richmond, prifddinas y gelyn, oedd y flaenoriaeth ond chwalu byddin y gelyn gan sicrhau, yn syml, na allai'r *Rebels* barhau i wrthryfela. Ar 5 Mai 1864 aeth byddin Grant wyneb yn wyneb â milwyr Lee ynghanol coed a brwgaets ardal yr oedd pobl leol yn ei hadnabod fel *'the Wilderness'*. Cyn bo hir byddai Cymry America'n orgyfarwydd â'r 'Anialwch' hwn:

Cydymdeimlad â Mr. Owen M. Thomas ac Elinor ei wraig, gynt o Ddolgaregddu, Ffestiniog, G[ogledd] C[ymru], ond yn awr yn Fairhaven, V[ermont], ar farwolaeth eu hanwyl fab John, milwr perthynol i'r 5ed gatrawd o wirfoddolion V[ermont], yr hwn a laddwyd yn mrwydr y Wilderness, V[irginia], Mai 5ed, 1864, yn 17 mlwydd a 3 mis oed. (CA, 65.3)

Mai 6ed, yn 'mrwydr yr Anialwch,' gerllaw Richmond, y syrthiodd John W. Jones yn aberth i gleddyf gelyn ein gwlad. Yr oedd yn 26 mlwydd oed. Yr oedd yn perthyn i'r 10fed Gat[rawd] Mass[achusetts], Co. K. Ymunodd â'r fyddin yn Mehefin, 1861. Buasai ei amser allan cyn pen mis ar ôl ei daro gan belen yn ei ymysgaroedd[.] (C, 64.12)

Disgrifiodd milwyr ar y ddwy ochr y frwydr hon fel profiad mwyaf hunllefus y rhyfel. Yn gyntaf, roedd y coed a'r brwgaets yn ei gwneud hi'n anodd i filwyr y ddwy fyddin weld ei gilydd nes eu bod nhw'n ofnadwy o agos. Yn ail, roedd y ddwy fyddin yn ymladd ar dir a oedd wedi bod yn dyst i frwydro flwyddyn ynghynt ac roedd glaw'r gaeaf wedi golchi miloedd o sgerbydau allan o'u beddau bas. Baglai milwyr dros benglogau yn ystod y frwydr gan wybod yn iawn fod eu hen gymdeithion yno dan eu traed. Ac yn drydydd, ar ôl cyfnod o dywydd sych y gwanwyn hwnnw roedd y saethu'n cynnau tân ar ôl tân yn y dail crin dan draed, a chafodd llawer o filwyr clwyfedig eu llosgi'n fyw, a'u sgrechian yn atseinio yng nghlustiau eu cydfilwyr. I'r uffern ar y ddaear yma y daeth y *146th New York Infantry*:

Y gatrawd hon, i'r hon a berthynai amryw o Gymry o swydd Oneida, Efrog Newydd, a ddrylliwyd yn fawr yn y frwydr ddiweddar. [....] Collwyd ym mhob ffordd dros 300 o'r gatrawd. Mae aml un o fechgyn y Cymry [...] na wyddis beth eto gyda sicrwydd a ddaeth iddynt. (CA, 64.6)

Roedd Cymry o swydd Oneida, Efrog Newydd, yn dilyn hanes y *146th* yn ofalus. Roedd ynddi ddwsinau o Gymry, gan gynnwys David T. Jenkins. Dyma enghraifft brin arall o Gymro – neu Americanwr Cymraeg – a ddringodd yn uchel yn y fyddin, ac erbyn brwydr yr Anialwch roedd yn filwriad (cyrnol) ar y gatrawd er nad oedd ond 28 mlwydd oed. Roedd ei frawd, James, yn gadben yn yr un gatrawd. Gan fod catrodau'n cael eu ffurfio'n lleol gyda dynion o'r un ardal yn ymrestru yn yr un uned filwrol, gellid dweud fod y gatrawd yn ymestyniad o'r gymuned leol ar faes y frwydr. Ond yn anffodus i'r gymuned Gymreig yn Oneida, y 146ain oedd ymysg y catrodau cyntaf i faglu ar draws y gelyn yn Anialwch Virginia:

Sgt. John E. Jones, Company H, a laddwyd ar y maes; gadawodd wraig a 3 o blant yn amddifaid; y Cadben Henry Jones a glwyfwyd [...], mae Horatio N. Williams, Major Curran a Lieut. Walker wedi eu lladd. (CA, 6.64)

Ar y gorau roedd yn anodd cael ffeithiau cadarn yn sgil brwydr, ond roedd 'niwloedd rhyfel' yn waeth ym mrwydr yr Anialwch oherwydd natur y tirwedd a'r ffaith fod tân wedi anffurfio cyrff y meirwon. Fel y nododd *Y Cenhadwr Americanaidd* wrth drafod hanes y *146th New York*, roedd 'aml un o fechgyn y Cymry na wyddis beth eto gyda sicrwydd a ddaeth iddynt'. Un o'r rhain oedd John J. Hughes. Daeth ei hanes i'r golwg ar ôl iddo farw gan i Gymro arall gael hyd i ryw fath o ddyddiadur yr oedd John wedi'i ysgrifennu:

Y 5ed o Fai, 1864, yn mrwydr yr Anialwch, cymerwyd ef a llawer eraill yn garcharorion gan y gelyn, ac yn ôl yr hanes a gafwyd ar bapyr yn ei logell wedi ei farw, deallir ei fod wedi dyoddef caledi mawr. [....] Dywed, 'Mai 6ed, yn Gordonsville yn cael *rations* – dim ond dwy cracker ac ychydig beef drwg – dydd a nos heb do uwch ei ben.'

Tirwedd hunllefus `Yr Anialwch' - esgyrn i'w gweld yn y dail crin.

Ysgrifena, Mai 13eg, 'heb yr un tamaid o fwyd er's 3 diwrnod.' (CA, 65.1)

Bu farw John Hughes chwe mis yn ddiweddarach mewn carachar yn Florence, De Carolina. Diflannodd rhai o'i gydfilwyr Cymreig yn fflamau'r Anialwch, ac bu nifer o deuluoedd Oneida yn disgwyl yn ofer am hanes cyrff eu meibion.

Roedd peth ansicrwydd ynghylch tynged y cyrnol ifanc, David T. Jenkins. Yn ôl yr hanes a ddaeth i olygydd *Y Cenhadwr Americanaidd* yn union ar ôl y frwydr, roedd ymysg y milwyr o Oneida a gymerwyd yn garcharorion: 'y Mil[wriad] Jenkins sydd wedi ei glwyfo ac yn llaw y gelynion.' (CA, 64.6) Ond ni ddaeth hanes pellach amdano ac nid ymddangosodd ei enw ar gofrestr carcharorion y Gwrthryfelwyr. Wrth archwilio caracharion rhyfel Deheuol mewn carchardai yn y Gogledd daeth o hyd i scarff, wats a chyllell boced bersonol y Cyrnol Jenkins; daethpwyd i'r casgliad ei fod wedi marw yn yr Anialwch a bod ei gorff wedi diflannu yn y tân yno. Disgrifiodd un o'i gydfilwyr ei funudau olaf yn yr *Utica Morning Herald*:

The last that was seen of him, he stood with his back against a tree, leaning on a sword, a bullet wound in his body and another in his head, and calling to his men 'to go on.' How long he lived is not known. (UMH, 64.7)

Roedd yn frwydr ddi-dor am rai dyddiau, ac erbyn 8 Mai roedd wedi symud i ardal Spotsylvania Court Hourse. Aeth John T. Jones, bardd o Pittston, Pennsylvania, ati i drafod 'Brwydr Ofnadwy Spottsylvania' mewn cerdd:

Ow! ddifrod ar ddynion fu yn yr Anialwch!
Grant lywiai ei luoedd i'r maes ymosodol,
A Lee, llywiai yntau ei fyddin wrth'nebol;
Gwrthd'rawiad gwrthruddol fu rhwng y byddinoedd,
Y gwaethaf a anwyd er's degau o oesoedd.
O olwg ofnadwy! mae'm henaid yn suddo
Wrth wel'd y gyflafan, a cheisio'i darlunio!
Fe gofir, fe gofir tra byddo Amerig[.] (C, 64.8)

Fe ellid meddwl i'r bardd adael rhwydd hynt i ormodiaith ei ddychmyg gan iddo ddisgrifio'r 'gwrthdrawiad gwrthruddol' fel 'y gwaethaf ... ers degau o oesoedd'. Ond daeth brwydr Spotsylvania ag un o erchyllterau mwyaf y rhyfel; am 18 awr bu'r ddwy ochr mewn ymladdfa lawlaw ar hyd lôn wledig a fedyddiwyd yn *'Bloody Angle'* gan fod haen ar haen o gyrff y meirwon yn ei gorchuddio erbyn diwedd y frwydr.

Roedd cannoedd o filwyr Cymreig ym myddin y Gogledd ym mrwydr Spotsylvania. Un o'r enwocaf ohonynt oedd y Dr Thomas Jones. Ymrestrodd ar ddechrau'r rhyfel gan gael ei benodi'n *Lieutenant* mewn catrawd o draedfilwyr Pennsylvania, ond cafodd ei glwyfo gan derfysgwyr gwrth-Undebol yn ninas Baltimore wrth i'w gatrawd deithio i amddiffyn Washington yn ystod dyddiau cyntaf y rhyfel. Penodwyd ef wedyn yn feddyg gyda'r 8fed Gatrawd o Draedfilwyr Pennsylvania. Roedd yn feddyg llwyddiannus a phoblogaidd ac fe'i dyrchafwyd yn *'Frigade Surgeon'*. Cafodd ei gymryd yn garcharor ar ddiwedd brwydr Spotsylvania, ond fe'i rhyddhawyd gan y Gwrthryfelwyr yn fuan wedyn. Cyhoeddwyd yr hanes yn *Y Cyfaill o'r Hen Wlad*:

Ar ôl brwydr fawr *Spottsylvania* cymerwyd ef yn garcharor gan y *rebels*, ond cafodd ei ryddhau yn fuan ganddynt; ac wrth farchogaeth yn ôl i wersyll yr Undeb, meddyliodd ein *pickets* mai un o swyddogion y *rebels* ydoedd, saethwyd ef dan ei ddwyfron; bu fyw am ddau ddiwrnod, ond nis gallai siarad fawr. Darfu i'r anffawd greu tristwch mawr yn ei hen gatrawd, er mai yn hollol anfwriadol y cymerodd le. [....] Un peth hefyd oedd yn gwneuthur y tro yn alarus, y diwrnod y

Milwyr Deheuol a laddwyd yn Spotsylvania

cafodd ei saethu yr oedd i ddychwelyd adref at ei anwyl fam a'i chwiorydd, ar ôl bod yn amddiffyn iawnderau ei wlad fabwysiedig dros dair blynedd. (C, 64.9)

Nid dyma'r tro cyntaf i swyddog gael ei saethu gan ei filwyr ei hun trwy gamgymeriad. Clwyfwyd James Longstreet, un o gadfridogion y Gwrthryfelwyr, gan y math hwn o *'friendly fire'* yn yr Anialwch rai dyddiau cyn i'r meddyg Cymreig gael ei ladd yn yr un modd. Yn wir, yn yr un ardal flwyddyn ynghynt y saethwyd Stonewall Jackson yn angheuol gan filwyr Deheuol a oedd wedi meddwl am eiliad tyngedfennol mai Gogleddwr ydoedd.

Erbyn i'r ymladd yn Spotsylvania ddirwyn i ben roedd y ddwy ochr wedi dioddef yn enbyd. Roedd y milwyr Gogleddol yn y dwyrain wedi hir arfer ag arweinwyr fel McClellan a fyddai'n troi'n ôl a gadael y maes ar ôl y fath golledion, ond nid felly Ulysses S. Grant. Er colli degau o filoedd o ddynion yn yr Anialwch a Spotsylvania, aeth ymlaen yn ddidrugaredd gan ddilyn y Gwrthryfelwyr i groesffordd Cold Harbor.

Gorchmynnodd Grant i'w filwyr ymosod ar ffosydd y *Rebels* gyda'r wawr ar 3 Mehefin. Gwyddai llawer o'r milwyr profiadol beth oedd yn eu disgwyl, ac aethant ati yn ystod y nos cyn y frwydr i wnïo a phinio eu henwau ar eu dillad er mwyn sicrhau y gellid adnabod eu cyrff. Pan

Milwyr Gogleddol yn ystod gwarchae Petersburg.

ddaeth yr ymosodiad, roedd yn rhagflas erchyll o'r hyn a ddeuai yn ystod y Rhyfel Byd Cyntaf o ganlyniad i ruthro dros dir agored ar ffosydd y gelyn; collwyd tua 7,000 o Ogleddwyr mewn hanner awr y bore hwnnw ac bu'r ymosodiad yn gwbl ofer.

Mae cylchgronau Cymraeg America yn dyst i'r gyflafan. Cyhoeddwyd hanes y Cymro Frederick Hyer yn *Y Cenhadwr Americanaidd*:

> Mehefin 3, 1864, ym mrwydr y Cold Harbor, Virginia, cwympodd y milwr ffyddlon a grymus Frederick Hyer o Steuben, N.Y., aelod o'r 81st Regt., New York State Volunteers, yn 27 ml. oed. (CA, 64.11)

Felly hefyd John H. Evans, *Sergeant Major* gyda'r 139ain Gatrawd o Wirfoddolion Pennsylvania:

> Bu ef yn yr holl frwydrau poethion ymladdwyd gan fyddin y Potomac o frwydr Antietam hyd y 3ydd o Fehefin diweddaf, pan glwyfwyd ef yn mrwydr Cold Harbor, wedi bod yn agos i fis o ddyddiau dan dân y gelyn, yn rhuthrgyrch Grant. [....] [B]u farw ar y 26 o Fehefin diweddaf, yn 26 oed. (CA, 64.11)

Cyhoeddodd *Y Cyfaill o'r Hen Wlad* hanes Lewis T. Harris, Cymro o

Ystradgynlais a oedd wedi ymrestru gyda'r *2nd Pennsylvania Heavy Artillery*. Roedd milwyr y magnelfeydd trymion wedi bod yn gwarchod Washington a dinasoedd eraill y Gogledd am y rhan fwyaf o'r rhyfel ac felly nid oeddynt wedi gweld llawer o frwydro. Wrth i ddulliau di-ildio Grant ddryllio catrawd ar ôl catrawd o Ogleddwyr, penderfynwyd trosi'r *'heavies'* yn draedfilwyr. Mai a Mehefin 1864 oedd y tro cyntaf i lawer o'r milwyr hyn brofi brwydr go iawn. I Lewis Harris, Cold Harbor fyddai'r tro olaf hefyd:

> Cymerodd ran yn ymladdfa yr 'Anialwch', a 'Coal Harbor' [sic], a chafodd ei glwyfo yno.Yn nechreu Ionawr, 1865, aeth yn ôl i'w hen gartref yng Nghymru. Yr oedd yn arfer dyweyd na allasai ef byth mwy ddal dan bwys llafur caled y milwr, am fod ei gorff ef yn rhy eiddil a gwan. (C, 65.8)

Bu farw o'i glwyfau yn ôl yng Nghymru. Mae'r ffaith i Lewis Harris ddweud na allai 'ddal dan bwys llafur caled y milwr' ar ôl y frwydr hon yn arwyddocaol. Yn wir, nododd mwy nag un swyddog Gogleddol fod ysbryd y milwyr wedi'i dorri yn sgil brwydr drychinebus Cold Harbor. Aeth yr awydd i oroesi'r rhyfel yn fyw yn drechach nod i lawer na'r awydd i fynd i'r afael â'r gelyn ar faes y gad.

Ond er i rai sylwebwyr ar y ddwy ochr ddechrau ffieiddio Grant a'i alw'n 'gigydd' yn sgil Cold Harbor, ni chollodd ei awydd ef i fynd i'r afael â byddin Lee. Erbyn canol y mis roedd y ddwy fyddin yn ymrafael â'i gilydd y tu allan i dref Petersburg wrth i Grant geisio disodli'r Gwrthryfelwyr o gyfres arall fyth o ffosydd. Ers i frwydr yr Anialwch ddechrau saith wythnos ynghynt, roedd 65,000 o filwyr wedi'u lladd, wedi'u clwyfo neu ar goll. Ond roedd yna waeth i ddod: byddai gwarchae Petersburg yn gwneud yr ymladdfa honno'n rhagflas erchyll arall o *'drensh warfare'* y Rhyfel Byd Cyntaf. Felly daeth yr enw Petersburg i fritho colofnau 'marwolaethau' cylchgronau Cymraeg y wlad. Cyhoeddodd *Y Seren Orllewinol* hanes Richard M. Jones, Cymro o Oneida, Efrog Newydd, a laddwyd ar 17 Mehefin 1864: 'Pan yn y frwydr hon, oeddeutu tair milldir o Petersburg, tarawyd ef ar ei forddwyd, ei fynwes a'i ysgwydd gan ddarnau shell o faes y gelyn'. (SO, 65.4)

Un o gatrodau Efrog Newydd gyda nifer helaeth o Gymry ynddi oedd y *117th New York Infantry*. Erbyn haf 1864 roedd y Parchedig J. D. Jones yn gaplan arni, ac felly ef oedd yn gyfrifol am geisio cynnal ysbryd y milwyr yn ystod gwarchae erchyll Petersburg. Disgrifiodd y modd yr oedd eu 'dyddiau yn pasio' mewn llythyr manwl a gyhoeddwyd yn *Y Cenhadwr Americanaidd:*

Mae ein catrawd wedi cael amser lled galed y pymthegnos diweddaf. [....] Mae y llinell a warchodir ganddynt yn awr yn un hynod o beryglus, am fod gan y gelyn *fattery* mawr ar y bryn cyferbyniol, o ba un y gallant ysgubo y rhan fwyaf o honi hefo peleni sylweddol, heblaw tywallt iddi shells o'u morteri. Nos Sabboth diweddaf, tarawyd un o'n gwyr gan un o'r shells hyn, tra yn cysgu yn ymyl y gwarchglawdd. Aeth y *shell* yn nghyntaf drwy ei ben i'w fynwes, yna ymffrwydrodd, gan ei rwygo yn fil o ddarnau. Casglwyd ei weddillion mewn cwrlyd, goreu y gellid, a chladdwyd hwynt gerllaw y fan y cwympodd. [....]

Fel hyn y mae ein dyddiau yn pasio yn y fyddin – yn nghanol peryglon ddydd a nos. Ni wyddom wrth fyned i'n gorphwysleoedd y nos, nac wrth gyfodi yn y boreu, beth sydd o'n blaen am gymaint â moment. (CA, 64.10)

'Am hynny byddwn ninnau barod'

Roedd John Griffith Jones yn enedigol o Benisarwaun, ond ymfudodd i Wisconsin gyda'i deulu. Yn ystod haf 1861, a John tua 18 mlwydd oed, ymrestrodd yn *Company G, 23rd Wisconsin Volunteer Infantry*. Roedd dwsin o Gymry yng Nghwmni G, gan gynnwys ei gyfaill Thomas Hughes, ac ymrestrodd nifer o Gymry eraill mewn cwmnïau eraill yn yr un gatrawd. Mae casgliad helaeth o lythyrau John Griffith Jones wedi goroesi, ac mae'r ffynonellau gwerthfawr hyn yn gymorth i lunio portread manwl o'r milwr Cymreig hwn.

Yn gwbl nodweddiadol o filwyr y cyfnod – a bron unrhyw gyfnod, mae'n siwr – roedd John yn ymfalchïo yn ei gatrawd, ac yn debyg i'r hyn a gawn mewn llythyrau ac ysgrifau gan filwyr Cymreig eraill, roedd yn arbennig o falch o Gymry'r 23ain Wisconsin:

> Y may y Cymry yn cayl canmoliaeth gora gin y swyddogion. Mi ddary ni marchio oddeytu 20 milltir dydd Mawrth [...].Yr oeddym yn mynd tan gany braidd ar hyd y ffordd. Yr oedd ein company ni yn cany 'Rally Round the Flag' pan oedd y Brig[adeir] General yn pasio. Yr ydym yn gally marchio 20 milltir yrwan yn fwy rhwydd nag oeddym yn gallu mynd 5 yn y dechra. Nid oys yr un o'r hogia Cymry wedi syrthio allan eto pan oeddym yn martsio. (JGJ, 10)

Ond nid unffurf oedd Cymry'r gatrawd; disgrifiodd John eu gwahanol bersonoliaethau: 'Bechgyn clyfar ydi Willie Roberts a Hugh Roberts, 2 frawd o Co[mpany] E, 23[rd Wisconsin]. Bachgen go wyllt ydi W. Edwards, Co[mpany] C.' (JGJ, 50)

Ar ôl cyfnod o hyfforddi yn Camp Bates, Wisconsin, aeth John a'i gydfilwyr ar y trên yr holl ffordd i Cincinnati, Ohio, ac wedyn dros yr afon i Kentucky. Yn ystod y dyddiau cynnar hyn, roedd bywyd y fyddin yn siwtio'r Cymry o Wisconsin:

> Y mae Thomos Hughes wedi trymhay 10 pwys ers pan oyddym yn

Camp Bates. Yr wyf i wedi trymhay 12 pwys ers pan oyddwn yn Camp Bates. Ni welais i erioed yr hogia yn edrach cystal ag y maynt yn bresenol. (JGJ, 8)

Yr wyf yn cayl cystal iechid ac a fum yn ei gayl erioed.[....] Yr ydwyf yn leicio *soldier living* yn campus.(JGJ, 18)

Teithiodd y 23ain Wisconsin i lawr drwy Kentucky i berfeddion y *Confederacy* gorllewinol, gan gymryd rhan yng nghyrch Grant drwy dalaith Mississippi, gwarchae Vicksburg a brwydrau yn Louisiana.

Roedd y gatrawd wedi teithio dros 1,000 o filltiroedd o Wisconsin yn y Gogledd pell i *swamps* trofannol Louisiana, ac wrth i'r milwyr dreiddio'n ddyfnach i berfeddion y De fe ddechreuodd cyfuniad o ymladd ac afiechyd ladd cymdeithion John Griffith Jones:

Y mau yn debyg eich bod wedi clywad fod Edwart Parry wedi caul ei gladdu[.] (JGJ, 25)

Am hyny byddwn [n]inau barod [...]. Yr ydym wedi colli un bachgen o Gymro eto o'n catrawd, sef John Williams, Co. C. Yr oedd yn fachgen symala, cymwynasgar; yr oedd yn sal ers amser maith; cafodd gystydd trwm. Y mae Hugh Hughes, Co. K, yn byr sal yn yr ysbyty, a William Robarts, Co. C – y clwy' rhwydd yw ei salwch. Y may John Owen yn cwyno ei fod yn waul heddiw. Yr wyf yn iach, ac yn teimlo yn byr dda. (JGJ, 30)

Roedd y rhyfel yn y gorllewin yn canoli i raddau helaeth iawn ar warchod neu gipio afonydd mawr fel yr Ohio, y Tennessee, y Cumberland a'r Mississippi. Yn wir, *the River War* yr oedd rhai'n galw'r rhan hon o'r rhyfel. Cafodd catrawd John G. Jones gyfle i deithio am gyfnod ar fwrdd agerfad *(steamboat):*

Anwyl Rieni: Yr wyf yn cymeryd y cyfleustra hwn i dreio ysgrifenu ychydig linellau atoch gan obeithio y bydd iddynt eich caul yn iach fel ac y maunt yn fy ngadael inna yn bresenol, diolch i'r Arglwydd am ei ofal drosom. [....] Cychwynasom o Memphis y 21ain o Ragfyr ar yr *Ohio Belle* [...]. Y mau genym le campus tra byddwn yma; y mau un o'r baday mwyaf, braidd. Yr ydym yn cysgu yn y cabins. [....] Y mau yn rhaid imi derfynu; y mau yr hen gwch yn crynu cymaint nad ous dim posib gwneud dim llun o ysgrifenu. (JGJ, 21)

John Griffith Jones

Wrth i'r Cymry a'u cydfilwyr deithio, fe welson nhw lawer iawn o bethau diarth a rhyfedd. Mae'n anodd meddwl am ddau le mwy gwahanol na Wisconsin yn y Gogledd pell a pharthau deheuol Mississippi a Louisiana; roedd y Gogleddwyr yn synnu o hyd at yr hinsawdd, y planhigion, y *swamps* a'r anifeiliaid ecsotig:

Y mau yma y nadroedd mwyaf a welais erioed. Gwelais rai o 4 i 6 trodfedd o hud. (JGJ, 34)

Y mau yma lefydd mor wlyb i'w trafaelio, weithiau trwy ddwr 'that y penglin, a'r tro arall at ei haner. (JGJ, 36)

Yr ydym wedi lladd amryw o crockotiles, yr oudd rhai ohonynt yn 12 troedfedd o hyd. (JGJ, 38)

Bu'r gatrawd yn aros am ryw hyd ar blanhigfa yn Louisiana. Byddai moethusrwydd plastai'r *plantations* mawr hefyd yn ddiarth i'r Cymro o Benisarwaun, a'i deulu bellach yn byw mewn ffermdy syml yn Wisconsin. Bu'n teithio yn ardal planhigfa neb llai nag arlywydd y *Confederacy* ei hun: 'Yr ydym o fewn 6 milltir i planhigfa Je[fferson] Davis.' (JGJ, 34)

Os yw rhywun yn cychwyn yn Wisconsin, mae'n anodd teithio lawer iawn pellach i'r de heb groesi'r môr na New Orleans. Yn y diwedd, cafodd John Griffith Jones gyfle i weld y ddinas ryfeddol honno: 'Cefais pas i fynd i [New] Orleans yr wythnos o'r blaen i weled y ddinas. Yn siwr y mae yn lle p[u]r hardd.' (JGJ, 76) Nid nadroedd mawr, aligators a phensaerniaeth Ffrenging New Orleans oedd yr unig bethau ecsotig i John Griffith Jones eu gweld yn Louisiana ychwaith. Roedd rhai catrodau o filwyr Undebol o'r dwyrain wedi'u symud i ardal New Orleans i atgyfnerthu byddin y gorllewin yno, ac felly cafodd milwyr o Wisconsin, Ohio ac Indiana gyfle i weld eu cydfilwyr o daleithiau dwyreiniol fel Massachusetts ac Efrog Newydd am y tro cyntaf. Dyma hefyd y tro cyntaf i'r Cymro o Wisconsin weld catrawd o swafiaid *(souaves)*, sef milwyr

191

Undebol a oedd yn gwisgo math arbennig o lifrai:

> Yr oeddynt yn edrych fel rhyw hen grotan, a pais am danynt, a cap fel
> cap nos, ei trowsys yn goch a'i jacket yn las. Y mae y 19th Corps wedi'i
> lenwi efo New York troops, a Mass[achussetts]. (JGJ, 67)

Roedd rhai gwahaniaethau o ran profiadau milwyr y dwyrain a
phrofiadau milwyr y gorllewin, ac roedd cryn dipyn o ddrwg deimlad ar
adegau gan fod yr *Easterners* yn cael gwell arfau ac offer; roedd y
Westerners hefyd yn meddwl fod byddin y dwyrain yn cael gormod o
sylw gan y wasg, a hynny am ddim rheswm gan eu bod, o leiaf hyd at
Gettysburg, yn llai llwyddiannus na'u cydfilwyr yn y gorllewin. Yn wir,
esgorodd y dadlau ar gwffio ar adegau ar strydoedd New Orleans:

> mi ddaru rhai o'r N[ew] Y[ork] patroles yn y dref seuthu un o'r
> bechgyn o'r 11 Wis[consin] a curo un o'r 11 Indiana. Auth y ddwu
> regiment i lawr i'r dref hefo ei gyna. Mi ddarunt redag bob un o'r
> N[ew] Y[ork] allan o'r dref yn hollol. [...] Os gwelant griw o honom
> hefo ein gilidd i maunt o'i couau am i ni ei galw yn Eastern troops.
> (JGJ, 57)

Ond doedd catrawd John Griffith Jones ddim wedi dod yr holl ffordd o
Wisconsin i gwffio gyda hogiau o Efrog Newydd. Yn wir, wrth fynd i'r
afael â'r gelyn yn Louisiana a de Mississippi, cafwyd rhai o
wrthdrawiadau mwyaf mileinig rhyfel y gorllewin. Er nad oeddynt ar yr
un raddfa â rhai o'r brwydrau mawrion, roedd natur yr ymladd yn yr
hinsawdd drofannol a'r colledion cymharol uchel a ddeuai o ganlyniad i
rai o'r brwydrau bychain yn eu gwneud yn brofiadau arswydus:

> Hoffus Rieni a Brodyr: Yr ydwyf yn caul y fraint o'ch hysbysu fy mod
> ar dir y byw ac yn mwynhau iechid mewn modd da. [....] Y mau yn
> debyg y byddwch wedi caul y newydd cyn i hwn ddyfod i'ch llaw am
> y frwydr waedlyd sydd wedi bod y 3ydd o'r mis hwn ar Busard
> Prairie. Yr w[y]f yn barnu mai hon oedd y frwydr fwyaf wenwynllyd
> o'r tymor. Ymosododd y rebs arnom yn y bora at 5 a.m. Gyrasom
> hwynt yn ôl trwy ei shelter.
> Dechreuodd y frwydr o ddifri 2 p.m., ond nid oudd ond ein Brigade
> ni [...]. Yr oedd gin y rebs ddwy brigade o infantry a 15 cant o wyr
> cyffylau. Dauth adgyfnerthion i ni oddeytu haner awr yn rhy
> ddiweddar i wneud dim ymladd, a gorfu i ni syrthio yn ôl i'r coed. Ac
> [ae]thom yn mlaen wedyn, hyny oudd ohonom. Gyrasom hw[y] y tro

hwnw yn ei holau tan e[u] medi i lawr. Erbyn hyn, nid oudd ond 5 yn Company G. Cafodd Col[onel] Guppey ei gwlyfo a'i gymeryd yn garcharor, a col[onel y] 67th Indiana hefyd. Collasom capt. Co. C a captan Co. E yn garcharorion a dau lieut. [...]. Collodd y bechgyn eu knapsacks a pob peth arall, yr oudd fy un i wedi ei adael a pob peth ynddo. Euth[om] i'r frwydr yn rhifo dros 275; daethom allan o'r frwydr yn rhifo 69. (JGJ, 69)

Nid dyna ddiwedd hanes John Griffith Jones ym mrwydr Buzzarad Prairie. Cafodd yntau ei gymryd yn garcharor, ond achubodd gyfle i ddianc yn fuan wedyn:

Cewch glowad dipyn o fy helynt i yn bresenol. Cefais fy nghymeryd yn prisoner pan oudd y frwydr bron drosodd. [....] Gorfodwyd fi i roddi fy arfau i lawr 'and run on the double quick to the rear you son of a bitch'; eis yn ôl e[u] gorchymyn, tan i mi [ff]eindio nad oudd yr un yn fy guardio; teflais fy hun ar y ddauar fel marw. Pan ouddant yn ôl y cantodd yn fy pasio [...] yr ouddynt yn meddwl e[u] bod wedi fy ngorffan – ni ddarynt gymeryd dim amser i edrych arnaf wrth fynd yn ôl. [...] Cafodd ein Cadfridog Burbridge ei holtio amriw droau; yr oudd o yn y frwydr yn gorfod iwsio ei revolver a'i gleddyf i gadw ei hun. Cafodd ein Lieutenant ei saethu yn ei goes a'i geffyl ei ladd. (JGJ, 69)

Wedi'u cymryd yn garcharorion gan y gelyn, wedi'u lladd ar faes y gad, neu wedi'u lladd gan afiechyd, roedd Cymry eraill y 23ain Wisconsin yn diflannu ac roedd John Griffith Jones yn teimlo'n fwyfwy unig:

Y mau W. Jones, Co. B, wedi marw ers wythnos oddi wrth ei gous. Y mau bechgyn Co. B wedi marw i gyd: W. Jones, David Jones, Hugh Hughes. Co. C. – tri wedi marw: W. Jones, John Williams, a William Robarts. (JGJ, 48)

Yn y diwedd, roedd John yn dechrau poeni mai ef fyddai'r unig Gymro ar ôl yn *Company G* o'r 23ain Wisconsin: 'Ni feddyliais y buaswn yn caul fy ngadaul wrth fy h[u]n pan oeddwn yn K[entuck]y pan oudd 12 ohonom hefo ein gilydd.' (JGJ, 71) Yn ôl awgrym ei lythyrau, nid oedd Saesneg John Griffith Jones yn dda iawn. Er i'w gyfaill Thomas Hughes ddychwelyd i'r gatrawd ar ôl cyfnod o salwch, roedd unigrwydd yn ei lethu yn sgil marwolaeth y rhan fwyaf o'r Cymry.

Mae'r ymadrodd Beiblaidd 'am hynny byddwn ninnau barod' yn

atalnodi llythyrau John Griffith Jones fwyfwy wrth i amser fynd heibio. Yn wahanol iawn i'r llythyr cynnar hwnnw sy'n nodi nad oedd John erioed wedi gweld 'yr hogia yn edrach cystal', mae'i lythyrau diweddarach yn cofnodi'n fanwl farwolaeth hogiau Cymreig y gatrawd. Mae'n amlwg o ddarllen ei lythyrau na chafodd y Cymro ifanc lawer o addysg ffurfiol cyn ymrestru yn y fyddin. Eto, roedd yn darllen ei Feibl yn gyson ac yn defnyddio hynny o addysg grefyddol a gawsai mewn ymdrech i wynebu'r angau a ddaeth yn gydymaith cyfarwydd iddo yn ystod taith y gatrawd drwy'r taleithiau Deheuol.

Gyda chymaint o Gymry Wisconsin yn marw yn y rhyfel, nid yw'n syndod fod teulu John yn poeni amdano. Daeth llythyr yr holl ffordd o Lanrug lle roedd ei daid yn gresynu nad oedd John wedi dod yn ôl i Gymru yn hytrach nag ymrestru yn y fyddin:

Bryn y Fedwen, Llanrug, Sept. 1, 1863.
Fy anwyl wyr: Derbyniais dy lythyr ar yr 22 o Awst. Yr oedd yn dda iawn genyf glywed oddi wrthyt, a deall dy fod ar dir y rhai byw, ac fel yr wyf yn deall yn iach a chysurus. Yr oeddwn wedi clywed o'r blaen dy fod wedi listio yn llythyr dy dad. Ond cofia, nid wyf yn canmol dim ar dy swydd, a gweddia lawer am gael byw i weled y diwrnod y byddi yn ymadael a chymer ofal na bydd byth i ti fyned i swydd mor beryglus etto. Gwrando am funud ar deimladau dy hen daid. Yr wyt ti yn fawr iawn yn fy ngolwg, a byddaf yn meddwl yn fwy ac amlach amdanat na neb arall, a buasai yn llawer gwell genyf dy weled wedi dyfod i roi tro i edrych amdanaf na mynd i'r lle yr eist. Buaswn yn sicr o ofalu am i ti gael llond dy fol o fwyd heb beryglu dim ar dy iechyd na'th fywyd. [....] Wel, yr wyf wedi dweyd yr oll sydd genyf wrthyt; yr wyf nawr yn terfynu, a gad imi erfyn am yru llythyr i mi yn fuan.
    Ydwyf, dy ddarllodus Daid, John Jones. (JGJ, 58)

Ond ni fyddai John Griffith Jones byth yn gweld Cymru na Wisconsin eto. Ar 5 Hydref 1864, cafodd ei ladd mewn ysgarmes fechan ar lôn ddiarffordd yn Louisiana. Roedd yn 21 mlwydd oed. Rhoddodd ei deulu gofeb iddo mewn mynwent leol yn Wisconsin, ond, fel yr eglurodd ei gyfaill Thomas Hughes mewn llythyr, claddwyd John ar ochr y lôn gan y Gwrthryfelwyr:

Rhaid imi ddweud na chawsom amser i'w gladdu, ond cafwyd amser i'w gario i fin y ffordd. Peidiwch a bod yn anesmwyth ynghylch hynny; fe gafodd ei gladdu gan y gelynion. (JGJ, 85)

Yn ogystal â dweud yr hanes wrth deulu John, aeth Thomas Hughes ati i gyhoeddi cofiant iddo yn *Y Cyfaill o'r Hen Wlad*. Felly erbyn mis Ionawr, 1865 – sef rhai wythnosau'n unig ar ôl clywed am farwolaeth eu mab – roedd ei rieni'n gallu darllen amdano ar dudalennau'r cylchgrawn. Mae'r ysgrif hon yn cyflwyno portread o ddyn ifanc a oedd yn ymladd dros 'Undeb a Rhyddid', Cymro crefyddol a 'oedd yn hoff iawn o'i Feibl', dyn a oedd 'yn hoff iawn o ganu emynau Cymraeg' tra oedd yn martsio neu yn y wersyllfa. (C, 65.1)

Yn y pethau hyn i gyd, mae'r portread a gawn yn y cofiant yn debyg iawn i'r darlun o John Griffiths Jones a ddaw o ddarllen yr holl lythyrau a anfonodd adref i Wisconsin. Mae llyfrau hanes am y Rhyfel Cartref yn tueddu canolbwyntio ar y brwydrau mawrion a phenderfyniadau gwleidyddion a chadfridogion; mae'r ffaith fod cynifer o lythyrau John Griffith Jones wedi goroesi'n gadael inni ymgydnabod â milwr cyffredin a brofodd agweddau ar y rhyfel y mae'r llyfrau hanes yn aml yn eu hanwybyddu.

'Y Clafdy'

Fel y gwelwn yn llythyrau John Griffith Jones, mae cyfeiriadau at salwch yn britho ysgrifau'r milwyr. Un o'r pethau a ofnai rhieni waethaf oedd derbyn llythyr neu deligraff o'r 'clafdy' neu'r ysbyty:

> Anwyl rieni: Yr wyf yn cymeryd y cyfle hwn i ysgrifenu ychydig linellau atoch, gan obeithio y cyrhaeddant chwi yn iach a chysurus. Disgwyliaf na chymerwch ddim dychryn am fy mod yn ysgrifenu atoch y tro hwn o'r clafdy. (D, 63.7)

> Nov[ember] 15fed, Mitchellville, Tenn[essee]. David Williams yn sal iawn.
>   Nov[ember] 17. Anfon Telegraph Despatch at berthnasau David Williams:
>   *'David was very sick and wished to see one of his friends here.'* (ED, 1)

Go brin i berthnasau David Williams gael cyfle i'w weld eto; dridiau ar ôl i'w gyfaill Evan Davis anfon teligraff at ei deulu fe'i trechwyd gan ei afiechyd: 'Neithiwr tua haner awr wedi deg bu farw y cyfaill anwyl D[avid] Williams, o'r *inflamation of the lungs.*' (ED, 1)
    Lladdodd afiechyd fwy o lawer o filwyr na bwledi yn ystod y Rhyfel Cartref. Mae'r modd y disgrifiwyd marwolaeth John Jones o'r *55th Pennsylvania Volunteers* yn adleisio lliaws o gofnodion tebyg:

> Bu mewn amryw o frwydrau, ond ymddengys nad oedd un belen wedi ei llunio gan y gwrthryfelwyr i'w niweidio ef, fel y byddai yn dweyd weithiau. Ond yr oedd gan angau ffordd arall i'w gymeryd ymaith. (CA, 64.11)

Afiechyd, wrth gwrs, oedd y 'ffordd arall' honno. Gan fod miloedd o ddynion yn gwersyllu gyda'i gilydd mewn amgylchiadau a oedd yn enbyd o aflan ar adegau, ymledai afiechydon yn hawdd. Roedd bechgyn

'Y Clafdy': un o ysbytai milwrol y Gogledd

fferm o ardaloedd pellennig yn arbennig o ddiymgeledd yn wyneb salwch gan eu bod yn aml yn wynebu heintiau plentyndod fel y frech goch, clwy'r pennau a thonsilitis am y tro cyntaf yn eu bywydau.

Er i'r frech wen ladd llawer o filwyr, tri afiechyd arall a laddodd y rhan fwyaf ohonynt: teiffoid, niwmonia a dysentri. Gwersyllai milwyr yn yr eira a'r glaw yn y gaeaf ac roeddynt yn aml yn treulio'r haf mewn lleoedd a oedd yn llethol o boeth:

> Tref fechan ddiolwg ydyw Helena [Arkansas], wleb iawn yn y gauaf, ac afiach dost yn nhymor poeth yr haf. Ni fu llai na 40 o'r gatrawd hon feirw yn ystod y misoedd diweddaf, ac yn eu mysg 6 o Gymry, oll yn ddynion ieuainc.(D, 63.1)

Yn eironig o drist, ar yr union adeg hwn roedd gwyddonwyr yn Ewrop fel Louis Pasteur wrthi'n astudio'r dystiolaeth ficroscopig a allai helpu meddygon osgoi'r afiechydon hyn, ond ni fyddai'u hymchwil yn trawsffurfio meddyginiaeth tan ar ôl y rhyfel.

Er mor ofnadwy oedd meddwl fod mab, gŵr neu frawd wedi marw mewn brwydr, daeth tristwch o fath arall o glywed fod anwylyn wedi marw 'yn unig' mewn ysbyty yn 'y deau pell'. Cofnodwyd marwolaeth Cymro o Wisconsin yn *Y Cenhadwr Americaniadd:*

Medi, 1863, yn y Marine Hospital, New Orleans, bu farw John Roberts, yn 30 ml. oed. Ymunodd yn wirfoddol gyda'r 29 Catrawd Wisconsin, a bu'n filwr ffyddlon hyd nes ei analluogwyd gan afiechyd. Dioddefodd ei gystudd yn dawel a dirwgnach. (CA, 64.2)

Rhoddodd y bardd 'Rebecca' fynegiant i deimladau'r teulu:

Pwy galon na theimla wrth feddwl
    Fod cymaint o flodau ein gwlad
Yn syrthio ar faesydd celanedd
    Trwy ddwylaw gelynion llawn brâd,
A miloedd o'n milwyr teg ieuainc
    Mewn hinsawdd afiachus y sydd
Yn nychu mewn afrys afiechyd
    Ac yno yn gorphen eu dydd.

Mhlith eraill ein cyfaill fu'n nychu
    Mewn yspyty terfynodd ei oes,
Heb un o'i anwyliaid yn agos
    I weini er cymaint ei loes,
Ni chafodd ei hoff berthynasau
    Ddim gweled ei guddio mewn bedd,
Na gwlychu â'i dagrau y llanerch
    Lle'i rhoddwyd yn waeledd ei wedd. (CA, 64.2)

Mae golygfeydd yn portreadu'r claf ar ei wely angau'n britho llenyddiaeth Gymraeg a Saesneg Oes Fictoria. Ceir fel arfer yn y golygfeydd hyn ddisgrifiad o'r teulu wedi ymgasglu o gwmpas y gwely, yn tendio ar y claf ac yn ei gysuro gyda gweddïau a geiriau caredig. Ar y llaw arall, mae'r olygfa a ddisgrifir gan Rebecca yn tanlinellu tristwch y sefyllfa drwy gyfeirio at absenoldeb ei 'anwyliaid'; yn hytrach na marw yng nghanol ei deulu, mae'n 'nychu ymhlith eraill' – hynny yw, estroniaid.

Er i Evan Davis oroesi rhai o'r brwydrau ffyrnicaf a ymladdwyd ar diroedd Kentucky a Tennessee, roedd cysgu ar y ddaear wleb nosweithiau bwy gilydd yn ystod Rhagfyr 1862 wedi dechrau dweud arno. Erbyn mis Ionawr, roedd ei iechyd wedi torri, fel y mae'n nodi yn ei ddyddiadur: '[Ionawr] 12. Yn teimlo'n lled wael heddyw. Rhyw beswch cryf ac iasau oerion yn rhedeg dros fy holl gorph.' (ED, 17) Rhoddwyd y milwr Cymreig ifanc mewn ambiwlans, ac fe'i symudwyd yn y modd hwnnw o ysbyty i ysbyty drwy dalaith Kentucky gan groesi'r afon Ohio

`U.S. Sanitary Commission'

`U.S. Christian Commission'

Dwy o elusennau'r Gogledd

yn y diwedd a chyrraedd ysbyty ar dir y Gogledd yn ne Indiana. Fel pe bai'n gwybod y byddai'n treulio'r misoedd nesaf yn y clafdy hwnnw, ysgrifennodd yn ei ddyddiadur fod ei gyfnod 'dan iau filwrol' y wlad ar ben:

Saith mis i heddyw y rhoddais fy ngwddf dan iau filwrol *Uncle Sam* a gwasanaethais ef yn ffyddlon cyhyd ag y gellais. Ond yn awr mae afiechyd yn fy lluddias ac yr ydwyf yn gorfod treulio y rhan fwyaf o'm amser yn gorwedd yn y gwely. Yr ydwyf yn teimlo yn lled wael heddyw. (ED, 22)

Roedd afiechydon ac arfau rhyfel yn cydweithio i lenwi'r ysbytai milwrol yn y Gogledd a'r De, ac er bod ysbyty Evan Davis yn ne Indiana yn well o lawer na rhai o ysbytai gorlawn y dwyrain, eto roedd yn lle digon digalon ar adegau.

Methu cysgu dim neithiwr. John Heidler [...], yr hwn a fu yn gorwedd wrth fy ochr am tua tair wythnos, yn marw at 10.25 neithiwr.(DD, 18)

Bu farw un o'm cydfilwyr yn yr hospital yma neithiwr o'r chronic diarhea. Rhoddwyd ef mewn arch a chladdwyd ef heddyw.(DD, 25)

Bu farw un arall o'r hospital yma neithiwr; yr oedd ei dad yma ar y pryd; aeth a'i gorph adref gydag ef i Michigan. (ED, 28)

Dengys cofnod ar ôl cofnod yn nyddiadur Evan Davis y modd y llethwyd cleifion gan res ddi-dor o farwolaethau.

Nid oedd safon y gofal yn helpu. Cerddor gyda'r 22ain Gatrawd o Draedfilwyr Wisconsin oedd Elias J. Prichard, ond bu'n rhaid iddo droi ei law at nyrsio:

Y mae y tywydd mor boeth fel y mae yn amhosibl cadw y cynrhon oddiar y briwiau. Yr ydym ni y band yn yr hospital er pan y cymerodd y fatel le ac y mae yma ddigon i'w wneud nos a dydd i gant o ddynion, ond ychydig sydd yma i wneud y gwaith, felly y mae llawer yn gorfod dioddef oherwydd hyn. (EJP, 3)

Mae'r dyfyniad hwn yn enghraifft sy'n cyfleu'r holl broblemau: diffyg staff meddygol, diffyg hyfforddiant ar gyfer y staff a oedd ar gael (wedi'r cwbl, cerddor oedd Elias Prichard), a diffyg glendid.

Roedd ymwelwyr o sifiliaid wedi'u dychryn gan y sefyllfa yn yr ysbytai, a sefydlwyd mudiadau yn y Gogledd fel y *Christian Commission* a'r *Sanitary Commission* er mwyn gwella amgylchiadau milwyr claf a chlwyfedig. 'Un o'r Sanitary Comission yn talu ymweliad a mi heddiw', meddai Evan Davis yn ei ddyddlyfr gan nodi dyfodiad yr elusen i'r ysbyty yn Indiana. Brithid cyhoeddiadau Cymraeg y wlad â galwadau am gymorth fel yr hysbyseb a gyhoeddwyd yn *Y Seren Orllewinol* ym mis Mawrth 1864 yn erfyn ar 'Gymry Gwladgarol yr Unol Dalaethau' ac yn 'dymuno cydweithrediad y Cymry yn America [...] er cynorthwyo Dirprwyaeth Iachusol yr Unol Dalaethau (the U. S. Sanitary Comission)'.(SO, 64.3) Yn yr un modd, cyhoeddwyd cofnodion y cyfarfodydd hyn:

> Cannaliwyd cyfarfod yn nghapel yr Annibynwyr yn Providence, P[ennsylvani]a, Mai 16, er dangos ein cydymdeimlad fel cenedl â'n milwyr clwyfedig. (SO, 64.7).

Wrth gwrs, roedd 'dangos cydymdeimlad' yn golygu gweithio'n ymarferol i helpu lleddfu poen a gwella amgylchiadau'r cleifion. Yn ogystal â chasglu dillad, plancedi, bwyd iach a deunydd meddygol, roedd gwirfoddolion yn casglu arian er mwyn prynu'r cyfryw bethau.

Wedi gwasanaethu'r fyddin am gyfnod fel caplan, ymdaflodd y Parchedig Ben Chidlaw i waith y *Christian Commission*. Pan gyfarfu'n annisgwyl â dau Gymro arall a oedd hefyd yn ymroi i waith y Comisiwn, ysgrifennodd at y wasg i adrodd y stori:

> Yr ydwyf newydd ddychwelyd o faes y gwaed, ger Nashville a Murfressboro, Tenn., wedi cael y cyfleusdra o weinidogaethu dan nawdd y *Christian Commission*, yn mhlith miloedd o filwyr clwyfedig a chleifion. Cefais y fraint o gyfarfod â dau frawd Cymreig yn yr un gwaith, sef y Parch. Mr. Jones, diweddar fyfyriwr yn Lane Seminary, yn bresenol yn gweinidogaethu yn Greenville, O., a'r brawd Jones, dyn ieuanc o eglwys y Parch. R. R. Williams, Pittsburgh, – dynion llafurus a thra defnyddiol yn y gwaith da o ofalu am gorff ac enaid y milwr. (CA, 65.1)

Mae'n werth nodi fod Athrofa Lane yn Cincinnati, Ohio, yn nythfa i ddiwinyddion radicalaidd. Bu rhai o fyfyrwyr a staff y Coleg yn ymgyrchu yn erbyn caethwasanaeth yn ogystal â hawliau merched, a nifer o Gymry yn eu plith.

Fel y gwelwyd ym mhennod 11, bu merched yn hynod weithgar gyda'r elusennau hyn, gan weithio yn eu cartrefi a'u pentrefi i gasglu nwyddau ar gyfer y milwyr a chan deithio ar adegau i'r ysbytai eu hunain er mwyn goruwchwylio'r ymdrech i godi safon y gofal. Teithient hefyd i'r gwersylloedd er mwyn codi safon glendid y camps a oedd yn magu cynifer o afiechydon. Erbyn diwedd y rhyfel, byddai marwolaethau mewn ysbytai yn y Gogledd wedi'u haneru oherwydd gweithgareddau'r sifiliaid hyn.

Gwella'n araf fu hanes Evan Davis, ac ar ôl cyfnod cafodd ei 'ddyrchafu' o'i wely i dendio ar gleifion eraill. Yn ogystal â nyrsio, bu'n gyrru ambiwlans; wedi treulio tipyn go lew o amser yng nghefn wagen ambiwlans rai misoedd ynghynt, dyma'i gyfle ef i fynd â chleifion eraill o ysbyty i ysbyty. Daeth i weld ochr arall i fywyd yr ysbyty wrth iddo gymysgu â'r staff meddygol a wasanaethai yno. Yn y diwedd, mynnodd ddychwelyd at ei gatrawd, er nad oedd yn holliach eto. Roedd wedi gwneud llawer o ffrindiau yn ystod ei gyfnod yn yr ysbyty, ac nid oedd yn hawdd iddo ffarwelio â nhw. Er ei fod wedi gweld llawer iawn o'i gydfilwyr yn marw yno, roedd bellach yn synio am y clafdy yn Indiana fel ail gartref:

Rhyw deimladau rhyfedd yn fy meddianu heddiw – teimlo fel pe bawn ar ymadael a chartref clyd a pherthynasau hoff. Methu cael esmwythyd mewn darllen, cerdded na gorwedd. I ba beth y creuwyd tueddiadau cymdeithasol mewn dyn? [....] Dyma fi wedi bod yma agos i saith mis o amser – wedi dyfod yma i ganol dyeithriaid ar y cyntaf, ond erbyn hyn yn bresenol wedi ffurfio cyfeillion a gwneuthur ffryndiau a'r holl fechgyn. Ond ar unwaith dyma ni yn ysgwyd llaw i ffarwelio am byth. Daeth yr hen ddoctor ataf heddyw a dagrau yn ei lygaid. 'Davies,' meddai, 'Beth wnaf i am ambiwlans driver yn awr?' (ED, 80-1)

'O Gymry America, Hiliogaeth Wrol yr Hen Frutaniaid – Cofiwch yr 8fed o Dachwedd'

Gan mai pedair blynedd yw hyd tymor arlywydd yr Unol Daleithiau, daeth cyfnod Abraham Lincoln i ben ym 1864. I gael ail dymor, byddai'n rhaid iddo sefyll etholiad ar ganol rhyfel cartref a'i hennill.

Dewis y Democratiaid i sefyll yn erbyn Lincoln oedd George McClellan, y cyn-uwchgadfridog a oedd wedi gwneud cymaint i baratoi byddin y Gogledd yn nyddiau cynnar y rhyfel ond a oedd wedi methu â threchu Robert E. Lee yn Virginia. Rhan o ymgyrch etholiadol y Democratiaid oedd ceisio dod â'r rhyfel i ben ar unwaith, hyd yn oed pe bai hynny'n golygu dod i ddealltwriaeth â'r Gwrthryfelwyr yn hytrach na'u trechu ar faes y gad. Felly roedd y term *'Peace Democrats'* sy'n britho cyhoeddiadau'r cyfnod yn sarhad. Yn yr un modd, ceir yr ymadrodd sarhaus 'Democratiaid Heddychol' ar dudalennau gwasg Gymraeg America o'r cyfnod.

Byddai'r etholiad ym mis Tachwedd felly'n refferendwm ar y rhyfel. A oedd y Gogleddwyr am barhau i gefnogi Lincoln a'r ymdrech i ailuno'r Undeb a rhyddhau'r caethweision? Neu a oedd ysbryd y Gogledd wedi'i dorri gan dair blynedd a hanner o ryfel? A oedd trwch y boblogaeth bellach yn fodlon dod i delerau â'r Deheuwyr er mwyn rhoi terfyn ar y tywallt gwaed? I'r Parchedig Erasmus Jones, roedd 'darostyngiad oesol' yr Unol Daleithiau yn y fantol:

Unwaith eto, yr ydym yn ymyl etholiad llywyddol, a barnwyf mai dyma yr un mwyaf pwysig o un etholiad a fu yn ein gwlad erioed. Mae ein hiachawdwriaeth, neu ynte ein darostyngiad oesol, *fel gwlad*, yn crogi wrth ddydd yr etholiad – yr 8fed o Dachwedd nesaf. Mae y mwyafrif o flaenoriaid y blaid a enwasant G. B. McClellan fel ymgeisydd, yn *fradwyr trwyadl* yn eu calonau. 'Wrth eu ffrwythau yr adnabyddwch hwynt.' Mae pob buddugoliaeth o eiddo byddinoedd yr Undeb yn dristwch i'w heneidiau, tra y dirgel *orfoleddant* pan glywant rywbeth yn ffafriol o fyddin *Jeff Davis*. (CA, 64.11)

Mae'r math yma o rethreg yn nodweddu ysgrifau o blaid ymgyrch etholiadol Lincoln. Gellid dweud fod y modd gorsyml o gyplysu'r gwrthblaid â 'brad' yn erbyn y llywodraeth yn mynd yn groes i hanfod holl bwynt cynnal etholiad democrataidd. Ar y llaw arall, roedd y milwyr a fuasai'n ymladd yn erbyn y taleithiau Deheuol a theuluoedd a oedd wedi colli anwyliaid ar faes y gad yn gyndyn i adael i'r holl golled fynd 'yn ofer'.

Roedd gan Y Parch. Erasmus Jones gystal rheswm â neb i faentumio mai 'brad' fuasai terfynu'r rhyfel drwy ddod i delerau â'r *Rebels*. Roedd yn gaplan gyda'r *21st U. S. Colored Troops*; gan fod y milwyr yr oedd yn eu gwasanaethu'n gyn-gaethweision a oedd yn ymladd er mwyn rhyddhau caethweision eraill, gwyddai'r Cymro hwn fod eu dyfodol a'u bywydau yn y fantol. Yn ei farn ef, roedd bwrw pleidlais o blaid Lincoln yn ergyd bwysig mewn brwydr foesol, a galwodd felly ar ei gyd-Gymry yn America i fod yn gadarn eu cefnogaeth i'r achos:

> Bydded i 'old Abe' cael ei ail ethol, a dyma ergyd angeuawl i annibyniaeth y De. Mae y *Confederacy* eisoes bron a syrthio. Mae yn crynu drwyddo draw, a phan welir Lincoln wedi ei ail sefydlu am bedair blynedd yn ychwanegol yn y gadair lywyddol bydd yr Undeb Americanaidd yn sicr. Llethir ein gelynion gan *anobaith*, a bydd y gwrthryfel ar ben. O Gymry America! Hiliogaeth wrol yr Hen Frutaniaid, – gelynion cyneddfol caethwasiaeth, cofiwch – cofiwch yr *wythfed o Dachwedd!* (CA, 64.11)

Yn y brawddegau olaf mae Erasmus Jones yn cysylltu cymuned gymharol ifanc Cymry America â'r gymuned Gymreig hynaf y gwyddai amdani, sef 'yr Hen Frutaniaid'. A gwelir yma y modd y gallai awduron Cymraeg America harneisio holl gynhysgaeth ddiwylliannol y Cymry a'i haddasu ar gyfer dibenion propagandyddol newydd. Wrth ddefnyddio'r ymadrodd 'yr Hen Frutaniaid' roedd y caplan Cymreig yn cyfeirio at yr holl draddodiad hanesyddol – neu ffughanesyddol – am Frutus a'i ddisgynyddion. Yn ôl y traddodiad canoloesol hwn, Brutus oedd y brenin cyntaf i ymsefydlu ar dir yr ynys a gafodd ei henwi ar ei ôl yn Ynys Brutain. Yn ogystal â'u hatgoffa mai nhw oedd trigolion gwreiddiol Prydain, roedd cyfeirio at yr 'hanes' hwn hefyd yn fodd i bwysleisio dewrder (tybiedig) y Cymry gan fod y brenin Arthur a chymeriadau arwrol eraill i'w cyfrif ymysg disgynyddion Brutus. Roedd Erasmus Jones yn annog

Yr Arlywydd Abraham Lincoln

Cymry America i gefnogi Abraham Lincoln drwy'u galw'n 'Hiliogaeth wrol yr Hen Frutaniaid' a chawn yma enghraifft drawiadol o'r modd y gallai diwylliant Cymreig addasu i amgylchiadau newydd yn yr Unol Daleithiau.

Bid a fo am filwyr yr Hen Frutaniaid, roedd y rhan fwyaf o filwyr yr Undeb o blaid Lincoln. Yn debyg i Erasmus Jones, ystyrient fod cefnogi ymgyrch yr arlywydd yn gyfystyr â chefnogi'u hymgyrch filwrol nhw eu hunain. Wedi'r cwbl, Lincoln oedd wedi eu harwain drwy dair blynedd a hanner o ryfel, ac felly gallai pleidleisio'n erbyn yr arlywydd gael ei weld fel beirniadaeth ar holl ymdrechion y fyddin. Wrth derfynu llythyr at ei frawd yn Wisconsin, rhoddodd John Griffith Jones grynodeb hylaw o deimladau'r milwyr:

> Y mau y milwyr bron i gyd yn mynd am Lincoln, Abraham. Y mau y bobl yn lled benderfynol mai fo geith ei electo. Os y fo fydd yn enill y dydd gallaf sicrhau iti na fydd fawr o ymladd y tymor nesaf ond amball i guirela o achos mi welant na fydd dim dichon ymladd. Mi fyn yr hen Abe ei ffordd gan [ei] fod wedi dechra. (JGJ, 84)

Ysgrifennodd John Griffith Jones y llythyr hwn ar 20 Medi 1864. Hyd y gwyddys, dyna'r llythyr olaf a ysgrifennwyd ganddo; lladdwyd y Cymro ifanc mewn ysgarmes yn Louisiana ar 5 Hydref ac felly ni chafodd gyfle i fwrw'i bleidlais ym mis Tachwedd.

Ond pan ddaeth diwrnod yr etholiad cafodd Lincoln a'r Gweriniaethwyr fwyafrif ysgubol. Dim ond dwy dalaith – Kentucky a Jersey Newydd – a aeth am McClellan. Nid yn unig roedd Lincoln wedi'i ailethol ond roedd hefyd wedi ennill y refferendwm ar y rhyfel. Bloeddiodd golygydd *Y Cyfaill o'r Hen Wlad* fod 'dedfryd y bobl' wedi'i datgan yn glir:

> Felly mae y Weinyddiaeth bresenol wedi cael ei chefnogi gan lais y

wlad yn y modd mwyaf penderfynol; a dedfryd y bobl yw fod y rhyfel presenol i gael ei gario yn mlaen yn egniol yn erbyn y gwrthryfelwyr hyd nes byddant yn barod i ymostwng i'r llywdroaeth haelionus, yn erbyn yr hon y codasant i fyny eu harfau. (C, 64.12)

Ac yntau ymysg y Cymry cyntaf i gefnogi'r Gweriniaethwyr pan ffurfiwyd y blaid newydd yn y 1850au, roedd Robert Everett wrth ei fodd â chanlyniad yr etholiad:

Llawer o bobl yr Hen Wledydd a dybiant nad oes grym mewn Gweriniaeth, ond mai gyda y Pencoronog y mae grym, ac o herwydd hyny mai dyna y ffurflywodraeth oreu. Ond galwn sylw gwyr yr Hen Wledydd at ein hetholiad Llywyddol yn 1864, er eu hargyhoeddi o'u camgymeriad yn hyn. (CA, 64.12)

Rhoddwyd blas arbennig i'r fuddugoliaeth gan y cyd-destun ehangach. Nid oedd llywodraeth y frenhines Fictoria wedi bod yn gefnogol i Lincoln, ac yn yr un modd roedd llawer o bapurau newyddion ym Mhrydain ac Ewrop wedi dweud nad oedd ganddo obaith o ennill. Ond roedd y Gweriniaethwr wedi ysgubo'r etholiad o dan y fath amgylchiadau, gan roi prawf i olygydd *Y Cenhadwr Americanaidd* fod gweriniaeth yn drech na brenhiniaeth a bod ethol arlywydd yn well na choroni brenin neu frenhines. Os 'hiliogaeth wrol yr Hen Frutaniaid' oedd Cymry America, dylid ychwanegu mai gweriniaethwyr – a Gweriniaethwyr – oedd yr hiliogaeth wrol honno bellach.

'Hyfdra Anarferol'

Pan aeth Ulysses S. Grant i Virginia cafodd William Tecumseh Sherman ei ddyrchafu a'i wneud yn gyfrifol am hen fyddin Grant yn theatr y gorllewin. Roedd Sherman yn filwr craff a allai weld y tu hwnt i ramant a rhethreg yr oes; gwyddai beth oedd gwir natur y rhyfel modern newydd. Yn haf 1861 roedd rhai'n meddwl ei fod yn wallgof pan ddywedodd y byddai'r rhyfel yn un hir a gwaedlyd. Cafodd ei brofi'n iawn, wrth gwrs, ac fe aeth yr arch-realydd ymlaen i fod yn gadfridog llwyddiannus. Yn ystod haf 1864 symudai ei fyddin o Chattanooga, Tennessee, drwy dalaith Georgia i gyfeiriad Atlanta.

Roedd cannoedd o Gymry ym myddin Sherman, ac mae'r cofnodion a gyhoeddwyd gan y wasg Gymraeg yn tystio i ymdrechion y Gwrthryfelwyr i rwystro taith Sherman drwy Georgia:

> [C]afodd Benjamin Jones, Paris, Ohio, ei ladd ger Atlanta, Georgia. [....] Perthynai i gwmni D, catrawd 104 o draedfilwyr gwirfoddol Ohio. [....] Yn nechrau Mai diweddaf ymunodd ei gatrawd â byddin Sherman, a chymerodd ran yn y caledi, y teithiau blinion, a'r ymdrechfeydd angeuol ar y daith fythgofus o Chattanooga i Atlanta. Ar foreu y 6fed o Awst cafodd ef ac eraill eu gosod i wneuthur rhuthr ar ryw gaerfa berthynol i'r gelyn, [...] a chollwyd cryn lawer o'n bechgyn ni, ac yn eu plith syrthiodd Ben Jones trwy gael ei sethu trwy ei ben. Bu farw yn uniongyrchol. Y nos ganlynol, ciliodd y gelynion o'r gaerfa; tranoeth cafwyd gafael ar ei gorff, a chladdwyd ef yn barchus gan ei gydfilwyr. (CA, 64.10)

Un o feirch-filwyr Sherman yn ystod yr ymgyrch hon oedd David T. Davis. Ymunasai'r ymfudwr ifanc hwn â'r fyddin yn fuan ar ôl glanio yn yr Unol Daleithiau, a hynny er ei fod dan oed. Roedd yn 21 oed ac yn filwr profiadol erbyn haf 1864:

> Pan yn gwneud ymosodiad ar y gelyn, saethwyd ei geffyl o dano, ond

ymhen ychydig amser daeth cydfilwr â cheffyl arall iddo, ond ar ôl ychydig funudau saethwyd y ceffyl hwnnw hefyd yn farw; roedd y fyddin yn myned ymlaen, ac yntau wrtho'i hun, ac yn fuan yr oedd yn llaw y gelyn a chymerwyd ef i garchar Andersonville. (D, 1923.3)

Wrth i filwyr Sherman dreiddio'n ddyfnach i berfeddion Georgia, aeth yn fwyfwy anodd i bobl yn y Gogledd gael hanes y fyddin. Yn wir, dibynnai gwasg y taleithiau Gogleddol – gan gynnwys y wasg Gymraeg – ar bapurau newydd y Gwrthryfelwyr i raddau am hanes byddin yr Undeb ym mhellafion Georgia. Bu'n rhaid i deuluoedd ddisgwyl i'r llinellau a gysylltai Sherman a'i filwyr crwydrol â rhwydwaith sefydlog y fyddin Undebol gael eu hadfer cyn derbyn llythyrau a hanes eu meibion. Dyna, er enghraifft, William a Mary Jones, 'gynt o Nantglyn, Swydd Ddinbych', ond bellach yn byw yn Saxville, Wisconsin. Roedd eu mab, Sarjant Robert Jones, wedi ailymrestru yn y fyddin rai dyddiau cyn Nadolig. Er mai dim ond 24 oed ydoedd ar y pryd, mae'n debyg fod ei rieni'n teimlo fod eu mab wedi gwneud mwy na'i ran yn barod:

Pan dorodd y gwrthryfel allan yn y wlad hon, ar alwad gyntaf y Llywydd, ymunodd Robert gyda'r 3edd Gatrawd o Wirfoddolion Talaeth Wisconsin, ac ni chawsant aros ond ychydig cyn eu galw i faes y frwydr; a chan y credai Robert mai yn ochr y Llywodraeth yr oedd uniawnder, ymroddai â'i holl egni i'w hamddiffyn ac [...] ennillodd ffafr ac ymddiried ei swyddogion i raddau anghyffredin. (C, 65.3)

Aeth drwy dair ar ddeg o frwydrau, gan gynnwys Antietam. Ond er iddo gael ei glwyfo ddwywaith yn ystod y frwydr honno, dychwelodd i rengoedd ei gatrawd ar ôl iddo wella o'i glwyfau. A phan ddaeth ei dair blynedd i ben yn Rhagfyr 1863 penderfynodd Robert ymrestru ar gyfer tair blynedd arall. Felly aeth yn un o filwyr Sherman ar y daith drwy Georgia. Daeth llythyr i'w rieni o Georgia o'r diwedd, ond Warham Parks, uwchgadben (*major*) y gatrawd, a'i hysgrifennodd:

Camp of 3d Wis. Inf., N[ea]r Atlanta,
G[eorgi]a, Aug. 10, 1864.
Mr. Wm. R. Jones, Saxville, Wis., – My dear Sir, – The afflicting news this letter will bring you will be a sufficient excuse for my addressing you thus abruptly. I am grieved to tell you that your son, Robert, was instantly killed this morning by a bullet of a Rebel Sharpshooter, while sitting and writing in his tent. He was killed instantly. He probably never knew the cause of his death. (C, 65.3)

Y Cadfridog William Tecumseh Sherman

Mae'n bosibl i Robert gael ei ladd ar ganol ysgrifennu llythyr at ei rieni; amhosibl dweud gan nad yw'r swyddog yn manylu. Ond dywed i gadben y Sgt. Jones gael ei ladd *'the other day, under similar circumstances'*, a bod beddau'r ddau yn ymyl ei gilydd. Tystia llythyrau fel hwn i natur y 'rhyfel athreuliol' a ymleddid ar gyrion Atlanta.

Cipiodd Sherman ddinas Atlanta o'r diwedd yn gynnar ym mis Medi. Erbyn ail wythnos Tachwedd roedd yn barod i ddechrau'r *'march to the sea'* a fyddai'n ymsefydlu'n bennawd mewn cynifer o lyfrau hanes y dyfodol. Fel hyn y cofnodwyd y 'symudiad' gan *Y Cenhadwr Americanaidd:*

Y newydd pwysicaf, tebygid, o faes yr ymdrechfa fawr yn bresenol ydyw symudiad byddin Sherman tua'r De neu Dde-ddwyrain o Atlanta. Cychwynodd tua'r 12fed o Dachwedd â byddin o tua deng mil a deugain o wyr – naw mil o honynt yn feirch-filwyr. (CA, 64.12)

Yn ôl golygydd *Y Cyfaill o'r Hen Wlad*, roedd 'y Cadfridog Sherman wedi dechreu ar weithrediad symudiad o hyfdra anarferol', ac roedd llwyddiant y cynllun 'o bwysigrwydd i'r ymdrech cyffredinol.' (C, 64.12)

Bwriad syml Sherman wrth ymlwybro drwy Georgia i'r arfordir oedd torri asgwrn cefn economaidd y dalaith gan hefyd dorri ysbryd y *Rebels* a'u hawydd i gynnal eu gwrthryfel. 'Hyfdra anarferol' ydoedd i olygydd *Y Cyfaill*; yng ngeiriau Sherman ei hun, y nod oedd *'to make Georgia howl'*. Aeth ymlaen i brofi'i hun yn iawn unwaith yn rhagor gan fflangellu'r rhan honno o'r dalaith a safai rhyngddo a'r môr. Dyma'r dyn a ddywedodd *'war is all hell'* gan fathu ymadrodd a fyddai'n cael ei ailadrodd droeon wedyn. Agorodd taith Sherman drwy Georgia bennod greulon newydd yn hanes y rhyfel gan iddo dargedu'n fwriadol gyfoeth ac ysbryd y sifiliaid a oedd yn cynnal byddin y gelyn.

Ar ôl dros dair blynedd o ryfel a laddodd ddegau o filoedd o'u cydfilwyr, roedd milwyr Sherman yn barod iawn i arddel athroniaeth eu cadfridog a llosgi llain o dir drwy galon Georgia. Ar *Thanksgiving Day,*

Tachwedd 1864, baglodd nifer o sgerbydau byw i mewn i wersyll milwyr Sherman yn Milledgeville, Georgia gan darfu ar eu cinio Diolchgarwch. Milwyr Gogleddol oedd y trueniaid hwythau, newydd ddianc o garchar Andersonville lle buont yn newynu. Ymledodd hanes y driniaeth a gawsai'r carcharorion rhyfel drwy'r wersyllfa gan ddwysáu awydd byddin Sherman i wneud i Georgia 'udo' mewn poen.

'Parch i'r Hwn y Mae Parch yn Ddyledus'

Wel, fy nymuniad i ydyw eu gweled oll yn mwynhau y rhyddid y maent yn deilwng o hono, cyn y bydd yn rhaid imi daflu fy arfau i lawr; oblegid nid wyf yn ewyllysio dychwelyd yn ôl yna, a gadael y Negro mewn caethiwed; ac yr ydwyf yn foddlon i fyned trwy lawer o galedi er mwyn ei ryddhau o'i gaethiwed. Ond yr wyf am weled y dynion duon hefyd yn cael dyfod i faes y gwaed ag arfau yn eu dwylaw. Carwn weld cant neu ddau o filoedd o honynt yn ymladd dros eu hiawnderau.(D, 63.4)

Roedd yn beth naturiol i ddiddymwyr weld y rhyfel rhwng taleithiau rhydd y Gogledd a thaleithiau caeth y De fel rhyfel rhwng rhyddid a chaethiwed. Eto, roedd ymgyrchwyr dros hawliau dynol pobl dduon yn gorfod brwydro yn erbyn mwy na chaethfeistri'r *Confederacy*. Ceid llawer iawn o hiliaeth yn y taleithiau Gogleddol hefyd, ac amlygid hyn yn y ffaith nad oedd byddin y Gogledd yn gadael i ddynion duon ymrestru ar ddechrau'r rhyfel. Cytunai llywodraeth y Gogledd â llywodraeth y De ar o leiaf un pwynt ar ddechrau'r rhyfel, sef mai *'white man's war'* oedd y Rhyfel Cartref. Yn hyn o beth gwyddai llywodraeth y Gogledd fod llawer iawn o boblogaeth y wlad yn cytuno na ddylai'r fyddin agor ei drysau i'r dyn du. Credai llawer mai amhosibl fyddai troi'r caethwas yn filwr; pe bai cyn-gaethwas arfog yn cwrdd â'i gyn-feistr ar faes y gad, meddent, byddai'n ildio'n syth gan drosglwyddo'i arfau i ddwylo'r dyn gwyn. Un o gonglfeini cymdeithas y taleithiau Deheuol oedd y gred fod pobl dduon yn hanfodol israddol i bobl wyn, ond roedd y gred hiliol hon hefyd yn rhemp yn y Gogledd. Ym marn yr hilgwn, byddai gadael i ddynion duon ymrestru ym myddin yr Undeb yn iselhau'r fyddin a'r Undeb fel ei gilydd.

Dywedodd nifer o ddiddymwyr ar ddechrau'r rhyfel fod lle i'r dyn du ymuno yn yr ymdrech. Rai wythnosau'n unig ar ôl i'r Gwrthryfelwyr danio ar Gaerfa Sumter, cyhoeddodd y cyn-gaethwas Frederick Douglas ei farn yn ei bapur gwrth-gaethweisiol: *'Let the slaves and free colored people be called into service, and formed into a liberating army, to march into the South and raise the banner of emancipation among the slaves.'* (DM, 61.5) Ond roedd digon o bapurau (Saesneg) eraill yn y Gogledd yn arddel safbwynt yr hilgwn: 'ni all y dyn du ymladd', 'byddai gadael i'r dyn du ymuno â'r fyddin yn iselhau'r milwyr gwyn', ac yn y blaen. Gan fod agweddau poblogaidd yn cefnogi safiad y llywodraeth ar ddechrau'r rhyfel, daeth yn amlwg mai gorchwyl sylweddol fyddai ennill i'r dyn du yr hawl i ymladd.

Gwyddai diddymwyr craff fod yr ymgyrch hon yn hollbwysig. Rhyddhau'r caethweision oedd y cam cyntaf yn y frwydr dros hawliau dynol yr Affro-Americaniaid, ond roedd ennill eu hunan-barch – yn ogystal â pharch eu cydwladwyr gwyn – hefyd yn rhan bwysig o'r frwydr honno. Edrychai'r diddymwyr ymlaen at y dydd pan fyddai holl boblogaeth ddu America yn drigolion rhydd, ond roeddynt hefyd yn gwybod nad hawdd fyddai i drigolion duon rhydd yr Unol Daleithiau ennill cydraddoldeb llawn. Roedd ennill yr hawl i ymladd felly'n rhan bwysig o'r ymgyrch dros hawliau dynol yr Affro-Americaniaid; gwyddai'r diddymwyr fod ennill y cyfryw hawl yn rhan bwysig o'r broses o ennill dinasyddiaeth lawn. Yng ngeiriau bythgofiadwy Frederick Douglas:

> *Once let the black man get upon his person the brass letters, U.S.; let him get an eagle on his button, and a musket on his shoulder and bullets in his pocket, and there is no power on earth which can deny that he has earned the right to citizenship.* (DM, 63.8)

Nid brwydro dros hawliau dynol a chydraddoldeb oedd yr unig reswm dros adael i ddynion duon ymrestru ym myddin yr Undeb. Roedd rhai sylwebwyr gwleidyddol yn ei weld fel cam milwrol call: pam gwrthod y cyfle i roi miloedd o filwyr ychwanegol ar y maes? Daeth llawer o Ogleddwyr nad oedd yn poeni o anghenraid am ryddid y caethweision i weld eu rhyddhau fel modd o daro yn erbyn y Gwrthryfelwyr, ac yn yr un modd y daeth llawer iawn o bobl heb asgwrn cefn moesol y diddymwyr i weld ymrestru dynion duon fel strategaeth filwrol dda. Mae'r gosodiad *'a black man can stop a bullet as good as a white man'* yn britho ysgrifau'r cyfnod. Eto, er i ambell gadfridog Gogleddol gymryd camau tuag at ymrestru dynion duon yn ystod blwyddyn gyntaf y rhyfel, fe'u rhwystrwyd dro ar ôl tro gan y llywodraeth.

Er bod byddin yr Undeb wedi'i chau i'r dyn du ar ddechrau'r rhyfel, gwahanol oedd barn llynges yr Undeb; bu dynion duon yn gwasanaethu ar longau rhyfel y Gogledd o'r cychwyn cyntaf. Roedd llawer o gyn-

Du a gwyn yn cydwasanaethu yn llynges y Gogledd. Yn ogystal â'r cerddor â'i fanjo, noder y morwyr duon yn sefyll ar y dde.

gaethweision yn aelodau o griw'r llong ryfel *Vermont*, ac roedd John Morgan, Cymro o Ohio, wrth ei fodd yn cydweithio â'r morwyr duon:

> Gyda golwg ar y llong, y mae yn llestr mawr dychrynllyd, yn un o'r llestri mwyaf sydd yn rhodio brig y don y dyddiau hyn. Y mae mwy na hanner ei theulu (cynwysa wyth cant i gyd) yn fechygn duon; ac y maent o ddefnydd rhyfeddol yma; hebddynt nis gwn beth a wnaethai ein Llywodraeth. (D, 63.4)

Fel cynifer o'i gyd-Gymry yn America, gwelai'r morwr Cymreig hwn y rhyfel fel crwsâd yn erbyn caethwasanaeth. Yn wir, roedd cydweithio â chyn-gaethweision wedi dwysáu'r ffordd y gwelai'r berthynas rhwng caethwasanaeth a'r rhyfel:

> Yr oeddwn yn rhyfedd dros ryddhad y caeth cyn myned o Newport [Ohio]; mewn gwirionedd, dyna oedd fwyaf ar fy meddwl i'm tueddu i godi arfau yn erbyn y *rebels*; ond er cymaint yr oeddwn yn dymuno eu rhyddhad y pryd hwnw, yr ydwyf yn dymuno eu rhyddhad yn fwy heddiw. Y mae y dynion duon erbyn hyn yn fy adnabod agos oll, am y rheswm fy mod yn treulio cymaint o fy amser yn eu plith, yn

gwrando arnynt yn adrodd eu helynt, gyda *Massa* ar y [...] *plantations* [....]. (D, 63.4)

Fe anfonodd John Morgan ei lythyr at gyfaill yn ôl yn Ohio, ac aeth ei gyfaill yntau ati i gyhoeddi'r llythyr yn *Y Drych*. Roedd hyn yn gyffredin iawn yn ystod y rhyfel; ysgrifennodd milwr Cymreig lythyr at ei deulu neu at un o'i gyfeillion, ac wedyn cyhoeddodd yr unigolyn hwnnw y llythyr yn *Y Drych*, *Y Cenhadwr Americanaidd* neu *Y Cyfaill o'r Hen Wlad*, gan nodi'n aml fod llythyr y milwr yn cynnwys teimladau crefyddol neu wladgarol y byddai'r gymuned Gymraeg ehangach yn elwa o'u darllen. Yn achos llythyr y morwr John Morgan, roedd ei gyfaill am i Gymry America ddarllen yr hyn a ddywedai am bobl dduon a'u gallu i wasanaethu'r llywodraeth yn filwrol.

Wel, fy nymuniad i ydyw eu gweled oll yn mwynhau y rhyddid y maent yn deilwng o hono, cyn y bydd yn rhaid imi daflu fy arfau i lawr; oblegid nid wyf yn ewyllysio dychwelyd yn ôl yna, a gadael y Negro mewn caethiwed [...]. Ond yr wyf am weled y dynion duon hefyd yn cael dyfod i faes y gwaed ag arfau yn eu dwylaw. Carwn weld cant neu ddau o filoedd o honynt yn ymladd dros eu hiawnderau. (D, 63.4)

Dyma felly dynnu sylw at y ffaith fod llynges y Gogledd o flaen y fyddin gan ei bod wedi gadael i ddynion duon wasanaethu o'r dechrau. Wrth ddweud y carai 'weld cant neu ddau o filoedd' o filwyr duon 'yn ymladd dros eu hiawnderau' roedd John Morgan yn tynnu sylw at ddwy ffaith: yn ogystal â phwysleisio fod pobl dduon yn ymladd dros eu hawliau sylfaenol mae hefyd yn nodi fod y fyddin wedi colli cyfle hyd yn hyn. Pe bai'r fyddin wedi dilyn esiampl y llynges o'r dechrau, byddai ganddi '[g]ant neu ddau o filoedd' o filwyr ychwanegol erbyn hyn.

Cyhoeddwyd llythyr John Morgan yn Ebrill 1863. Roedd yn amserol iawn: fis yn ddiweddarach, ym Mai 1863, ffurfiodd llywodraeth Lincoln *The Bureau for Colored Troops* er mwyn recriwtio a threfnu catrodau o filwyr duon. Daeth ffurfio Swyddfa'r Milwyr Duon ar sodlau nifer o ddatblygiadau eraill. Pasiwyd cyfraith bwysig gan Gyngres yr Unol Daleithiau yn ôl ym mis Gorffennaf 1862, sef y *militia act*. Ymysg pethau eraill, rhoddodd y ddeddf hon gynsail cyfreithiol er mwyn agor drysau caeëdig y fyddin i ddynion duon; nid oedd rhwystr swyddogol bellach i *'persons of African descent'* ymrestru yn y fyddin. A phan arwyddodd y Cyhoeddiad Rhyddid ar Ddydd Calan 1863, roedd Abraham Lincoln yn rhoi bodolaeth i ddeddfwriaeth arall a fyddai'n paratoi'r ffordd ar gyfer

Cyfeillion y Cymro John Morgan: morwyr duon ar fwrdd yr U.S.S. Vermont

milwyr duon; yn ogystal â datgan fod rhyddhau'r caethion yn foesol gywir ac yn rhan swyddogol o fwriad byddin y Gogledd, cyfeiriodd Emancipation Proclamation Lincoln at allu'r arlywydd a'i fyddin i ymrestru dynion duon.

Er gwaethaf y camau deddfwriaethol pwysig hyn, roedd y ffactorau a grybwllwyd eisoes – cyfuniad o hiliaeth a phryder ynglŷn â'r taleithiau ffiniol – yn cadw byddin y Gogledd rhag mynd ati'n syth i arfogi dynion duon ar raddfa fawr. Defnyddid dynion duon mewn swyddogaethau cynorthwyol gan y fyddin – fel cogyddion a llafurwyr – ond roedd radicaliaid yn awyddus i'r deddfau newydd gael eu gwireddu i'r eithaf ac i ddynion duon gael ymrestru fel milwyr llawn. Gan fod mwyafrif llethol Cymry America yn cefnogi Lincoln a chan fod cynifer o ddiddymwyr Cymreig yn cefnogi'r ymgyrchoedd dros hawliau dynol pobl dduon, roedd arafwch y llywodraeth i arfogi'r dyn du yn peri peth penbleth iddynt. Roeddynt yn amharod i gydnabod fod eu harwr yn llusgo'i draed ynghylch y mater. Roedd y Cymro Isaac Cheshire yn sicr nad ar Lincoln ei hun yr oedd y bai am y llusgo traed:

Y mae yr Arlywydd o'r dechreu i'r diwedd [...] wedi rhoddi ei droed i lawr gyda golwg ar gwestiwn y Negro yn ei berthynas a'r rhyfel. Cânt, heblaw rhawiau i balu, a chawgiau i gogino i'r wlad, arfau goreu yr arfdy i ymladd drosti hefyd.(D, 63.5)

Bid a fo am farn yr arlywydd ei hun, llusgo'i thraed a wnaeth llywodraeth Lincoln am rai misoedd gan ddangos amharodrwydd i weithredu'r deddfwriaethau yr oedd wedi'u mabwysiadu. Byddai agor y drws led y pen i filwyr duon yn golygu dim llai na chwyldro o ran diwylliant a seicoleg, ac nid ar chwarae bach mae gwireddu chwyldro. Ond fel chwyldroadau eraill, roedd rhai radicaliaid eisoes yn braenaru'r tir drwy wthio'r ffiniau. Ffurfiwyd rhai catrodau arbrofol o filwyr duon gan swyddogion mentrus a diddymwyr dylanwadol cyn i'r llywodraeth ffederal roi sêl eu bendith ar y menter. Trwy eu ffurfio fel *militia* taleithiol (yn hytrach na rhan o fyddin y llywodraeth ffederal), neu drwy eu ffurfio o dan gymalau niwlog yn y cyfreithiau ynglŷn ag eiddo'r Gwrthryfelwyr, neu drwy anwybyddu dymuniadau llywodraeth Lincoln, daeth nifer o gwmnïau a chatrodau o filwyr duon i fodolaeth cyn diwedd 1862. Erbyn 1862 roedd rhai o'r milwyr duon yn cymryd rhan mewn ymgyrchoedd milwrol yn Kansas, Louisiana a De Carolina.

Un o'r rhain oedd y *1st South Carolina Volunteers,* catrawd a ffurfiwyd gan gyn-gaethweision yn nhalaith De Carolina. Penodwyd Thomas Wentworth Higginson, diddymwr brwd o dalaith Massachussetts, yn gyrnol ar y gatrawd arbrofol hon. A phan aeth ei filwyr duon i'r afael â'r gelynion yn Ionawr 1863, sicrhaodd Higginson fod hanes dewrder y gatrawd yn cyrraedd papurau newydd y Gogledd. Rhoddodd Isaac Cheshire gymorth i ymgyrch Higginson i ennill enw da i'r milwyr duon drwy grybwyll eu hanes yn *Y Drych*, a hynny'n rhan o'r un llythyr sy'n amddiffyn rôl Lincoln. Er dweud nad yw'r arlywydd ei hun ar fai am beidio â gadael i ddynion duon ymrestru wrth y miloedd, roedd Cheshire yn drwm ei lach ar bobl eraill a ddywedai na fyddai'r dyn du yn filwr da. Yn ei dyb ef roedd hanes y *1st South Carolina* wedi ateb y cwestiwn unwaith ac am byth. Roedd brwydrau cyntaf y milwyr duon hyn yn ddim llai na bedydd tân eu hailenedigaeth fel dynion rhydd:

Wel! gymaint, onide, ydoedd dallineb a thywyllwch ofergoelus y bobl fel y bu yn angenrheidiol dinystrio byddinoedd mawrion – gorlwytho y wlad â dyled – llanw mynwesau dirif â galar am eu hanwylion, ac i golledigaeth ei hunan ymrithio o flaen eu llygaid cyn y llwyddwyd i gael ganddynt weled y gwirionedd a'i gredu. Y mae amser gwerthfawr wedi ei golli hefyd; os yw yr hanes yn wir am y *1st South Carolina*, a ffurfiwyd o wylltiaid y fangre dywyll hono – Carolinas – eu bod yn *marchio* ac yn myned drwy orchwylion y gwersyll yn gampus; ac heblaw hyny, yn talu yn ôl i'w hen feistriaid yn eu pwyth eu hunain,

Y milwyr duon y bu'r Cymro o New Haven yn eu dysgu: Y 29ain Gatrawd o Wirfoddolion Duon Connecticut. Gwelir swyddogion gwyn y gatrawd yn sefyll o flaen y rhes o filwyr. Tynnwyd y llun yn Ne Carolina.

sef rhoddi iddynt ergyd am ergyd ar y maes. Os gwir hyn, yn ngwyneb pob anfantais, beth fuasai y canlyniad erbyn heddyw o ymgymeryd a'r cynllun o'r dechreuad, a gweithredu yn synwyrol arno? Mentraf ddweyd y buasai genym gorfflu o gan' mil o filwyr o'r duon, y buasent yn fwy o ddychryn i Jeff. Davis na hyny o filwyr gwynion a gafwyd yn y *Border States*.(D, 63.5)

Yn y frawddeg olaf hon gwelir Isaac Cheshire yn ymosod ar bolisi ei arwr ei hun. Roedd Lincoln yn poeni am elyniaethu trigolion teyrngar Maryland, Missouri, a Kentucky yn enwedig. Roedd diddymwyr radicalaidd yn ei lywodraeth am symud yn syth i ddiddymu caethwasanaeth ar ddechrau'r rhyfel, ond er bod yr arlywydd yn credu fod y sefydliad yn anfoesol roedd yn poeni y byddai cymryd y fath gamau'n gwthio'r taleithiau ffiniol i ymuno â'r *Confederacy*.

Roedd Lincoln ac eraill yn ei lywodraeth hefyd yn cyfeirio at y dynion teyrngar o'r *border states* a ymrestrai yn y fyddin fel rheswm amlwg dros beidio â gelyniaethu'r taleithiau hyn. Ond gwelodd Isaac Cheshire yn hanes y gatrawd o filwyr duon brawf mai gwell fuasai mynd ati i recriwtio cymaint o ddynion duon â phosibl yn hytrach na phoeni am ymateb y taleithiau ffiniol. Wrth ddweud y buasai hynny'n rhoi 100,000 o filwyr ychwanegol ym myddin yr Undeb roedd y Cymro hwn yn adleisio dymuniad y morwr John Morgan i weld 'cant neu ddau o filoedd o honynt yn ymladd dros eu hiawnderau'. Er gwaethaf arafwch y llywodraeth yn ystod dwy flynedd gyntaf y rhyfel, byddai dymuniad y ddau Gymro yn cael ei wireddu erbyn diwedd Rhyfel Cartref yr Unol Daleithiau: pan ddaeth y rhyfel i ben roedd tua 180,000 o filwyr duon ym myddin y Gogledd. Roedd gweithgareddau diddymwyr amlwg fel Frederick Douglas a'r Cymro Robert Everett – yn ogystal â gwaith milwyr a morwyr cyffredin fel John Morgan – wedi helpu sicrhau y gallai cannoedd o ddynion duon wneud hyn.

Ar yr union adeg ag yr oedd Isaac Cheshire ac awduron eraill yn lledaenu hanes y *1st South Carolina Volunteers*, roedd catrawd arall o filwyr duon yn cael ei ffurfio a fyddai'n gwneud hanes mewn mwy nag un ffordd. Ym mis Ionawr 1863 dechreuodd llywodraethwr Massachusetts recriwtio catrawd o filwyr duon, y *54th Regiment Massachusetts Infantry*. Yn wahanol i'r *1st South Carolina*, nid cyn-gaethweision oedd y rhan fwyaf o'r milwyr newydd hyn, ond dynion duon rhydd a fuasai'n byw yn y Gogledd cyn i'r rhyfel ddechrau. Ymrestrodd meibion neb llai na Frederick Douglas yn y gatrawd newydd ac roedd gan y *54th Massachussetts* lawer o filwyr llengar yn ei rhengoedd a fyddai'n sicrhau fod ei hanes hithau yn cyrraedd papurau'r Gogledd. Roedd diddymwyr y Gogledd yn dilyn hanes y gatrawd hon yn ofalus iawn, gan ddisgwyl yn eiddgar am i'r gatrawd gael cyfle i'w phrofi ei hun ar faes y gad.

Daeth y cyfle hwnnw ar 18 Gorffennaf 1863. Mewn ymosodiad cwbl ofer, taflwyd milwyr duon y *54th* yn erbyn amddiffynfeydd Caerfa Wagner yn Ne Carolina. Gwelai pawb gyda doethineb trannoeth nad oedd ganddynt obaith o lwyddo, ond gan eu bod wedi dangos dewrder yn wyneb tân y gelyn, enillodd y milwyr duon barch cyhoedd y Gogledd. Daeth yr enw 'Fort Wagner' felly'n hynod arwyddocaol i bobl dduon y wlad ac i ddiddymwyr y Gogledd. Cafodd y Parchedig Erasmus Jones gyfle i ymweld â'r safle ystyrlon hwn ar ôl i fyddin yr Undeb gipio Wagner. Fe'i disgrifiodd mewn llythyr i'r *Cenhadwr Americanaidd*:

Mae Waggoner [sic] yn gaerfa ardderchog. Mae yn hon ystafelloedd *bomb-proof* yn ddigon eang i gysgodi mil, neu bymtheg cant o filwyr. Gwelir y'mhob man o amgylch y gaerfa arwyddion eglur o'r ymdrechfa ofnadwy a gymerodd le cyn iddi syrthio i ddywlaw yr Undebwyr. Canfyddir miloedd o ddarnau *bomb-shells* yn gymysgedig â'r tywod. Gwelais y fan lle y syrthiodd y gwrol Col. Shaw o'r 54 Mass.

`Yn talu yn ôl i'w hen feistriaid yn eu pwyth eu hunain'

wrth arwain ei fechgyn *duon* yn erbyn y gelyn; ac yn y gwastadedd ger llaw, y tawel hunant y'nghyd hyd 'fore'r codi.'(CA, 64.11)

Symudodd pethau'n gyflym ym 1863. Fe aeth hanes y *1st South Carolina* ar led yn y Gogledd ar ddechrau'r flwyddyn. Ffurfiwyd *The Bureau for Colored Troops* ym mis Mai 1863 gan felly baratoi'r ffordd ar gyfer recriwtio dynion duon ar raddfa eang. Wedyn ym mis Gorffennaf aberthodd y *54th Massachusetts* lawer o'i milwyr ar waliau Caerfa Wagner gan anfarwoli'r gatrawd yn llygaid y cyhoedd. Un o hynodion y flwyddyn i Gymry America oedd gweld milwyr duon yn dod yn wedd normal ar fyddin y Gogledd. Cyhoeddodd y Parch. Ben Chidlaw lythyr yn disgrifio ymweliad â byddin yr Undeb yn y De:

Yn y daith i'r dehau gwelais filoedd o bobl dduon wedi eu rhyddhau o gadwynau caethiwed, trwy wrthryfel eu perchnogion. Tiriodd ar lan y Mississippi gerllaw Miliken's Bend 3,200 yr un diwrnod, gwyr, gwragedd, a phlant. Treuliais oriau yn eu plith, ni chlywais air anaddas, ac ni welais ymarweddiad anweddaidd. [....] Mae dros 50,000 yn awr yn rhydd. Gwelais dros 2,000 o honynt wedi enlistio i'r fyddin, ac y maent yn sicr o wneud milwyr gwrol a medrus. Maent yn barod i ymladd dros eu gwlad, ac i farw (os bydd raid) yn ei hachos. (CA, 63.7)

Yn nhyb Ben Chidlaw, roedd dyfodiad y milwyr duon i'r maes yn rhan o'r wawr a ddeuai ar ddiwedd tywyllwch y rhyfel: 'Mae amgylchiadau ein gwlad yn ddyrus, ond yn gwella, a dydd ein llwyddiant yn gwawrio.'(CA, 63.7)

Roedd Cymry'r 16eg Gatrawd o Draedfilwyr Wisconsin yn gweithio ochr yn ochr â nifer o gatrodau duon yn Louisiana, fel y nododd un ohonynt mewn llythyr i'r *Drych*:

Yr ydym wedi gorphen tori o'r afon hyd i'r *Lake*, ac mae'r *Negro Brigade* yn awr yn brysur yn tori canal o'r *Lake* i Bayou Macon, yr hon a red i'r afon Tensas ac oddiyno i'r Red River.(D, 63.4)

Fe ysgrifennodd Cymro arall o Wisconsin, John Griffith Jones, adref at ei deulu gan nodi fod y dynion duon yn datblygu'n filwyr da: 'Mau yma [nifer] o gatrodau o filwyr duon yn caul eu drilio. Y maunt yn dysgu yn rhagorol. Cael eu galw 'Mississippi Ffederals'.'(JGJ, 41)

Mewn llythyr arall a anfonodd adref i Wisconsin, disgrifiodd John Griffith Jones allu pregethwyr y milwyr duon:

Y mau yma amryw o coler[e]d regiments, ac y mae ganddynt hwy bregethwyr 'run lliw. Yn wir, y maunt yn pregethu yn ardderchog; y maunt yn tynu sylw'r milwyr yn fwy na'n pregethwyr ni ein hunain. Y mau ganddynt ddoniau mawr. Y mau cystal genyf welad y milwyr duon a gwelad y rhai gwynion. (JGJ, 72)

Er bod gan rai catrodau duon bregethwyr duon, y drefn arferfol oedd gosod dynion gwyn yn swyddogion ar filwyr duon, ac roedd hynny'n cynnwys caplaniaid llawer o'r catrodau newydd. Un o'r rhain oedd y Parchedig Erasmus Jones, caplan gyda'r *21st United States Colored Infantry*. Gan ei fod wedi cyd-ymdrechu â Robert Everett, golygydd *Y Cenhadwr Americanaidd*, yn yr ymgyrch i ddiddymu caethwasanaeth yn y cyfnod cyn y rhyfel, roedd yn gam naturiol i Erasmus Jones ysgrifennu at *Y Cenhadwr* ac adrodd ei hanes:

Chwi welwch, Mr. Everett, fy mod yn awr yn Carolina Ddeheuol, yn dal perthynas â'r fyddin Undebawl, sydd yn yr ymdrech clodwiw o roddi i lawr y gwrthryfel mwyaf dieflig a gymerodd le er pan gyfododd Satan a'i angylion yn erbyn llywodraeth gyfiawn Brenin y

`Erbyn hyn y mae'r dyn du wedi rhoddi prawfiadau digonol i'r wlad ei fod yn feddianol ar wir elfenau milwrol.'

brenhinoedd. Peidied neb a fy nghamgymeryd. Nid yw eich anheilwng was, hyd yma, wedi cymeryd i fyny arfau milwriaeth gnawdol. Mae yn y fyddin yn dilyn yr un alwedigaeth a phan oedd gartref, – sef pregethu Crist 'a hwnw wedi ei groeshoelio' i'r penaf o bechaduriaid. Er yn agos i bedwar mis bellach, cefais fy awdurdodi i fod yn *Chaplain of the 21 Regt. United States Colored Troops.* Mae y Regiment i ba un yr wyf yn perthyn, oddigerth ei swyddogion, wedi ei chyfansoddi yn hollol o bobl *dduon.* Ac nid hyny yn unig, ond yr oeddynt oll ychydig amser yn ôl yn *gaethion;* yn cael eu hystyried gan eu perchnogion (?) yn werth hyn a hyn o ddoleri, ac yn cael eu prynu a'u gwerthu, a'u gwasgaru, yma a thraw, fel creaduriaid direswm. (CA, 64.11)

Nid gofalu am faterion crefyddol yn unig a wnâi Erasmus Jones; fel nifer o Gymry a fu'n gwasanaethu ochr-yn-ochr â chyn-gaethweision, roedd hefyd yn eu helpu i ddysgu darllen ac ysgrifennu. Yn wahanol i filwyr duon y *54th Massachussetts,* cyn-gaethweision oedd y milwyr a ffurfiai braidd Erasmus Jones, ac felly roeddynt yn anllythrennog cyn ymrestru yn y fyddin. Chwaraeai'r caplan Cymreig ran bwysig ym mywyd cymdeithasol y gatrawd; roedd helpu'r dynion duon addasu at eu bywyd newydd yn golygu fod ganddo lawer o 'ddyletswyddau amrywiol':

Mae yn dra hysbys i ddarllenwyr y *Cenhadwr* o leiaf, fod y caethion druain yn cael eu dwyn i fyny yn hollol amddifad o addysg. Ie cospir i'r eithaf bawb a geir yn euog o addysgu y caethwas yn ei 'A B C.' Mae yn wir fod rhyw nifer fach o honynt wed *lladratta* ychydig o addysg, er gwaethaf eu cyfreithiau; ond nid yw y rhai'n gymaint ag un o gant. Anwybodaeth drwyadl yw y *rheol*, heb ond ychydig iawn o eithriadau. O fel y maent yn sychedu am wybodaeth! Ac y mae y cynydd a wnant o dan yr amgylchiadau, yn ganmoladwy dros ben. Pan ddaethant o'r gaethglud, ni wyddent lythyren ar lyfr. Mae nifer mawr o honynt yn awr yn darllen ac yn ysgrifenu hefyd; ac mae nifer mwy [o] honynt yn 'cyrchu at y nod' iddynt hwy yn 'gamp uchel.' Chwi welwch oddiwrth hyn fod fy nyledswyddau yn amrywiol. Yr ydwyf yn eu plith yn Weinidog, yn Ysgolfeistr, ac yn *Postmaster*. Mae y rhan luosocaf o honynt eto yn analluog i ysgrifenu eu llythyrau, ac felly byddaf yn ysgrifenu nifer luosog bob wythnos.(CA, 64.11)

Mae Erasmus Jones yn enghraifft o ddiddymwr brwd a aeth ati'n syth nid yn unig i chwarae rhan yn y rhyfel yn erbyn caethwasanaeth ond hefyd i helpu paratoi cyn-gaethweision ar gyfer bywyd ar ôl y rhyfel fel dynion rhydd. Fe ymddengys i'r gwaith pwysig hwn roi boddhad arbennig i'r Cymro hwn:

Mae'n lled debyg na fu eto adeg er pan wyf yn y weinidogaeth mwy manteisiol imi fod yn ddefnyddiol i fy nghyd-ddynion na'r adeg bresenol; ac mae'n dda genyf weled arwyddion boddhaol o flaen fy llygaid o ddydd i ddydd nad yw 'fy llafur yn ofer yn yr Arglwydd.'(CA, 64.11)

Nid Erasmus Jones oedd yr unig gaplan Cymreig a fu'n gwasanaethu â chyn-gaethweision. Nid efe ychwaith oedd yr unig un i gyhoeddi ei hanes yn *Y Cenhadwr Americanaidd*. Roedd y Parch. Jonathan E. Thomas yn rhan o arbrawf bwysig ar waith ar ynys mewn afon yn Arkansas, sef helpu teuluoedd cyfan o gyn-gaethweision i sefydlu cymuned rydd newydd a defnyddio catrodau o filwyr duon i'w hamddiffyn rhag y *guerillas* Deheuol:

Yr ydwyf ar yr ynys dan gyfarwyddyd yr Adj. Gen. Thomas, gydag amryw gannoedd o'r dynion duon *(contrabands)*. Yr amcan yw gwneud treial ar y dynion duon i gynal eu hunain. Yr oedd dadleu mawr gan wahanol swyddwyr yn y fyddin ar y pen hwn. Er mwyn gwneuthur prawf aethum yn feichiai iddynt, er cael y gwahanol arfau i gario ymlaen eu gorchwylion, gwerth $300. Cymerodd hyn le er's tua deufis yn ôl; ac yr wyf yn awr gwedi talu pob cent, a chenyf arian dros ben, ac y mae y General wedi ysgrifenu i Washington yr wythnos ddiweddaf fy mod wedi gwneud y prawf ac wedi ei ddwyn i ben yn llwyddiannus.

Y mae genyf filwyr o'r bobl dduon yma i'n hamddiffyn, a swyddogion o ddynion gwynion arnynt. Gwragedd a phlant yw llawer o'r rhai sydd dan fy ngofal – mae y rhan fwyaf o'r gwyr yn filwyr. Mae genyf un ysgolfeistr o'r crynwyr *(quakers)* o State Ohio yn cadw yr ysgol yn eu plith. Yr ydwyf yn cael llawer o bleser crefyddol gyda hwy. Os byddaf byw ychydig amser yn eu plith yr ydwyf yn bwriadu ffurfio eglwys yma, os yr Arglwydd a'i myn. Eu prif waith ydyw tori coed, a minau yn eu gwerthu i'r *steam boats*. Yr ydwyf yn awr wedi mesur tua phump i chwech erw o dir iddynt i adeiladu arno. Bydd pob teulu yn cael tua haner erw i adeiladu ty a gardd arno, a hyny ar gynllun plwyf bychan *('town')*. [....]

Mae y rhan fwyaf o'r milwyr gwynion yn gadael y lle yn awr, ond y mae yma amryw gatrodau o'r milwyr duon. Y mae yn ymddangos yn ôl yr arwyddion fod gorchwylion pwysig ar droed gan ein Cadfridogion yn bresenol – gobeithio y bydd dwyfol ragluniaeth gyda hwy. [....] Ydwyf yr eiddoch yn yr efengyl, Jonathan E. Thomas, Caplan.(CA, 64.3)

Yn debyg i 'ddyletswyddau amrywiol' Erasmus Jones, roedd Jonathan Thomas yntau yn gwneud llawer mwy nag edrych ar ôl gofynion crefyddol ei braidd. Gyda chymorth ysgolfeistr o Ohio, roedd y caplan yn helpu'r cyn-gaethweision i sefydlu cymdeithas hunangynhaliol rydd newydd. Dyma broses gwbl chwyldroadol, proses a oedd yn llythrennol yn trawsffurfio bywydau cannoedd o bobl er gwell.

Noda'r Cymro mai Crynwr oedd ei ysgolfeistr; dyma ein hatgoffa fod yna heddychwyr yn y Gogledd a ymgyrchai yn erbyn caethwasanaeth er nad oeddynt wrth reswm yn gallu ymuno â byddin y Gogledd neu siarad o blaid rhyfel. Dylid gweld gwaith Jonathan Thomas a'r ysgolfeistr yng nghyd-destun ffrwd o ddatblygiadau dyngarol a ddaeth yn ystod ail hanner y rhyfel. Cyn y rhyfel defnyddiai'r diddymwyr eu hegni yn yr ymgyrch yn erbyn caethwasanaeth. Yn ystod dwy flynedd gyntaf y rhyfel yr oedd llawer yn canolbwyntio ar y modd y gwelai poblogaeth y Gogledd y cysylltiad rhwng y rhyfel a chaethwasanaeth, hawl y dyn du i ymladd a materion cyffelyb. Ar ôl i Gyhoeddiad Rhyddid Lincoln wneud rhyddhau'r caethweision yn nod swyddogol byddin y Gogledd, ac ar ôl i'r fyddin honno agor ei rhengoedd i filwyr duon, dechreuai ymgyrchwyr ganolbwyntio fwyfwy ar baratoi cyn-gaethweision ar gyfer eu bywyd rhydd newydd. Ffurfiwyd lliaws o gymdeithasau elusennol – *The National Freedmen's Relief Association, The Western Freedmen's Aid Commission, The New England Freedmen's Aid Society*, ac yn y blaen.

Bu'r Cymro Ben Chidlaw yn weithgar gyda rhai o'r elusennau hyn, gan gasglu llyfrau ac arian gan Gymry Cincinnati er mwyn helpu addysgu'r milwyr duon a chyn-gaethweision eraill. Cyhoeddodd golygydd *Y Cenhadwr Americanaidd* gyfieithiad o lythyr yn diolch iddo ar ran swyddogion a milwyr y *1st Arkansas Infantry (African Descent)*:

At y Parch. B. W. Chidlaw, – Anwyl Syr, – Cymeraf hyfrydwch mawr mewn cydnabod derbyniad y gist o Lyfrau *(Primers)* a ddanfonwyd genych i'r gatrawd hon, a dderbyniwyd y 23 cyfisol. Yr wyf yn gwybod yn dda, pan feddyliwyf am eich calon dyner a'r teimladau a feddwch tuag at y bobl hyn, y buasai yn foddlonrwydd mawr i chwi i sylwi ar yr awchusrwydd a ddangoswyd ganddynt a chan y dwylaw ar y planigfeydd cyfagos, pan ddaethant i ymofyn am y llyfrau ac i'w derbyn. Mae yn foddhad mawr iddynt i feddwl fod rhai i'w cael sydd yn gofalu drostynt ac yn ewyllysio yn dda iddynt. [....] Maent yn dysgu yn gyflym iawn. Yn gystal yr hen a'r ieuainc a ellir eu gweled, ar bob awr o'r dydd, a llyfr yn eu llaw, yn ymdrechu casglu y wybodaeth a geisiwyd ei chadw oddiwrthynt trwy *gyfraith*.(CA, 63.8)

Pwysleisia awdur y llythyr gwreiddiol, J. W. Campbell, ddau beth: yn ogystal â phrofi eu hunain yn filwyr medrus, roedd y cyn-gaethweision hefyd yn gwneud popeth a fedrent i baratoi ar gyfer bywyd rhydd:

Nid oes angenrheidrwydd i mi ddweyd eu bod yn gwneud milwyr da – mae'r ffaith hono wedi ei phrofi yn ddigonol; ac o ran eu gwaith fel pobl ryddion, yr wyf fy hun wedi bod yn ymofyn â'r rhai sydd wedi cymeryd planigfeydd i'w trin yn [y] lle hwn, a dywedant eu bod gan mwyaf yn gweithio yn dda, yn llawer gwell na'r dysgwyliad. Cyfarwyddir fi gan swyddogion a milwyr y gatrawd hon i ddychwelyd i chwi eu diolchgarwch diffuant am eich caredigrwydd. Gan obeithio y cewch fyw i weled y caethion ôll yn rhyddion, a heddwch eto yn teyrnasu, y terfynaf yr eiddoch yn barchus, J. W. Campbell. (CA, 63.8)

A thrwy gyhoeddi cyfieithiad o'r llythyr roedd golygydd *Y Cenhadwr*

Americanaidd, Robert Everett, yn annog Cymry eraill i ddilyn esiampl Ben Chidlaw a Chymry Cincinnati. Ychwanegodd ei nodyn ei hun i'r perwyl hwnnw:

> *Anwyl Gymry* yn mhob Sefydliad Cymreig yn America, – Deffrown i gymeryd rhan yn y gwaith hwn o ddarparu at addysgu y miloedd a ddeuant yn rhydd o'u cadwynau y dyddiau rhyfedd hyn, y rhai y mae yr angen mwyaf arnynt am gael eu haddysgu. Onid ein dyledswydd a'n braint fel cenedl Gristionogol a chrefyddol ydyw hyn? – Gol[ygydd].(CA, 63.8)

Wrth sôn am 'y dyddiau rhyfedd hyn', mae golygydd *Y Cenhadwr* yn cyfeirio at y chwyldro a oedd yn trawsffurfio cymdeithas yn y De a'r Gogledd fel ei gilydd wrth i gyn-gaethweision gymryd eu dyfodol yn eu dwylo eu hunain drwy fynd yn filwyr a thrwy fynnu addysg. I'r arch-ddiddymwr hwn, roedd gwaith Ben Chidlaw yn enghraifft o'r hyn y dylai 'cenedl' y Cymry ei wneud, sef helpu'r Affro-Americaniaid i wireddu'u chwyldro cymdeithasol.

Roedd gan olygydd *Y Cenhadwr Americanaidd* gysylltiadau agos â mudiadau fel *The National Freedmen's Relief* yn ogystal â mudiadau cenhadol a oedd hefyd yn helpu'r cyn-gaethweision. Yn wir, gallai gweinidogion fel Ben Chidlaw, Erasmus Jones a Jonathan Thomas ac athrawon fel y Crynwr o Ohio ddefnyddio rhwydweithiau sylweddol y cymdeithasau elusennol hyn wrth wneud eu gwaith da. Ar y llaw arall, gwelwn yn hanes y Cymro John Morgan forwr cyffredin a oedd yn gweithio ar ei liwt ei hun er mwyn helpu ei gyd-forwyr. Yn ôl tystiolaeth ei lythyr, treuliai lawer iawn o amser gyda'r cyn-gaethweision yn helpu i'w dysgu i ddarllen ac ysgrifennu:

> Y mae yn destun syndod fel y maent yn llafurio i ddysgu darllen; a gallaf sicrhau i chwi nad yw yr ysgrifenydd yn ôl o wneuthur ei oreu, yn ôl ei allu, i'w haddysgu; nid oes ond ychydig o honynt yn medru darllen, ond y maent yn dyfod yn y blaen yn gyflym; medra rhai ohonynt ddarllen yn weddol yn bresenol, ac yn fuan iawn fe fydd llawer ohonynt yn gallu darllen yn weddol; ni welais neb erioed mor awyddus am ddysgu a'r rhai hyn.(D, 63.4)

Nid yw'n syn.fod fod cyfaill John Morgan yn Ohio wedi cyhoeddi'i lythyr yn *Y Drych* gan osod y morwr dyngarol yn batrwm o ymddygiad moesol. Yn y cyswllt hwn, mae'n bwysig cofio i wasg Gymraeg America gyhoeddi llythyrau fel hwn er mwyn troi hanesion am filwyr, morwyr a sifiliaid moesol unigol yn foeswersi i Gymry America.

Wrth gyhoeddi llythyrau John Morgan, Jonathan Thomas, Erasmus Jones a Ben Chidlaw roedd gwasg Gymraeg America yn canmol y Cymry hyn am eu gwaith dyngarol ymysg cyn-gaethweision. Cyhoeddodd Cymro o New Haven, Connecticut, lythyr yn *Y Cenhadwr Americanaidd* yn disgrifio'r modd y bu ef a'i gyd-fyfyrwyr yn dysgu milwyr duon:

> Ar y 19eg o Fawrth, 1864, ymadawodd y 29ain gat. C. V. (o liw) o'r *Conscript Camp* gerllaw New Haven, er mwyn ymuno â byddin y Cad. Burnside. Bu amryw o *students* Coleg Yale a'r Seminary o dro i dro am chwech wythnos yn dysgu y milwyr duon hyn ddarllen. Yr oeddynt yn hynod o awyddus am gael dysgu. Cawsom weled o ffrwyth ein llafur y rhai y dysgasom iddynt y llythyrenau ar y dechreu wedi dod i fedru darllen y Testament Newydd – mae hyn yn profi yn deg fod gan y dyn du alluoedd i gyrhaedd addysg pe cawsai fantais, cystal a'r dyn gwyn – ni fuom mewn gwaith mwy difyr erioed.(CA, 64.6)

Er iddo dynnu sylw at y ffaith 'fod gan y dyn du alluoedd i gyrraedd addysg' a thrafod y boddhad a gafodd y myfyrwyr o 'weled ffrwyth [eu] llafur,' prif bwrpas y llythyr oedd disgrifio'r modd y ffarweliodd trigolion y dref â'r milwyr duon.

Un wedd amlwg ar Ryfel Cartref yr Unol Daleithiau oedd y berthynas agos rhwng catrodau a'r cymunedau sifil a roes fod iddynt. Roedd cysylltiadau emosiynol cryf yn clymu catrawd a'i chymuned sifil ynghyd, ac roedd defodau cyhoeddus yn ffordd o gynnal y cysylltiadau hyn. Mae'n debyg mai cyflwyno catrawd newydd â'i baner a ffarwelio â'r gatrawd newydd oedd yr amlycaf o'r defodau hyn. Dwy ddefod wahanol oeddynt yn aml, ond yn achos y gatrawd hon roedd y ddwy yn rhan o'r un seremoni:

> Yr oedd rhai o foneddigesau y dref wedi gwneud baner brydferth, yr hon a gyflwynwyd i'r gatrawd gan y Parch. Dr. Bacon. [....] Derbyniwyd y faner gan ddyn nerthol yn nghanol banllefau o gymeradwyaeth, yna ffurfiodd y gatrawd yn linell hir – gwaeddodd y Mil[wriad] Wooster allan, *'Battalion right face,'* yna *'Forward march,'* ac aeth y 29ain gatrawd gwirfoddolion duon Connecticut ymaith. (CA, 64.6)

Fel y noda'r awdur Cymraeg hwn, 'boneddigesau' oedd yn gwneud baneri ar gyfer y milwyr, ac wrth gyflwyno'r faner – ac wrth ffarwelio â'r gatrawd yn yr achos hwn – roedd y seremoni gyhoeddus yn tynnu sylw at rôl gwragedd y gymuned yn cynorthwyo'r milwyr. Ac yn y cyswllt hwn, mae'r llythyr a gyhoeddwyd yn *Y Cenhadwr Americanaidd* yn enghraifft Gymraeg o fath o lenyddiaeth boblogaidd a oedd yn dra chyffredin yn ystod y rhyfel, sef ysgrifau, cerddi a chaneuon yn disgrifio'r defodau cyhoeddus a oedd yn cyd-gysylltu'r milwyr a'r sifiliaid. Yr hyn sy'n ddiddorol am y llythyr hwn (ar wahân i'r ffaith mai Cymraeg yw iaith y llythyr) yw'r ffaith mai catrawd o filwyr duon sydd dan sylw. Mae'r Cymro yn trafod gweithgareddau'r dyngarwyr a fu'n addysgu'r milwyr duon, ond mae'n gwneud hynny wrth drafod perthynas ehangach y milwyr hyn â'r gymuned sifil.

Ond nid dyna ddiwedd llythyr y Cymro o New Haven. Yn y modd y ffarweliodd trigolion y dref â'r milwyr duon y cafodd ysbrydoliaeth grefyddol; aeth ati i gymharu'r 'Sêr a'r Brithresi', sef y *Stars and Stripes*, â baner Iesu gan annog darllenwyr *Y Cenhadwr Americanaidd* i ymrestru ym myddin Crist yn yr un modd ag yr ymrestrodd y dynion duon hyn ym myddin yr Undeb:

> Wrth sefyll i edrych ar gyflwyniad y faner cofiasom am y Faner fawr sydd wedi ei chodi i'r holl genhedloedd – mae buddugoliaeth bryn Calfaria yn amlwg ar hon – mae wedi ei lliwio â gwaed yr Oen a laddwyd. Mae yn ysgrifenedig arni, 'Heddwch i bell ac agos.' [.....] Mae y 'Sêr a'r Brithresi' yn edrych yn dra hardd pan yn chwifio uwch ben y fyddin, ond mae baner Calfaria yn harddach yn awel trugaredd wrth ben pechadur. (CA, 64.6)

Mae'r gymhariaeth drawiadol hon rhwng baner y milwyr arfog a baner heddychlon Crist yn ein hatgoffa o bwynt sylfaenol: er i berthynas milwyr duon, diddymwyr a'r gymuned ehangach esgor ar bob math o fyfyrdodau ynghylch brawdgarwch a chrefydd, ymladd oedd *raison d'être* y milwyr duon hyn. Gwelai'r awduron hyn ffrwyth yr ymgyrch dros hawliau dynol yn hanes y catrodau duon newydd, ond prif bwrpas y catrodau newydd oedd hybu'r rhyfel yn erbyn y *Confederacy*.

Yn ogystal ag ymfalchïo yn ymdrechion y cyn-gaethweision i ddysgu, ymfalchïai Erasmus Jones hefyd yn ngallu'i filwyr i ymladd. Er bod *copperheads* y Gogledd yn dweud nad oedd dynion duon yn gallu ymladd, roedd y Cymro hwn yn llygad-dyst i wrhydri a brofodd unwaith ac am byth mai anghywir oedd yr hen gân hiliol honno:

> Erbyn hyn y mae y dyn du wedi rhoddi prawfiadau digonol i'r wlad, ei fod yn feddianol ar wir elfenau milwrol; ac mae yr hen 'dinc' bengoprog hono – 'A Nigger can't fight,' bron wedi distewi. Ychydig

amser yn ôl fel y mae eich darllenwyr yn gwybod eisoes, gwnaed ymosodiad ar James Island. Trwy amryw achosion, rhai o honynt yn *gywilyddus* i'r eithaf, trodd yr ymosodiad allan yn aflwyddiannus. Ond mae un ffaith na ddylid ei hanghofio. Dangosodd y milwyr duon y *tro hwn* fwy o wrolder a phenderfyniad na'r milwyr gwynion; ac unwaith o leiaf, pan drodd ein milwyr gwynion eu cefnau, rhuthrasant y'mlaen, nes ffoi o'r gelynion oddiar y maes. 'Parch i'r hwn y mae parch yn ddyledus.'(CA, 64.11)

Mae ergyd arbennig i'r modd y mae Erasmus Jones yn defnyddio'r ymadrodd cyffredin 'parch i'r hwn y mae parch yn ddyledus.' Trwy fynd yn filwyr roedd cyn-gaethweision yn ennill hunan-barch, a hynny mewn bedydd tân ar faes y gad. Roeddynt hefyd yn ennill parch eu cyd-Ogleddwyr gan ddangos eu bod yn gwneud popeth yr oedd dinasyddion rhydd eraill yn ei wneud. Roed Cymry'r taleithiau Gogleddol yn ymwybodol iawn o'r ffordd waedlyd honno o ennill parch a statws gan eu bod hwythau'n gweld y rhyfel fel cyfle i brofi eu bod nhw'n deilwng o ddinasyddiaeth eu gwlad fabwysiedig.

I raddau, mae'r modd y trafodai Cymry America filwyr duon yn ddrych i'w darlun delfrydol nhw o'u hunaniaeth Gymreig Americanaidd. Mae hefyd yn dadlennu cryn dipyn ynghylch radicaliaeth Cymry America – neu o leiaf, radicaliaeth rhai agweddau amlwg ar ddiwylliant Cymreig yr Unol Daleithiau. Roedd bodolaeth a llwyddiant y milwyr duon ym myddin y Gogledd yn arwyddo dim llai na chwyldro cymdeithasol, a gellid edrych ar Gymry Americanaidd fel Robert Everett, Erasmus Jones, Jonathan Thomas a John Morgan fel chwyldroadwyr o'r iawn ryw. Roeddynt yn chwarae rhan yn y broses o weddnewid cymdeithas yr Unol Daleithiau er gwell, ac roeddynt i wahanol raddau yn ymwybodol iawn o'r ffaith sylfaenol honno. Byddai'r milwyr duon hyn – a'r diddymwyr a'u cynorthwyodd ar eu ffordd – yn destun balchder i genedlaethau o Affro-Americaniaid. Hyd heddiw, gallai disgynyddion caethweision ymfalchïo yn y ffaith fod eu cyndeidiau wedi ymladd dros ryddid eu pobl. Yn ogystal, ffurfiai'r milwyr duon hyn ran sylweddol o fyddin yr Undeb erbyn diwedd y rhyfel. Er mai tua 1% oedd poblogaeth ddu y Gogledd ar ddechrau'r rhyfel, ffurfiai milwyr duon tua 10% o fyddin y Gogledd erbyn Ebrill 1865. Cysylltodd Erasmus Jones hanes y milwyr duon â chwymp y Gwrthryfelwyr a'r rhyddid a ddaeth i filiynau o gaethweision:

Fel hyn mae colofnau Rebeldom y naill ar ôl y llall yn cwympo ac yn fuan daw yr hen adeilad pwdr i lawr bendramwnwgl y'nghanol banllefau gorfoleddus miliwnau o feibion Affrica, 'A'u holl gadwynau'n chwilfriw mân.'(CA, 64.11)

Ond cyn i *Rebeldom* syrthio'n gyfan gwbl, byddai llawer o filwyr duon yn talu'n ddrud am ryddid eu pobl.

Yn ogystal â wynebu'r peryglon a wynebai bob milwr, roedd y milwyr duon yn wynebu dicter llywodraeth arch-hiliol y *Confederacy*. Ymateb cyngres Jefferson Davis i Gyhoeddiad Rhyddid Abraham Lincoln oedd condemniaeth lwyr. Yn ôl llywodraeth y Gwrthryfelwyr, hwn oedd *'the most execrable measure in the history of guilty man'*. Pan aeth llywodraeth y Gogledd ati i ymrestru milwyr duon, ymosododd y Gwrthryfelwyr gyda mwy na geiriau. Gwrthododd llawer o swyddogion Deheuol gydnabod hawliau milwrol y dynion duon. O ganlyniad, cafodd nifer o filwyr duon eu lladd mewn gwaed oer ar ôl eu cymryd yn garcharorion, fel y gwelir yn y bennod nesaf.

'Dim i'w Gymharu Mewn Creulondeb'

Ymrestrodd J. H. Jones, Cymro o Hudson, Ohio, yn fuan ar ôl i'r rhyfel ddechrau. Ei brif swyddogaeth yn y fyddin oedd gofalu am garcharorion Deheuol.

> Cafodd y canlu *(company)* yr oeddwn i yn perthyn iddo [...] ei neillduo i fyned ag 1,024 o'r gwrthryfelwyr o Camp Chase, ger Columbus, O[hio], i Vicksburgh, Miss[issippi], i'w cyfnewid am ein milwyr ni. [....] Yr oedd erbyn hyn 2,883 wedi dyfod o Camp Morton, Ind[iana], ac ymuno â ni, yr hyn oedd yn gwneud cyfanswm o 3,907 o'r gwrthryfelwyr. (CA, 62.11)

Cyfnewid carcharorion oedd y norm yn ystod dwy flynedd gyntaf y Rhyfel Cartref. Er i swyddogion ar y ddwy ochr gyfarfod o dan y faner wen er mwyn trafod telerau cyfnewid ers y dechrau, ffurfiolwyd hyn ar 22 Gorffennaf 1862 pan gytunodd y ddwy fyddin i ffurfio cartel swyddogol ar gyfer cyfnewid carcharorion.

Wedi teithio cannoedd o filltiroedd o Ohio i Mississippi, cafodd J. H. Jones a'i gydfilwyr gyfnewid eu carcharorion Deheuol am fintai o garcharorion Gogleddol. Cofnododd y Cymro hanes y cyn-garcharorion Undebol gan awgrymu ei fod wedi ychwanegu at ei deimladau gwrth-Ddeheuol:

> y rhai oeddynt yn llawen iawn am ein gweled. Yr oedd y driniaeth oeddynt wedi gael pan yn garcharorion wedi eu llwyr addfedu i'n derbyn gyda y serchawgrwydd mwyaf. Rhoisant dair bloedd anwyl i Faner yr Undeb, nes oedd dyffryn y Mississippi yn adseinio, pan ddaethant ar fwrdd y bad. Yr oedd eu hymborth yn wael iawn pan yn garcharorion, dim ond ychydig o fara corn a bacwn, a hwnw o'r fath waethaf, ac ychydig ddwfr. [....] Nid oedd ond peth cyffredin iawn fod ein milwyr ni yn cael eu hysbeilio o'u dillad a chael eu hen garpiau hwy yn eu lle. (CA, 62.11)

Nid oedd profiadau J. H. Jones yn anghyffredin o gwbl. Gwarchod a chyfnewid carcharorion oedd prif dasg llawer o filwyr ar y ddwy ochr yn ystod y rhyfel. Cyn belled ag yr oedd y cartel cyfnewid yn gweithio, roedd y system yn fodd i leihau dioddefaint y carcharorion.

Eto, fel y mae disgrifiad J. H. Jones o brofiadau'r cyn-garcharorion yn ei awgrymu, nid oedd bod yn garcharor yn brofiad plesurus ar y gorau. Profodd digon o filwyr Cymreig yr ochr arall i geiniog y cartel cyfnewid yn ystod dwy flynedd gyntaf y rhyfel. Roedd yr 22ain Gatrawd o Wirfoddolion Wisconsin yn gatrawd â nifer sylweddol o Gymry ynddi. Cymerwyd llawer ohonynt yn garcharorion fel y tystia llythyr David H. Davis:

Fy anwyl Dad a Mam: Dyma fi eto yn cymeryd fy mhin yn fy llaw i anfon ychydig o fy hanes i chwi, gan obeithio y bydd i'r llinellau hyn eich cael oll yn iach fel ag yr ydwyf fi yn bresenol trwy drugaredd Rhagluniaeth tu ag ataf. Wel, fe roddaf dipyn o fy hanes yn awr. Mawrth 25ain, 1863, fe a'm cymerwyd yn garcharor, ac fe orfu i mi fyned trwy bedair o afonydd; y gyntaf oedd y Little Harper; yr oedd hon yn 2 *feet deep* – yr ail oedd y Big Harper, yr hon oedd 4 *feet deep, and more.* Yma fe foddwyd dau o'n dynion ni, y rhai oedd wedi eu clwyfo[.] [....] Wel, yr oedd erbyn hyn yn hwyrhau a minau yn flinedig gan y daith; fe deithiasom dan haner nos, pan aeth yn rhy dywyll ar y bleiddiaid, pan y gwnaethom orwedd ar y llawr yn dawel heb na thamaid na llymaid, a'r hin yn rhewi ac yn oer.(D, 63.5)

Milwr cyffredin oedd David H. Davis, ac mae'r disgrifiad o'i ddyddiau cyntaf fel carcharor rhyfel yn nodweddiadol o'r profiad a ddaeth i ran degau o filoedd o ddynion yn ystod y rhyfel.

Un arall o Gymry'r 22ain Wisconsin a gipiwyd oedd y Cadben Owen Griffiths, ac yn ei ddisgrifiad ef o'r profiad y ceir hanes yr un digwyddiad o safbwynt swyddog:

Dydd Mercher y 25ain o Fawrth tua 6 o'r gloch, dyma genad oddiwrth y 19 Mich[igan], fod y rebels yn agos atom yn lluoedd o dan y Cad[fridog] Forrest; anfonodd genad atom yn gorchymyn i ni roi ain harfau i lawr ac os na byddem yn cydsynio na fuasai yn dangos dim trugaredd tu ag atom. Anfonodd Major Smith atebiad yn ôl os oedd am danom y byddai yn rhaid iddo ddyfod i'n cymeryd. [....] Yr oedd yn lled boeth am tua 20 mynyd[.] [....] Yr oedd ganddynt tua 6,000 o wyr ceffylau yn erbyn llai na 500 ohonom ni; felly anfonwyd flag wen, a rhoisom ein harfau i lawr; gyda hyny, dyma y rebels i'r gwersyll fel haid o wenyn gyda bonllefau ofnadwy; gwnaethant waith byr o'r cyfan; cymaint ag nas gallent fyned gyda hwynt, darfu iddynt eu llosgi yn y fan.(D, 63.7)

Mae disgrifiad y Cadben Griffiths o galedi'r daith yn adleisio cynnwys llythyr David H. Davis. Dywed yntau fod y carcharorion wedi'u gyrru trwy afonydd – 'gorfuwyd ni i groesi afon; yr oedd y dwfr at yddfau y dynion' – ac mae hefyd yn cwyno am ddiffyg bwyd – 'cawsom y lluniaeth cyntaf er pan gymerwyd ni, a rhyw ychydig o fara Corn a chig moch a gawsom – nid digon i blentyn 6 mlwydd oed i bob un ohonom.' (D, 63.7)

Ond arferid gwahanu milwyr cyffredin oddi wrth eu swyddogion, ac felly daeth profiadau gwahanol i ran y ddau Gymro, fel y nododd David Davis:

fe gyrhaeddasom Columbia erbyn 4 o'r gloch P.M., a dyma yr *Officers* yn cael eu tynu ymaith oddi wrthym, a dyma ninau yn cael myned i'r *Calabush*; lle yr oeddym ynddo yr oedd *3 inches of dirt and a great pile of filth in each corner and on every window,* ond yr oeddym yn ddigon lluddiedig, ac fe orweddasom fel lot o foch yn yr holl faw, ond y gwaethaf oedd dim bwyd i fwyta. (D, 63.5)

Ac yng ngeiriau'r swyddog Owen Griffiths:

darfu iddynt ein gyru fel gwartheg i ryw yard fechan [...] rhoisant y dynion yn y Court House, lle yr oeddynt yn arfer cadw carcharorion. Buasai yn insult ar lawer hen amaethwr i gydmaru ei feudy a'r lle hwn. Cafodd y swyddogion hen ystor i aros ynddi pan yn Columbia; rhoisant ychydig o fara Corn a chig moch iddynt hwy y noswaith hono. Ond am y dynion druain, ni chawsan un tamaid o foreu dydd Gwener hyd ddydd Sadwrn am 1 o'r gloch, pryd y cawsant yr un peth, a'r un faint ag o'r blaen. (D, 63.7)

Mae llythyrau'r ddau Gymro yn cyd-fynd yn union o ran manylion y daith. Roedd diffyg bwyd yn broblem barhaus (mae David Davis yn dweud hyn wrth ei rieni: 'ni fwyataodd eich moch erioed waeth bwyd na fwyteais i ar y daith hon trwy y De'), ac roedd y Deheuwyr yn eu gyrru yn eu blaenau yn ddidrugaredd o gyflym. Bu farw nifer o'u cydgarcharorion ar y ffordd, gan gynnwys y Cymro Owen Jones.

Ar gyrraedd prif ddinas y Gwrthryfelwyr, rhoddwyd y swyddogion ar wahân eto yng ngharchar Libby, hen stordy ynghanol Richmond. Yma y cafodd David Davis gip ar ei swyddog trwy'r ffenestr: 'ac ar ôl myned

Carchar Libby (Richmond, Virginia)

i'r carchar ac edrych drwy y ffenestr, fe ganfyddais Captain Griffith, a thyma fe yn gwaeddi[.]' (D, 63.5) Ac fel y nododd y Cadben Griffith ei hun, 'cafodd y dynion fyned rhag eu blaen i Annapolis. Md., ar eu parole, ond am y Swyddogion cadwasant [ni] yn Libby Prison.' (D, 63.7) Er gwaethaf ymdrech arwynebol i roi gwell triniaeth i swyddogion o garcharorion, roedd carchar Libby yn bell o fod yn gyfforddus:

> Y mae yn ddiameu fod llawer wedi ei ysgrifenu am y lle hwn, ond y mae yn debyg na ddywedwyd mo'r haner. Yr oedd yn yr ystafell lle yr oeddwn yn aros 85 o honom; nid oedd y room ond 77 troedfedd o hyd a 42 o led; heb un gwely, ond pawb yn cysgu ar y llawr; nid oedd ond un stove yn y room. (D, 63.7)

Nid dyma'r unig swyddog o Gymro a aeth drwy ddrysau Carchar Libby. Bu Cymro o Ohio, y Cyrnol William H. Powell, yn yr hen stordy am gyfnod. Oherwydd i ddwsinau o gyn-garcharorion ddisgrifio eu profiadau mewn llythyrau, erthyglau a llyfrau, roedd bri mawr ar ddarluniau a ffotograffau o'r carchar erbyn diwedd y rhyfel.

Tra oedd swyddogion yr 22ain Wisconsin yn dioddef budreddi'r hen stordy yn Richmond, cafodd milwyr cyffredin y gatrawd fynd ymlaen i gael eu cyfnewid. Felly y daeth caethiwed David H. Davis i ben:

Gadawsom Richmond y 5ed o Mai am City Point [...] o Petersburg via Stak, ac fe gyrhaeddasom City Point erbyn haner dydd, pan y cawsom olwg ar ein haner faner yn chwyfio eto yn y gwynt. Yma fe gawsom ein newid, yn rhydd eto. Ar ôl i ni fyned ar y *boat*, cawsom ddigon o fara gwyn a chig moch, a choffi lonaid ein boliau, a thyna ni yn myned ar fwrdd y llong a thorth yn un llaw a lwmp o gig yn y llall, ac yn dywedyd, Dyma fel y mae yr hen Dad Abraham [Lincoln] yn porthi ei fechgyn, ac ni wn i ddim pwy na wnai gwffio gydag ef – mi wnaf fi gwffio hyd farw gyda yr hen Dad Abraham. (D, 63.5)

Fel y mae llythyr David Davis yn ei awgrymu, roedd gweld baner yr Unol Daleithiau am y tro cyntaf yn drobwynt emosiynol ym mhrofiadau'r carcharor. Wrth i'r carcharor gael ei symud i safle'r cyfnewid, gwelai'r 'hen faner' am y tro cyntaf ers talm; dyna a arwyddai ei fod ar fin cael ei gyfnewid. Tebyg oedd ymateb Owen Griffiths:

Boreu dydd Mawrth y 5ed cawsom y newydd gogoneddus ein bod yn myned i City point i gael ein cyfnewid. [....] Ni theimlais erioed yn debyg ag y darfum pan welais faner yr Undeb yn chwyfio ar fast yr agerfad. Yr oedd y teimlad o ddiolchgarwch mor gryf fel nas gallwn lai na wylo wrth feddwl fy mod yn ddyn rhydd unwaith yn rhagor. (D, 63.7)

Wedi'i gyfnewid yn llawn, roedd milwr yn gallu ailymuno yn y rhyfel. Yn ôl tystiolaeth eu llythyrau, nid oedd eu profiadau wedi pylu awydd y ddau Gymro o'r 22ain Wisconsin i ymladd; os rhywbeth, roedd ganddynt bellach reswm i ddial.

Wrth gloi ei lythyr, mae Owen Griffiths yn cyfeirio unwaith eto at y cadfridog gwrthryfelgar a gymerodd y milwyr Cymreig yn garcharorion yn y lle cyntaf, sef Nathan Bedford Forrest:

Yr ydym yn awr yn Franklin, Tenn[essee], 8 milldir i'r de o Brentwood, lle ein cymerwyd gan y rebel Forrest 3 mis yn ôl. Yr ydym yn disgwyl ymweliad oddiwrtho bob dydd. Mae un peth yn sicr, os daw yma caiff dderbyniad cynes gan fechgyn sydd yn ei adnabod yn lled dda erbyn hyn.(D, 63.7)

Nid oedd gan y Gwrthryfelwyr gadfridog mwy galluog na Nathan Bedford Forrest. Fe arweiniodd ef ei feirchfilwyr i fuddugoliaeth ar ôl buddugoliaeth, gan brofi'n bla ar fyddinoedd Grant a Sherman yn y gorllewin. Fel y mae'r driniaeth a gafodd y carcharorion o dan ei 'ofal' ef yn ei awgrymu, roedd yn ddyn didrugarog. Yn wir, byddai ymddygiad Forrest a'i filwyr yn rhannol gyfrifol am danseilio'r system ar gyfer cyfnewid carcharorion rhyfel.

Gwnaeth Nathan Bedford Forrest ei ffortiwn cyn y rhyfel drwy werthu tir, baco, cotwm a chaethweision. Roedd yn ymgorfforiad o ddiwylliant y caethfeistri ar ei fwyaf creulon. Yn wir, ar ôl y rhyfel byddai Forrest yn dechrau pennod dywyll arall yn hanes yr Unol Daleithiau drwy helpu sefydlu'r Ku Klux Klan. Ond ni fu'n rhaid disgwyl tan ddiwedd y rhyfel i gasineb Forrest tuag at bobl dduon gael effaith ar hanes y wlad. Ym mis Ebrill, 1864, cipiodd lluoedd Forrest Gaerfa Pillow ar yr afon Mississippi. Roedd milwyr duon ymysg y carcharorion, ac mi aeth Deheuwyr Forrest ati i'w llofruddio. Aeth yr hanes fel tân drwy'r Gogledd, gan wneud *'remember Fort Pillow'* yn arwyddair i filwyr duon a'u cyfeillion.

Nid eithriad oedd ymddygiad Nathan Bedford Forrest. Cafodd cyflafan Fort Pillow ei hadleisio mewn mannau eraill. Roedd y Gwrthryfelwyr yn gwrthod cydnabod mai *milwyr* a *dynion* oedd y milwyr duon; cafodd rhai carcharorion o filwyr duon eu gwerthu'n gaethweision, ond cafodd eraill eu harteithio a'u llofruddio. Protestiodd llywodraeth Lincoln gan fygwth peidio â chyfnewid carcharorion. Rhoddodd yr Uwch-Gadfridog Ulysses S. Grant ddatganiad swyddogol yn dweud y dylai'r Gwrthryfelwyr drin y milwyr duon fel milwyr eraill a'u dal ar gyfer cyfnewid. Ond gwrthododd llywodraeth y *Confederacy* drin cyn-gaethweision yn unol â 'rheolau rhyfel'. Cyfrannodd hyn yn y pen-draw at ddiwedd y cartel cyfnewid.

Ar ôl i'r broses o gyfnewid carcharorion dorri i lawr, dechreuodd carchardai yn y Gogledd a'r De orlenwi. Nid oedd y naill ochr na'r llall wedi paratoi ar gyfer cadw nifer cynyddol o garcharorion am dymor hir, ac felly aeth rhai carchardai yn llefydd ofnadwy. Y gwaethaf ohonynt i gyd oedd Andersonville yn ne-orllewin Georgia. Erbyn diwedd y rhyfel, byddai mwy nag un awdur Cymraeg yn gweld yr hyn a ddigwyddodd yn Andersonville fel y wedd fwyaf erchyll ar y Rhyfel Cartref:

O'r holl drueni cysylltiedig â'r gwrthryfel [...], nid oes dim i'w gydmaru mewn creulondeb, i ymddygiad dideimlad y gwrthryfelwyr tuag at ein milwyr ffyddlawn y rhai a fu mor anffodus a syrthio yn garcharorion i'w dywlaw haiarnaidd ac annynol. Y mae miloedd o'n gwyr ieuainc cryfion a phrydferth wedi cael eu haberthu ar allor eu creulondeb a'u cynddaredd. (CA, 65.4)

Ym marn y Cymro hwn, roedd dioddefaint carcharorion Andersonville a lleoedd eraill yn ganlyniad i greulondeb bwriadol y Deuheuwyr. Mae'r union *resymau* y tu ôl i'r hyn a ddigwyddodd yn Andersonville wedi bod yn destun ymrafael rhwng haneswyr, ond mae'r *hyn* a ddigwyddodd wedi'i gofnodi mewn nifer helaeth o wahanol ffynonellau – gan gynnwys ffynonellau Cymraeg – o'r cyfnod.

Ymysg y degau o filoedd o Ogleddwyr a aeth drwy ddrysau Andersonville roedd swp o Gymry Minnesota. Ar 18 Awst 1862, ymrestrodd 21 Cymro yn y *9th Minnesota Volunteers*, gan gynnwys Lewis Lewis a oedd yn 14 oed ar y pryd. Ar ôl bron i ddwy flynedd o ymladd, daeth trychineb i ran y gatrawd ym Mrwydr Guntown, Mississippi, ym Mehefin 1864. Cymerwyd llawer o filwyr y 9fed Gatrawd Minnesota yn garcharorion, gan gynnwys wyth o'r Cymry. Llwyddodd un ohonynt, David Dackins, i ddianc yn fuan wedyn. Ond aethpwyd â'r lleill i Andersonville: David Breese, Evan Davies, John Jenkins, Edward Evans, William Rees, H. J. Roberts a'r Lewis Lewis ifanc, a oedd bellach yn 16 oed ac yn filwr profiadol.

Erbyn i Gymry'r *9th Minnesota* gyrraedd Andersonville, roedd 33,000 o garcharorion yn cael eu cadw ar 26 erw o dir. Roedd digon o Gymry eraill yn eu plith, fel Joshua Hughes a John Davies, dau gyfaill o Granville, Ohio. Roedd David T. Davis wedi rhagori fel marchfilwr yn ystod ymosodiad Sherman ar Atlanta, ond ar ôl i ddau geffyl gael eu saethu oddi tano, cafodd ei gymryd yn garcharor a'i ddanfon i Andersonville. Nid ef oedd yr unig farchfilwr Cymreig yn Andersonville ychwaith: ac yntau wedi'i eni yn nhŷ'r Uncorn ym Mlaenau Ffestiniog, ymfudodd Joseph Humphrey Griffiths gyda'i deulu i'r Unol Daleithiau pan oedd yn blentyn. Roedd yn 18 oed pan ymrestrodd â'r *5th Iowa Cavalry*, ac nid oedd eto'n 20 oed pan gafodd yntau ei gymryd yn garcharor a'i ddanfon i Andersonville.

Elmira, Efrog Newydd, oedd y carchar gwaethaf yn y Gogledd: yno, roedd 9,600 o garcharorion yn rhannu 40 o erwau, ac felly roedd gan bob carcharor 180 o droedfeddi sgwâr. Ond gyda 33,000 o ddynion yn rhannu 26 o erwau yn Andersonville, nid oedd ond 34 o droedfeddi sgwâr i bob carcharor. Ac i wneud amgylchiadau'n waeth, nid carchardy ydoedd, ond corlan. Yn Elmira roedd y carcharorion yn cysgu mewn barics. Doedd y Gwrthryfelwyr ddim wedi paratoi dim cysgod o gwbl yn Andersonville; corlan agored wedi'i chwmpasu gan wal a thyrau yn unig ydoedd, ac felly bu'n rhaid i'r carcharorion geisio ffurfio pebyll o'u dillad a'u plancedi neu grafu tyllau yn y ddaear. Yn ystod haf crasboeth Georgia, roedd dros gant ohonynt yn marw bob dydd. Rhedai un nant fechan drwy ganol y gorlan, ac bu'n rhaid i'r trueiniaid ei defnyddio fel toiled yn ogystal â ffynhonnell dŵr yfed. Ar ben hyn oll, ni châi'r milwyr ond ychydig iawn o fwyd bob dydd. Erbyn diwedd y rhyfel byddai 45,000 o

Andersonville. Gwelir yn nghanol y llun y nant fechan a oedd yn doiled ac yn ffynhonnell dŵr yfed i 33,000 o ddynion. Gan nad oedd y Deheuwyr wedi paratoi cysgod ar gyfer y carcharorion, bu'n rhaid i'r Gogleddwyr ffurfio'u pebyll syml eu hunain allan o'u plancedi a'u dillad carpiog.

Ogleddwyr yn mynd trwy ddrysau Andersonville, ac byddai 13,000 ohonynt yn marw o afiechyd, diffyg bwyd a'u gadael heb gysgod mewn hinsawdd drofannol. Mae lluniau o rai carcharorion a oroesodd Andersonville yn cynnig rhagflas erchyll o'r hunllef a ddeuai 80 mlynedd yn ddiweddarach yng ngwersylloedd crynhoi'r ugeinfed ganrif.

Beth fu tynged y saith Cymro o'r *9th Minnesota?* Llwyddodd un ohonynt, Edward Edwards, i ddianc. Yn Nhachwedd 1864, roedd lluoedd Sherman ar eu taith drwy Georgia gyda'r bwriad o wneud i'r dalaith wrthryfelgar honno 'udo mewn poen'. Oedodd nifer o filwyr Sherman ger Milledgeville, Georgia, tua diwedd y mis i fwynhau cinio Diolchgarwch. Baglodd nifer o ysgerbydau byw i mewn i'w gwersyll gan darfu ar eu gwledd. Cyn-garcharorion a ddihangodd o Andersonville oedd y trueiniaid hyn, ac roedd Edward Edwards yn eu plith.

Beth fu hanes y chwe Chymro arall o dalaith Minnesota? Cofnododd *Y Cenhadwr Americanaidd* eu hanes :

Gorffennaf 30, 1864, yn y carchar yn y De, bu farw Mr. John G. Roberts, Cwmni E, 9th Regiment, Minnesota, gan adael ei briod, tri o blant

237

Lewis Lewis. Roedd yn 14 oed pan ymrestrodd; roedd yn 17 oed pan fu farw yn Andersonville.

bychain, a rhieni oedranus i alaru ar ei ôl.

Medi 4, 1864, yn yr un carchar, Mr. David Breese, gan adael gwraig ieuanc alarus.

Hydref 11, 1864, yn yr un carchar, Mr. William Rees.

Hydref 14, 1864, Mr. Evan J. Davies, gan adael gweddw a brodyr. (CA, 65.4)

Cofnododd *Y Cenhadwr* yr hyn a ddigwyddodd i Gymro ieuengaf y gatrawd hefyd. Wedi bod yn dyst i farwolaeth pedwar o'i gyd-Gymry o dalaith Minnesota, bu farw Lewis Lewis yntau ar 26 Mawrth 1865, rai wythnosau'n unig cyn diwedd y rhyfel. Roedd yn 17 oed. Dim ond John Jenkins oedd ar ôl; goroesodd ddeuddeng mis o garchar erchyll a chafodd fyw i weld diwedd y rhyfel.

Goroesodd y marchfilwr David T. Davis hefyd; byddai'n marw yn 1923 ar ôl dathlu ei ben-blwydd yn 80 oed. Ni fu'r marchfilwr Cymreig arall hwnnw, Joseph Humphrey Griffiths, mor ffodus. Bu farw o dan amgylchiadau erchyll yn Andersonville a'i gladdu ym medd rhif 12,560 yn mynwent y carchar. Pan glywodd teulu Joseph am ei farwolaeth, fe aeth ei dad ati i gyfansoddi mawrnad gan ei chyflwyno i'r wasg gyda'r eglurhad hwn: 'Llinellau yn goffadwriaeth am Joseph Griffiths, sef fy anwyl fab, yr hwn a gafodd ei newynu yn y carchar yn Georgia'. (CA, 65.8):

Oherwydd y newydd a ddaeth ini'n awr,
O farw ein Joseph a garem yn fawr,
Fu'n dioddef ei boeni, trwy newyn du trwm,
Pa ryfedd i'n calon i fod megis plwm? [....]

Pe byddai barbariaid tywyllaf y byd,
Yn clywed dy hanes arswydent i gyd,
A gwaeddent mewn dychryn nes clywem eu cri
Rhag myned yn agos i Davis na Lee.

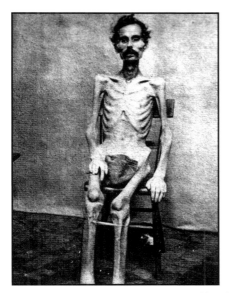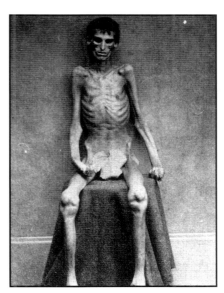

Gogleddwyr a oroesodd erchyllterau'r carchar Deheuol.

Wel ffarwel, fab anwyl, ti est i dy fedd,
O gyrraedd y fagnel, y bicell a'r cledd,
Ti gefaist y carchar i ddyoddef dy ran,
A thithau yn ieuanc ac hefyd yn wan.

Mae'r teimlad sydd ynom ni heddiw yn dear
I'th gladdu yn barchus yn ymyl dy chwaer,
Ond anodd yw hynny mae gormod o drwch
O'th ffyddlon gydfilwyr yn gymysg â'th lwch.

- Ei Dad Mewn Galar, Humphrey Griffiths, Iowa City. (CA, 65.8)

Nid dyna'r olaf o Gymry Andersonville i gael ei gymysgu â llwch eu cydfilwyr ym mhridd Georgia. Claddwyd un o'r ddau gyfaill o Ohio yno hefyd:

At y rhestr hirfaith o enwau y rhai a newynwyd yn nwylaw gelynion ein gwlad, y mae genym y gorchwyl poenus o gofnodi enwau a marwolaeth dau wr ieuanc o ardal Granville, Ohio, y rhai a syrthiasant yn aberth i gynddaredd y gelynion[:] Joshua Hughes. Bu farw yn ngharachar Andersonville, Georgia, Medi 4, 1864, yn 21

239

mlwydd oed.(CA, 65.4)

Ond nid oedd cyrraedd adref yn golygu fod cyn-garcharor yn rhydd o felltith Andersonville. Bu farw John Davies yntau ar ôl dychwelyd i Ohio:

Bu farw John S. Davies yn nhy ei rieni, Granville, Ohio, Ion. 1, 1865, o fewn ychydig ddyddiau i 19 mlwydd oed. Bu yn garcharor yn nwylaw y gelyn am chwe mis, yn Llofrudd-dai Andersonville a Florida. Dioddefodd ddirfawr galedi, trwy anwyd, noethni a newyn. Dirwasgwyd ef yn ysgerbwd dignawd, fel miloedd eraill, cyn ei ollwng yn rhydd. Cyrhaeddodd dy ei dad, a'i gnawd wedi duo gan newyn, dri diwrnod cyn ei farwolaeth. Cafodd adrodd ychydig o hanes ei ddioddefiadau mawrion yn y carcharau[.] (CA, 65.4)

Claddwyd dros 13,000 o Ogleddwyr ym mynwent Andersonville, a chladdwyd rhai fel John Davies yn fuan ar ôl iddynt gael eu rhyddhau. Ond goroesodd digon o gyn-garcharorion i sicrhau y byddai pawb yn y wlad yn gwybod am yr hyn a ddigwyddodd yn ne-orllewin Georgia.

Felly gadawodd Andersonville a charchardai eraill eu hôl ar seicoleg pobl yr Unol Daleithiau ac mae'r creithiau a adawodd y Rhyfel Cartref ar y wlad yn ddyfnach o'r herwydd. Ar ddiwedd y rhyfel, ysgrifennodd Evan Griffith at deulu o Gymry a oedd wedi colli dau fab ar faes y gwaed; dywedodd y dylent ymgysuro o wybod nad oedd eu plant wedi marw yn Andersonville: 'Tybiaf y clwyfasid y teimlad yn fwy, pe buasent wedi eu newynu fel miloedd yn Andersonville'. (CA, 65.8) Byddai llawer o Ogleddwyr eraill yn adleisio'r geiriau hyn am flynyddoedd eto, gan ddweud 'o leiaf na fu farw yn Andersonville'.

Henry Wirz oedd y swyddog Deheuol a oedd yn gyfrifol am Andersonville, ac fe aed ag ef gerbron llys milwrol ar ôl diwedd y rhyfel. Cyhoeddwyd yr hanes yn *Y Cyfaill*:

Prawf Wirz. – Mae prawf y dyhiryn hwn, yr hwn fu gynt yn geidwad y carchar, neu y *stockade* yn Andersonville, lle y bu cynifer o filoedd o garcharorion Undebawl feirw mewn cynlaniad i'r driniaeth arw a dderbyniasant yno, wedi bod yn myned ymlaen er ys cryn amser bellach [...]. Nid yn aml y clywir am fwy o greulondeb annynol mewn unrhyw barth o'r byd nag a amlygwyd gan y Wirz hwn tu ag at y trueniaid anffodus a syrthiasant i'w ddwylaw. (C, 65.9)

Cafodd Henry Wirz ei grogi am y troseddau rhyfel hyn. Ef oedd yr unig swyddog o Wrthryfelwr i gael ei ddienyddio ar ôl y rhyfel, ac felly mae ei

Claddu'r meirwon yn Andersonville. Aeth 45,000 o Ogleddwyr drwy ddrysau Andersonville: bu farw 13,000 ohonynt yno.

farwolaeth yn tystio i effaith Andersonville ar seicoleg poblogaeth y Gogledd. Mae'n agos at 140 o flynyddoedd ers diwedd y rhyfel, ac mae ymddygiad a chosb Henry Wirz yn destun dadl o hyd. Mae nifer o haneswyr Deheuol wedi ceisio esgusodi Wirz gan ddadlau ei fod yntau wedi syrthio'n ysglyfaeth i ffactorau y tu hwnt i'w afael. Mae awduron eraill wedi'i bortreadu fel bwystfil o ddyn a oedd yn mwynhau dioddefaint y carcharorion dan ei 'ofal'. Bid a fo am gymhellion personol Wirz, does dim gwadu'r ffaith fod miloedd o ddynion wedi newynu mewn rhan o dalaith ffrwythlon Georgia lle nad oedd prinder bwyd yn broblem; yn wir, pan aeth nifer o sifiliaid o'r ardal ag ymborth ar gyfer y carcharorion, hawliwyd y bwyd gan swyddogion y carchar. Roedd adroddiadau meddygon byddin y Gwrthryfelwyr eu hunain hyd yn oed yn ddamniol ac yn dweud nad oedd esgus yn y byd dros y budreddi a'r diffyg cysgod a gyfrannodd gymaint at ddioddefaint y carcharorion.

Rhan o natur rhyfel yw cymylu'r hyn sy'n digwydd, ac rhan annatod arall yw'r holl bropaganda sy'n ffieiddio'r ochr arall. Ond hyd yn oed o fwrw golwg yn ôl gyda doethineb trannoeth a phellter o bron canrif a hanner, rhaid casglu fod tad Joseph Humphrey Griffiths yn gwbl gyfiawn wrth gollfarnu arweinwyr y De – 'Davis a Lee' – am yr hyn a ddigwyddodd o dan eu hawdurdod. Nid gorddramateiddio oedd yr awdur Cymraeg arall hwnnw a ddywedodd '[nad] oes dim i'w gydmaru mewn creulondeb i ymddygiad dideimlad y gwrthryfelwyr tuag at [...] y rhai a fu mor anffodus a syrthio yn garcharorion i'w dwylaw haiarnaidd ac annynol'.

'Terfyn'

Gwawriodd Dydd Calan 1865 gan ddod â blwyddyn waedlyd arall i ben. Eto, wrth i Robert Everett gyfarch ei ddarllenwyr ar ddechrau'r flwyddyn newydd, dywedodd fod ganddynt reswm i ddiolch :

Teimlwn rwymau i ddiolch nad yw y gwrthryfel anghyfiawn, creulawn a di-achos a godwyd yn ein gwlad gan Aristocratiaid y De ddim wedi darostwng yr holl wlad. A mwy eto yw ein rhwymau i gydnabod rhagluniaeth ddaionus yr Arglwydd am y gobaith sydd genym y try yr ymosodiad yn siomedigaeth i'r bradwyr, ac y bydd iddo Ef yr hwn sydd a'i lywodraeth yn oruchel dros y drygau mwyaf, beri mai rhyddid trwy yr holl wlad i'r holl drigolion fydd canlyniad y gyflafan fawr hon. Os nad ydym yn cam ddeall arwyddion yr amseroedd yn fawr, mae y tebygolrwydd yn gryf mai felly fydd cyn bo hir iawn. Mae y rhyddid a roddwyd er's tro bellach i'r holl diriogaeth fel nad oes defnydd talaeth gaeth mwyach o fewn ein terfynau [...] yn peri i ni obeithio nad yw blwyddyn y Jubili cyffredinol ddim yn mhell iawn o'n blaen. Henffych i'r bore y bydd America, uchel ei breintiau a helaeth ei chymwysderau at leshau rhanau eraill o'r byd, yn wlad rydd trwyddi oll – rhydd i ymfudiaeth helaethach eto a chroesawiad i'r hinsoddau goreu, a rhydd i efengyl bur Mab Duw trwy ein gororau oll, a dynion o bob lliw ac amgylchiadau yn cael mwynhau eu hianwderau teuluaidd, cymdeithasol a phersonol eu hunain. (CA, 65.1)

Gyda'i foesoldeb clir a di-ildio arferol, pwysleisiodd Robert Everett fod y Gwrthryfelwyr yn medi'r hyn yr oeddynt wedi'i hau gan eu bod wedi 'codi'r gwrthryfel' yn y lle cyntaf. Dyna ergyd yr ansoddair 'di-achos' hefyd, sef pwysleisio nad oedd gan y Gwrthryfelwyr reswm (cyfiawn) dros ddechrau'r holl helynt.

Bu Robert Everett wrthi'n ymgyrchu am dros ugain mlynedd cyn i'r Rhyfel Cartref ddechrau er mwyn radicaleiddio Cymry America a'u hannog i ddiddymu caethwasanaeth. Yn yr un modd, defnyddiai dudalennau *Y Cenhadwr Americanaidd* yn ystod y rhyfel i bwysleisio'r cysylltiad rhwng y brwydro a'r sefydliad anfoesol a oedd yn ei dyb ef yn gyfrifol yn y pen-draw am y gyflafan. Trwy gyfeirio at arweinwyr y Gwrthryfelwyr fel 'Aristocratiaid y De' roedd yn dilyn trywydd sy'n nodweddu cyhoeddiadau Cymraeg America adeg y rhyfel. Ceid ymdrech i osod y gwrthdaro rhwng y taleithiau Gogleddol a'r Gwrthryfelwyr Deheuol yn rhan o'r ymrafael rhyngwladol rhwng – ar y naill law – ryddid a gweriniaeth ac – ar y llaw arall – yr aristocrasi a gormes. Caethwasanaeth oedd prif warthnod America yn ei dyb ef, ond gan ei bod ar fin trengi o'r tir roedd y 'Jubili cyffredinol' ar wawrio.

Roedd Robert Everett yn iawn; nid oedd diwedd y rhyfel yn bell. Symudodd pethau'n gyflym yn ystod misoedd cyntaf 1865. Wedi gorffen ei waith yn Georgia, aeth byddin Sherman ymlaen drwy Dde Carolina a dechrau diberfeddu'r dalaith. De Carolina a ddechreuodd y rhyfel, ac felly ymdaflodd y milwyr Gogleddwyr yn ddidostur o frwd i'r gwaith. Disgrifiodd Sherman deimlad cyffredinol ei filwyr: *'the whole army is burning with an insatiable desire to wreak vengeance upon South Carolina'*. Ac roedd hyd yn oed y cadfridog a arloesodd y dull creulon newydd o ryfela yn poeni am y canlyniadau posibl: *'I almost tremble at her fate, but feel that she deserves all that seems to be in store for her'*. Llosgwyd planhigfa ar ôl planhigfa a phentref ar ôl pentref.

Erbyn 16 Chwefror roedd y Gwrthryfelwyr wedi ildio Charleston ac wrth i faner yr Unol Daleithiau gael ei chodi ar adfeilion Caerfa Sumter yn harbwr y ddinas roedd y darn cyntaf o dir a gipiwyd ym muddugoliaeth gyntaf y Gwrthryfelwyr eto yn nwylo llywodraeth Lincoln. Ysbrydolwyd un bardd Cymraeg i ysgrifennu 'Pennillion a gyfansoddwyd pan ydoedd y Cad. W. T. Sherman yn dwyn y Gwrthryfel allan o Charleston, S[outh] C[arolina].' Mae'r gerdd yn dathlu'r ffaith fod 'rhyddid' cyn-gaethweision yn cael 'anadlu' gan i fyddin Sherman wireddu 'tynged' arswydus y dalaith:

Carolina, Carolina, dy dynged a seliwyd,
   Dy orchest orchfygwyd, ymlidiwyd dy lu;
Hen nythle bythgofus y sarff felldigedig,
   'Nawr yno'r anadlir hoff ryddid mwyn cu[.] (SO, 65.12)

Wrth i ddiddymwyr ymfalchïo ym marwolaeth 'y sarff felldigedig', ildiodd rhai i'r ysbryd dialgar a welir yn y llinellau hyn. Roedd llawer iawn o Ogleddwyr yn dathlu wrth weld 'tynged' De Carolina'n cael ei 'selio' yn y modd treisgar hwn. Ar y llaw arall, roedd beirdd Cymraeg

Adfeilion arfdy Richmond

eraill yn plethu'r dathlu a ddeuai o ryddhau'r caethion â 'Dymuniad am Heddwch'. Dyma'r teitl a roddodd 'H. C. J.' o Floyd, Efrog Newydd, ar ei gerdd yntau:

> O boed i udgorn heddwch
> Ddyrchafu uchel sain,
> Pob milwr a chadfridog,
> 'N rhoi'r cleddyf yn ei wain,
> A'r caethion gael eu rhyddid
> Trwy holl dalaethau'r De
> Cyfiawnder a thangnefedd
> Yn cyrhaedd i bob lle. (CA, 65.6)

Ond cyn i 'gyfiawnder a thangnefedd' ymdreiddio i 'bob lle' yn y taleithiau Deheuol, byddai'n rhaid trechu gweddillion byddin y Gwrthryfelwyr.

Wedi gorffen ysgubo'r gwrthryfel o ddyffryn y Shenandoah mewn dull Shermanaidd, aeth y Cadfridog Phil Sheridan ymlaen i atgyfnerthu byddin U. S. Grant a oedd wrthi'n tynhau'r llinellau o gwmpas Petersburg. Un o feirchfilwyr Sheridan oedd David T. Evans; ysgrifennodd lythyr at hen gyfaill o Droedyraur, Ceredigion, yn crynhoi'i brofiadau diweddar:

> Yr wyf wedi bod mewn 26 o ysgarmesoedd a brwydrau, rhai o honynt yn dra phoeth. Cwympodd amryw o'm dewrion gyfeillion wrth fy ymyl, rhai o honynt i beidio codi mwy. Saethwyd fy ngheffyl danaf 3 gwaith, a lladdwyd ceffyl arall danaf, eto darfu i mi gael fy nghadw yn ddiogel trwy y cyfan, pan yn y peryglon mwyaf; ac yr wyf yn priodoli y cyfan i ofal tyner y Nef am danaf. [....] Ychydig oeddwn i a thithau yn feddwl pan yn sir Aberteifi, yn y cyfarfodydd gweddio tua Hawen a manau eraill, gyda y brodyr yn anfon ein herfyniadau am ddilead caethiwed yn y 'Gorllewin pell;' ychydig oeddwn i yn feddwl y buasai yn rhaid gwneud rhywbeth hefyd i dynu y cledd er dwyn hyny i ben. (CA, 65.5)

Roedd y Gwrthryfelwyr a fu'n amddiffyn Petersburg yn teimlo pwysau gwarchae Grant am yn hir cyn i fyddin Sheridan gyrraedd. Syrthiodd y dref i'r Gogleddwyr o'r diwedd ar 2 Ebrill gan ddechrau pedair wythnos a fyddai'n cael eu cofio fel corwynt o fis. Bu'n rhaid i Jefferson Davis a'i lywodraeth adael Richmond ar ôl cwymp Petersbrug, ac felly syrthiodd prifddinas y Gwrthryfelwyr i fyddin yr Undeb ar 3 Ebrill 1865.

Cofnododd Robert Everett ddyddiau olaf y *Confederacy*: 'Cafwyd yn fuan fod Lee a gweddillion ei fyddin, yn cynnwys amryw filoedd, ar ffoedigaeth. [....] Wythnos o ymladdfeydd fu yr wythnos hon[.]' (CA, 65.5) Erbyn diwedd yr wythnos honno, roedd byddin garpiog Lee wedi'i chau i mewn yn ardal Appomattox Court House, Virginia:

> [C]ymerwyd tua 10,000 o'i filwyr yn garcharorion, yn cynwys pump neu chwech o'i brif Gadfridogion. Y Cadf[ridog] Grant a ddanfonodd genadwri ysgrifenedig at Lee, [...] yn gosod allan mai ofer iddo barhau y gwrthwynebiad – nas gallai lwyddo – ac yn galw arno i roi ei arfau i lawr a therfynu y brwydrau. Ac ar ôl rhai llythyrau yn ôl a blaen mewn canlyniad i hyn, ar ddydd Sabboth, Ebrill y 9fed, y Cadf[ridog] Robert E. Lee a'i fyddin a roddasant eu harfau i lawr. (CA, 65.5)

Ymateb golygydd *Y Cyfaill o'r Hen Wlad* oedd 'diolch i Dduw Hollalluog am y fuddugoliaeth goronawl ddiweddaf hon o lywodraeth gyfreithlon ar wrthryfel diachos ac anghyfiawnadwy.' (C, 65.4) Mewn erthygl ac iddi'r pennawd 'GORFOLEDD!' disgrifiodd y modd y clywodd y newyddion:

> yn tynu at ganol-nos nos Sabboth, y 9fed, deffrowyd ni gan swn clychau a chyflegrau, yn rhoi ar ddeall fod rhyw newydd da o bwys

Gwrthryfelwr ifanc

wedi cyrhaedd ar adenydd y fellten, a'u bod yn methu ei gadw dan y boreu. Gwyddem nad oedd un Petersburgh na Richmond arall idd-eu cymeryd – ond wedi codi ac ymholi, y newydd gorfoleddus oedd bod y Cadf[ridog] Lee wedi rhoddi i fyny ei hun a'i fyddin i'r Cad[fridog] Grant. Teimlem yn ddigon boddlawn gael ein deffroi erbyn hyny, ac i gyduno yn y teimladau gorfoleddus. (C, 65.4)

Daeth y rhyfel yn y dwyrain i ben bedair blynedd – bron i'r diwrnod – ar ôl i'r Gwrthryfelwyr danio ar Fort Sumter yn Ebrill 1861.

Nid oedd y brwydro wedi distewi yn Missouri eto ar 10 Ebrill pan gyfansoddodd un o Gymry'r dalaith honno bennill yn dwyn y teitl 'Dymuniad y Bardd'. Gweld buddugoliaeth fawr y dwyrain yn dwyn ffrwyth heddychlon drwy'r wlad oedd ei ddymuniad, gyda'r milwyr yn curo'i gleddyfau'n sychau wrth agor pennod rydd newydd yn hanes yr Unol Daleithiau:

Mae'r amser hyfryd bron wrth law,
   Daw terfyn ar y rhyfel maith;
A'r milwr gyda'i gaib a'i raw
   Yn lle y cledd fydd wrth ei waith:

A'r Negro saif yn ngoleu dydd,
 Heb gadwyn ar ei ddwylaw mwy
Yn DDYN, yn 'ddeiliad,' ac yn RHYDD,
 Trwy haeddiant Crist a'i Farwol Glwy. (D, 65.11)

Roedd y terfyn hwnnw wrth law. Rai wythnosau'n ddiweddarach fe roddodd y Gwrthryfelwyr yn y gorllewin hwythau eu harfau i lawr gan ddod â'r Rhyfel Cartref i ben. Gwawriodd diwrnod y Jiwbili y bu Robert Everett a diddymwyr eraill yn dyheu amdano; roedd yr holl gaethweision bellach yn rhydd.

Ond ni ellid dathlu heb alaru hefyd. Roedd dros 620,000 o bobl wedi marw rhwng mis Ebrill 1861 a mis Ebrill 1865. Tra oedd y rhyfel yn dirwyn i ben, daeth un farwolaeth arall a fyddai'n suro buddugoliaeth y Gogledd. Ac yntau wedi gweithio'n ddiflino yn ystod pedair blynedd o ryfel, penderfynodd Lincoln y gallai gymryd noson o seibiant i fwynhau drama lwyfan. Felly ar 14 Ebrill 1865, aeth Abraham Lincoln a'i wraig Mary i Ford's Theatre yn Washington. Nid yr actorion a oedd yn perfformio'r noson honno a fyddai'n cael eu cofio ond actor proffesiynol arall, John Wilkes Booth, a oedd yn cefnogi'r Gwrthryfelwyr ac yn casáu'r arlywydd. Ar ganol y perfformiad saethodd Booth yr arlywydd yng nghefn ei ben. Bu farw Abraham Lincoln y bore wedyn.

Awgryma pennawd *Y Cyfaill o'r Hen Wlad* y math o gysgod a deflid dros ddathliadau'r taleithiau Gogoleddol ar ddiwedd y rhyfel: 'Newyddion Dychrynllyd – Brad-laddiad y Llywydd Lincoln' (C, 65.5). Mewn llythyr a ysgrifennodd y Parch. E. R. Lewis at Robert Everett, dywedodd ei fod 'yn teimlo yn wir drallodus' gan ychwanegu: 'mae fy nghalon wedi bod yn friw er ddoe pan glywais y newydd trist, yr wyf yn methu a bwyta na chysgu na chael un tawelwch'. (CA, 65.5)

Ar 21 Ebrill rhoddwyd corff Abraham Lincoln ar drên angladdol arbennig a'i cludodd yn araf o Washington i Springfield, Illinois, gan aros ar y ffordd i dderbyn teyrngedau cannoedd o filoedd o bobl. Amcangyfrifir bod rhwng 6 ac 8 miliwn o Americanwyr wedi sefyll ar hyd y cledrau i weld y trên du'n araf ymlwybro tua'r gorllewin. Erbyn dydd Sul, 23 Ebrill, roedd tynged y diweddar arlywydd yn pwyso ar feddwl addolwyr mewn cymunedau Cymraeg. Traddodwyd pregeth Gymraeg yn Johnstown, Pennsylvania ar destun marwolaeth Lincoln gan y Parchedig Thomas Jenkins. Draw yn Scranton, Pennsylvania, traddodwyd pregeth Gymraeg arall ar yr un pwnc gan y Parch. Samuel Williams. (CA, 65.7) Perthynai'r ddau gapel hwn i'r Annibynwyr, ond nid dyna'r unig enwad Cymreig yn America a fu'n galaru'r Sul hwnnw. Dyna, er enghraifft, Drefnyddion Calfinaidd Capel Salem, Swydd

Cattaraugus, Efrog Newydd, a gynhaliodd gyfarfod gweddi arbennig ar 23 Ebrill 1865 i wrando ar y Parchedig John Williams yn rhoi 'Pregeth Angladdol i'r diweddar Anrhydeddus Lywydd, Abraham Lincoln.' (C, 65.7) Dymunai'r Methodistiaid Cymreig 'y byddo i'r egwyddorion o gyfiawnder a rhyddid, a blanwyd eisoes gan ein diweddar Lywydd, wreiddio ac ymehangu trwy yr holl dir'. A gwelir yn y deisyfiad hwn rywbeth sy'n nodweddu'r cyd-blethiad o ddathlu a galaru a geid yn y Gogledd yn ystod wythnos olaf Ebrill 1865, sef awydd i weld daioni o ryw fath – 'cyfiawnder a rhyddid' oedd geiriau'r Parch. Jones – yn codi o lwch marwolaeth.

Cafodd y bardd Walt Whitman ysbrydoliaeth yn nhaith symbolaidd y trên angladdol; mae'i farwnad drawiadol i Lincoln, *'When Lilacs Last in the Dooryard Bloomed'*, ymysg cerddi mwyaf yr Unol Daleithiau. Cafodd nifer o feirdd Cymraeg America eu hysbrydoli hefyd:

> O anwyl Abra'm Lincoln.
>   Pa beth a ddaeth i'th fro?
> Mae llawer calon bruddaidd
>   Ar ôl yr erchyll dro!
> Mae miloedd o wladgarwyr
>   Mewn galar dwys yn awr,
> A'u dagrau'n llifo'n hidl
>   O'u llygaid hyd y llawr. (CA, 65.7)

Er yr agendor rhwng y llinellau hyn a cherdd fawr Whitman, gwelir yma ymgais milwr Gogleddol cyffredin i leisio'i deimladau. Roedd y Cymro hwn yn gwasanaethu ger Mobile, Alabama, pan glywodd y newydd. Dros fil o filltiroedd i'r Gogledd, aeth y bardd 'Glaswelltyn' ati i gyfansoddi ar y testun 'Deigryn Hiraeth am ein parchus Lywydd Abraham Lincoln':

> Ow Lincoln pa'm merthyrwyd di?
>   Ai am roi rhyddid hoff i lu
> Oe'nt gynt yn gaeth gan rwymau cry'
>   Ymhell o'u gwlad?
> Do toraist un o seiliau'r ddraig,
>   Er gwaetha'r seirff a'u gwenyn aig,
> Rhoist i gaethiwed farwol saig,
>   Ein Llywydd mâd.

Dy dori wnawd yn syn i lawr,
   Ond byw dy holl orchestion mawr,
Ie byw tra haul a thoriad gwawr,
   Dros glawr dy fedd:
Dy enw 'n perarogli sydd
   I filoedd ddaeth trwy'th waith yn rhydd,
A thrwy dy gamp y gwelsant ddydd
   Y Jubil hedd. (CA, 65.7)

Gwelir yn hyn oll egin yr hyn sy'n nodweddu'r modd y cofir Lincoln hyd heddiw. Ar ddechrau'r Rhyfel Cartref, Gweriniaethwr canol-y-ffordd oedd Lincoln nad oedd am ildio i'r radicaliaid yn ei blaid a ddeisyfai ddiddymu caethwasanaeth yn syth. Ond trwy gyhoeddi'r 'Datganiad Rhyddid' a chodi holl fater rhyddhau'r caethweision i frig agenda'i lywodraeth, trwy wrthod torri ei addewid i'r milwyr duon a oedd wedi ymladd dros yr Undeb – ie, a thrwy gael ei 'ferthyru' yn annhymig gan John Wilkes Booth – troes y Gweriniaethwr canol-y-ffordd yn eicon sy'n cynrychioli rhyddid. Daeth 'aberth' yr arlywydd i arwyddo'r awydd i sicrhau fod daioni parhaol yn codi o lwch cyflafan y rhyfel.

Daeth trychineb arall i ran yr Undeb cyn i drên angladdol Lincoln gyrraedd pen ei daith. Ar 27 Ebrill, lladdwyd dros 1,200 o filwyr Gogleddol – y rhan fwyaf ohonynt yn gyn-garcharorion rhyfel ar eu ffordd adref – wrth i'r agerfad *Sultana* fynd ar dân a suddo ar y Mississippi. Lladdwyd tri Chymro o ardal Tallmadge, Ohio, sef Edward Ellis, Thomas Evans a William D. Price, a rhoddodd Dewi Emlyn, bardd-weinidog enwocaf y dalaith, gŵyn y gymuned ar gof a chadw:

Rhy anhawdd i neb allu darlunio teimladau y perthynasau galarus oeddent yn meddwl cael y pleser o'u croesawu gartref yn fuan, ac y mae y tro trist wedi toi yr holl ardal â phrudd-der a galar. Diau fod bai mawr yn rhywle fod y fath dorf o'n bechgyn dewrion wedi cael eu pentyru ar fwrdd bad cymwys i gario dim ond pedwar cant. (CA, 65.6)

Roedd effaith 'trychineb y *Sultana*' ar boblogaeth y Gogledd yn debyg i farwolaeth Lincoln; ceid teimlad fod dinistr y rhyfel yn cerdded rhagddo hyd yn oed ar ôl i fyddin Lee ildio.

'Anadlaist Lwch Cenhedloedd'

Nid yw'n syndod fod marwolaeth Abraham Lincoln wedi ysgogi nifer o farwnadau Cymraeg. Bu Cymry America wrthi drwy gydol y rhyfel yn ymateb i'w profiadau ar ffurf barddoniaeth, ac mae rhai cannoedd o gerddi rhyfel Cymraeg wedi goroesi o Ryfel Cartref yr Unol Daleithiau. Nid yw'r holl gynnyrch barddol yn cyrraedd safonau a chwaeth yr unfed ganrif ar hugain; mae'n simsanu rhwng cerddi pregethlyd a ffug-athronyddol y pwysigion barddol ar y naill law a diniweidrwydd rhamantus y beirdd amaturaidd ar y llaw arall. Eto, ceir nifer o linellau sy'n crisialu profiad arswydus y rhyfel mewn dull cofiadwy, ac mae ambell linell yn sawru o oesoldeb y farddoniaeth orau.

Brodor o Flaenau Ffestiniog oedd Rowland Walters ac un o'r chwarelwyr Cymreig niferus a fu'n gweithio yn y *Slate Valley* ar y ffin rhwng taleithiau Efrog Newydd a Vermont. Enillodd enwogrwydd barddol o dan yr enw Ionoron Glan Dwyryd yn eisteddfodau America yn y blynyddoedd cyn y rhyfel. Roedd yn 42 oed pan ddechreuodd y rhyfel ac nid ymrestrodd â'r fyddin. Eto, yn debyg i ddwsinau o feirdd Cymraeg eraill yn America, rhoddodd Ionoron ei farddoniaeth at wasanaeth Cymry eraill a oedd yn ceisio dehongli a deall yr hyn a oedd yn digwydd iddynt wrth i'w gwlad fabwysiedig gael ei rhwygo gan ryfel. Canodd farwnadau i Gymry ifainc o Vermont a laddwyd ar faes y gad gan geisio troi'i farddoniaeth yn gyfrwng i fynegi galar ei gymdogion.

Ar y pegwn arall i'r cerddi sy'n ymdrin â cholledion go iawn, yn y gân 'Bedd y Milwr Cymreig yn America' mae Ionoron Glan Dwyryd yn trin y rhyfel â holl ramant felodramatig Oes Fictoria. Mae'r bardd yn disgrifio Cymraes ifanc sy'n 'd'od dros donau y dw'r' i chwilio am y dyweddi a oedd wedi ymfudo i'r Amerig. Ond 'bedd y milwr' yn unig sy'n ei haros yno, ac mae'n melltithio'r '[c]leddyf dialgar' a laddodd ei chariad.

Yn debyg i nifer o feirdd eraill, ysgrifennodd Ionoron yntau farwnad i Abraham Lincoln gan ddisgrifio'i lofruddiaeth fel '[g]wawdiaith ffrom arglwyddi'r De'.(CI, 296) Gan adleisio'r bardd Cymraeg arall hwnnw a ddywedodd fod Lincoln wedi'i 'ferthyru', 'aberth' oedd bywyd Lincoln i

251

fardd-chwarelwr Vermont. Ac felly chwaraeodd Ionoron ei ran yn y broses o ddyrchafu'r 'merthyr' o arlywydd yn eicon cenedlaethol.

Ar ddiwedd y rhyfel cyfansoddodd Ionoron englyn ar y testun 'Heddwch'. Cerub (*cherub*) yw delwedd lywodraethol y gerdd. Gellid meddwl fod y bardd wedi dod ar draws delwedd yr angyles fach tra oedd yn cerdded mewn mynwent yn Vermont; er bod cerrig beddau milwrol y cyfnod yn syml ac unffurf, addurnid beddau sifiliaid yr oes yn aml gan gerubiaid neu angylion bach. Dyma felly ddelwedd sy'n cydio yn syth mewn dull gweledol cyffredin o drafod marwolaeth, delwedd y gallai darllenwyr yn hawdd uniaethu â hi. O gofio swyddogaeth angylion yn y Beibl – sef cyfryngu rhwng y nefoedd a'r ddaear – gellid awgrymu fod y bardd yn ceisio cyfryngu rhwng marwolaethau a dinistr y rhyfel a'r awydd i weld daioni'n codi o'r llwch:

Esgyll cerub yw'th wisgoedd, – angyles
    Yn ngolwg y nefoedd;
  Llawer gwaith, yn llu ar g'oedd,
  Anadlaist lwch cenedloedd. (CA, 65.11)

Cawn yn llinell olaf yr englyn hwn un o'r llinellau oesol hynny a ddeilliodd o brofiad y rhyfel. Mae'r bardd yn disgrifio 'heddwch' fel angyles sy'n hedfan yn sgil rhyfel gan anadlu llwch y cenhedloedd a chwalwyd ganddo. Roedd y wlad fel pe bai'n sefyll ynghanol yr adfeilion cymdeithasol a adawyd ar ôl chwalfa'r rhyfel anferthol hwn, ac wrth ymbalfalu am ffordd o ddisgrifio'r profiad mae'r bardd wedi taro ar ddelwedd bwrpasol iawn. Er i bropaganda swyddogol y Gogledd ymffrostio yn 'Ail-Uniad Yr Undeb' ar ddiwedd y rhyfel, nid cenedl gyfan a wêl y bardd ond 'llwch cenhedloedd' yn unig.

Yn wir, roedd y Rhyfel Cartref yn drobwynt cwbl dyngedfennol i nifer o wahanol genhedloedd. Os y rhyfel oedd dechrau egin cenedl y Gwrthryfelwyr, sef y *Confederacy*, y rhyfel hefyd oedd diwedd y genedl honno. Erbyn diwedd haf 1865, yr Unol Daleithiau oedd yr unig wlad a safai rhwng Mecsico a Chanada, ac roedd Jefferson Davis, cyn-arlywydd y Cydffederasiwn Deheuol, yn y carchar. I bedair miliwn o Americanwyr duon roedd diwedd y Rhyfel Cartref yn golygu diwedd hanes eu caethiwed a cham mawr ar y ffordd i ymuno'n llawn â chenedl eu cyd-Americanwyr gwyn.

A beth oedd arwyddocâd y rhyfel i filoedd o Gymry America? Fel y nododd un awdur dienw hanner y ffordd drwy'r gyflafan, roedd llawer o filwyr Cymreig yr Undeb wedi gadael rhywbeth pwysig ar gyfer eu disgynyddion:

Os yw cenedloedd eraill wedi rhagori arnom mewn *rhif*, nid ydynt un iot yn mlaen arnom mewn *dewrder* ar faes y gwaed. Y mae rhai o swyddogion uwchaf ein byddinoedd wedi rhoddi y gair goreu i'r Cymry a syrthiasant dan eu sylw hwy mewn brwydrau. [....] Nid oes amheuaeth nad ydynt wedi gwneyd *record* iddynt eu hunain y bydd eu plant a phlant eu plant, hyd y cenedlaethau pellaf, yn falch ohono. (D, 63.4)

Roedd y rhan fwyaf o'r milwyr hyn yn ymfudwyr neu'n blant i ymfudwyr; mae'r awdur hwn yn awgrymu fod y Cymry hyn – neu'n hytrach, yr Americanwyr Cymraeg hyn – wedi ennill dinasyddiaeth eu gwlad newydd yn y modd caletaf posibl. Fel y dywedodd Sarjant John W. Rowlands:

Y cwbl a ofynwyf ydyw ystyllen uwch ben fy medd gyda'r geiriau hyn arni: – *Gwnaeth ei ddyledswydd yn anrhydeddus; bu farw yn achos ei Wlad Fabwysiedig; ac ni throdd ei gefn yn nydd y frwydr. Huned ei lwch mewn heddwch.* (D, 63.4)

Gallai Cymry America ddweud yn sgil y Rhyfel Cartref eu bod wedi profi unwaith ac am byth iddyn nhw eu hunain ac i'w cyd-Americanwyr eu bod nhw'n ddinasyddion teilwng.

Ar y llaw arall, roedd rhai Cymry America fel pe baent yn fodlon anghofio hanes y rhyfel. Mae'n bosibl nad aeth Elizabeth Evans i fanylion mewn llythyr a ysgrifennodd at ei theulu yng Nghymru oherwydd poen y golled. Roedd Elizabeth a'i gŵr Jenkin yn byw yn Newport, Kentucky, ac fel llawer o drigolion y dref honno, roedd eu mab wedi ymrestru ym myddin y Gogledd. Prin y mae'n crybwyll ei farwolaeth wrth fynd heibio; canolbwyntiodd yn hytrach ar ymdrech i ddenu'r teulu a oedd ganddi ar dir y byw draw i dir America:

Newport, Mai 14eg, 1867
Anwyl Frawd a'm Chwaer: [....] Mor ddymunol buasai genyf fwynhau eich cymdeithas yn feunyddiol yma yn yr America lle mae pawb yn cael mwynhau cydradd o fanteision. Yna yr ydych dan orfodiaeth uwch radd. Yma y mai'r tlotaf yn cael mwynhau [yr un] breintiau â'r cyfoethog. Gwlad o gydraddoldeb ydyw hon. [....] Yr ydym wedi claddu dau fachgen, un a fuodd farw yn y rhyfel diweddar fuodd yma, a'r llall fuodd farw gartref. (EE)

Nid yw'n glir a oedd y mab arall yn y fyddin hefyd; dywed yn unig ei fod wedi marw 'gartref'. Beth bynnag fo'r rheswm dros ruthro heibio i farwolaeth ei milwr o fab (a'i frawd), mae rhan gyntaf y llythyr yn dangos ei bod hi wedi yfed yn hael o'r holl bropaganda gwladgarol a gylchredai ar ddiwedd y rhyfel. Ymffrostia Elizabeth ei bod hi'n byw mewn 'gwlad o gydraddoldeb'.

Bid a fo am awydd ymddangosiadol rhai i anghofio'r Rhyfel Cartref, ymroes eraill i gofnodi'r holl fanylion. Wedi gweithio mor galed i gyflwyno'r hanes i Gymry America yn ystod y rhyfel, aeth J. W. Jones a T. B. Morris, golygyddion *Y Drych*, ati'n syth i gyhoeddi cyfrol a fyddai'n crynhoi a dehongli hanes y blynyddoedd gwaedlyd ar gyfer darllenwyr Cymraeg. Cyhoeddwyd y llyfr yn Utica, Efrog Newydd, ym 1866, sef *Hanes y Gwrthryfel Mawr yn y Talaethau Unedig; Yn Nghyd A Byr Grybwyllion Am y Prif Ddigwyddiadau O Ddarganfyddiad America Hyd Adferiad Heddwch, Yn 1865*. Wrth gyflwyno'r gyfrol i'w darllenwyr mae'r ddau awdur yn pwysleisio arwyddocâd yr hanes i 'genedl' Cymry America:

> Dymunir awgrymu wrth anfon y gwaith hwn i ddwylaw y cyhoedd mai yr amcan mewn golwg ydyw cynysgaeddu ein cydgenedl a Hanes teg, cryno a chyflawn, am un o ddigwyddiadau pwysicaf y ganrif bresenol, mewn cyfrol radlawn a destlus, hawdd i'r gweithwyr a'r llafurwyr, yn nghyd a chyffredin bobl ein cenedl, ei chyraedd. Tebyg na thynodd unrhyw wrthryfel erioed sylw Cenedloedd Gwareiddiedig i'r fath raddau ag a wnaeth Gwrthryfel y Caethfeistri yn y Talaethau Unedig. (HGM, 1)

Mae 631 o dudalennau yn y gyfrol swmpus hon, ynghyd â 'nifer o gerfluniau [h.y., engrafiadau] drudfawr a phrydferth'. Fe ddichon mai *Hanes y Gwrthryfel Mawr* yw un o'r projectau cyhoeddi mwyaf mentrus yn hanes y wasg Gymraeg yn America.

Er i'r awduron ddweud eu bod am gyhoeddi cyfrol a fyddai'n 'hawdd [i bawb] ei chyrraedd', mae'n debyg eu bod wedi gorwario ar y gyfrol faith gyda'i lluniau drud. Yn wir, mae 'Anerch y Cyhoeddwr' yn gwrthddweud y gosodiad fod y gyfrol yn 'hawdd ei chyrraedd' gan ddangos eu bod nhw'n ymwybodol iawn o natur y fenter:

> Ymddengys yn amlwg i bawb ystyriol fod ymgymeryd a chyhoeddi unrhyw waith newydd, cyffelyb i'r hwn sydd yn cael ei gynyg i'n cydwladwyr, yn orchwyl treulfawr a hynod gostus, yn enwedig gan fod y gwaith dan sylw yn cael ei ddwyn allan yn yr iaith Gymraeg, oblegyd cyfyngir ei ddarlleniad yn benaf i'r rhai sydd yn dybynu ar yr

iaith hono am gyfryw wybodaeth ag y mae y llyfr hwn wedi ei fwriadu i'w chynwys.[....] Yr ydym yn awyddus am i bawb o honynt gael meddianu Hanes teg a chywir am y Gwrthryfel mwyaf a gymerodd le er y pryd y cynygiodd yr angylion godi gwrthryfel yn y nefoedd, ac felly yr ydym yn anturio cyhoeddi y gwaith hwn, ar y draul o rai miloedd o ddoleri, gan ymddiried i gefnogaeth haelfryd y rhai y mae wedi ei fwriadu ar eu cyfer. (HGM, i)

Er nad yw'r holl fanylion ynglŷn â thanysgrifiad a gwerthiant y llyfr ar gael, fe ymddengys fod J. W. Jones a T. B. Morris wedi mentro gormod. Mae'r project yn anorffenedig; roeddynt yn bwriadu cyhoeddi ail gyfrol, ond ni ddaeth o'r wasg.

Eto, dywed y ddau awdur nad elw ariannol yn unig a'u hysgogodd i ymgymryd â'r gwaith:

Pe digwyddai i ni fethu cael digon o werthiad i'r gwaith i'n diogelu rhag colled, byddai genym yn aros y boddineb o fod wedi gwneyd aberth er mwyn ein cydgenedl, yn cael ein cymell yn unig gan wladgarwch ac awydd am eu llesad. (HGM, i)

Nid yw'n syndod fod y gair 'aberth' yn hydreiddio ysgrifau ar y rhyfel. Rhwng y cannoedd o filoedd a fu farw ar faes y gad ac mewn ysbytai, llofruddiaeth Lincoln, a'r amser a'r egni a roddodd cynifer o ferched i'r elusennau a helpai'r milwyr, roedd bron pawb wedi 'aberthu' mewn rhyw ffordd. A gwelwn yma fod awduron y llyfr uchelgeisiol hwn yn dweud eu bod nhw'n fodlon 'gwneyd aberth' a gwaddoli eu 'cydgenedl' â hanes y rhyfel ar draul elw ariannol personol!

Ond nid dyna'r unig beth sy'n cysylltu *Hanes y Gwrthryfel Mawr* ag ysgrifau eraill am y rhyfel. O dudalen cyntaf y llyfr a thrwy gydol y 630 o ddudalennau sy'n weddill, mae'r awduron yn defnyddio'r ymadrodd 'Gwrthryfel y Caethfeistri' wrth sôn am y Rhyfel Cartref. Un o'r agweddau amlycaf ar yr holl lenyddiaeth Gymraeg a gyhoeddwyd yn America yn ystod y rhyfel yw'r ymdrech i gyplysu'r gyflafan â'r crwsâd yn erbyn caethwasanaeth. Nid yw'n syndod felly fod llyfr a gyhoeddwyd flwyddyn ar ôl diwedd y gyflafan yn parhau â'r drafodaeth foesolegol honno; dywed yr awduron fod eu gwaith yn edrych 'yn arbenig ar y GYFUNDREFN GAETHWASIOL yn ei hamrywiol gysylltiadau[.]' (HGM, 3)

Wrth dynnu sylw'u darllenwyr at wersi moesol yr hanes mae'r ddau hefyd yn parhau â'r ymdrech i gysylltu'r Rhyfel Cartref â chyd-destun hanesyddol ehangach. Yn ystod y rhyfel roedd awduron fel Robert

Everett ac Isaac Cheshire yn cyson gysylltu'r frwydr rhwng 'Caethfeistri'r Taleithiau Deheuol' a 'phleidwyr Rhyddid' y Gogledd â'r ymrafael oesol rhwng, ar y naill law, y bendefigiaeth, gormes a chaethiwed ac, ar y llaw arall, y werin, gweriniaeth a rhyddid. Byddai Cymry America'n cofio'r cymorth a roddodd llywodraeth a 'phendefigion' Lloegr i'r Gwrthryfelwyr yn bell ar ôl diwedd y rhyfel:

> Yr oedd yn naturiol i ormeswyr, uchelwyr, a phendefigion anhaelfryd, gydymdeimlo a gwrthryfel y Caethfasnachwyr, gan y gwyddent yn dda eu bod yn ymladd dros egwyddor oedd mewn dadl yn eu hachos eu hunain. O'r ochr arall, nid oedd dim yn fwy rhesymol i'r gorthrymedig, yr iselradd, y werin, y rhydd-garol, yn gystal a'r athronydd goleuedig, na chydymdeimlo a symudiad oedd yn sicr o ddybenu yn nymcheliad un o'r cyfundrefnau mwyaf treisiol a gorthrymus a felldithiodd lenyrch y ddaiar er diwrnod cyntaf y cread. (HGM, 1-2)

Nid adrodd ffeithiau moel yn unig a wna awduron *Hanes y Gwrthryfel Mawr*. Maen nhw hefyd yn dehongli'r hanes ar gyfer eu 'cydgenedl' gan felly bwysleisio arwyddocâd y Rhyfel Cartref yn nhermau hunaniaeth Cymry America. A thrwy bwysleisio'n gyson y cysylltiad rhwng caethwasanaeth a'r 'Gwrthryfel', maen nhw'n awgrymu fod pob Cymro a Chymraes a gyfrannodd at 'achos' y Gogledd wedi helpu newid yr Unol Daleithiau er gwell.

Ni all darllenydd y gyfrol golli golwg ar y dehongli moesolegol yma. Yn wir, ceir pennod ar ddiwedd y llyfr sy'n dwyn y teitl 'Caethwasiaeth a'r Wladlywiaeth at Ei Ddilead'. Dechreua drwy bwysleisio unwaith eto y cysylltiad rhwng y sefydliad anfoesol a'r Rhyfel Cartref:

> ymddengys i'r sylwedydd mwyaf arwynebol fod y fath gysylltiad agos rhwng y naill â'r llall, fel nas gellir gwneyd cyfiawnder â hanes y naill heb dalu cryn lawer o sylw i hanes y llall. (HGM, 609)

Er na chwblhawyd y cynllun drwy gyhoeddi ail gyfrol *Hanes y Gwrthryfel Mawr,* eto mae'r awduron wedi llwyddo i wireddu'u hagenda foesolegol. O'r dechrau hyd ei ddiwedd, mae'r llyfr swmpus hwn yn adrodd – drwy gyfrwng yr iaith Gymraeg – hanes y Rhyfel Cartref gan hefyd ddehongli'r hanes hwnnw mewn modd sy'n tanlinellu'r cysylltiad rhwng y rhyfel a chaethwasanaeth.

Ni wnaeth neb fwy i bwysleisio'r cysylltiad hwnnw na'r Parchedig Ddoctor Robert Everett. Bu farw arch-ddiddymwr Cymry America yn

1875. Er bod Robert Everett wedi cyrraedd 84 oed, roedd yn dal wrthi'n golygu a chyhoeddi *Y Cenhadwr Americanaidd* hyd y diwedd. Cyhoeddwyd cofiant iddo dan olygyddiaeth Dewi Emlyn a cheir ynddo ysgrif gan y Parch. E. Davies o Waterville, Efrog Newydd, sy'n cloriannu gweithgareddau lu Robert Everett. Wedi trafod yr holl feysydd y bu'n ymdrechu ynddynt, mae'n casglu mai hyrwyddo diddymiaeth oedd ei lwyddiant pennaf:

> Ond bydd enw Dr. Everett, fel diwygiwr, mewn coffadwriaeth, yn fwyaf neillduol, yn ei gysylltiad â'r achos gwrthgaethiwol, a hyny o herwydd y gwrthwynebiad chwerw a gafodd, a'r ffyddlondeb diysgog a ddangosodd i'r achos hwnw.(CRE, 121)

Cyfrannodd Y Parch. Erasmus Jones ysgrif i'r cofiant hefyd. Roedd Erasmus Jones a Robert Everett yn gynghreiriaid agos ac ymfalchïodd yn y ffaith fod Dr. Everett wedi cael 'y pleser gogoneddus o weled y gadwyn gaethiwol olaf yn cael ei dryllio, a'r caethwas olaf yn cael ei ryddhau.' (CRE, 78)

Yn ystod y rhyfel, cyhoeddodd Erasmus Jones hanes y gatrawd o filwyr duon yr oedd yn gaplan arnynt yn *Y Cenhadwr Americanaidd.* Flynyddoedd cyn i'r Rhyfel Cartref ddechrau bu'n helpu Robert Everett i radicaleiddio Cymry America a'u byddino yn erbyn caethwasanaeth. Cyhoeddwyd cofiant Robert Everett ym 1879; roedd 14 o flynyddoedd wedi mynd heibio ers diwedd y rhyfel ac roedd rhyw 40 mlynedd ers pan fu Robert Everett a'i ddilynwyr yn dechrau ymgyrchu o ddifrif. Gan fod pethau wedi newid cymaint yn y cyfamser, roedd Erasmus Jones yn poeni na fyddai Cymry ifainc yn ymwybodol o'r amser caled a gafodd y diddymwyr Cymreig ar y dechrau:

> Y mae canoedd o'n pobl ieuainc na wyddant fawr am deimladau y werin, o berthynas i'r pwnc o gaethwasiaeth Americanaidd, bymtheg-ar-hugain o flynyddoedd yn ôl. Anhawdd iddynt amgyffred dyfnder y gwarth a'r dirmyg a deflid ar yr ychydig bersonau a elwid yn *Abolitionists*, yn mhlith y Cymry, yn gystal ag yn mhlith eraill. [....] Mewn amser fel yna, pan oedd yr achos yn ei ddirmyg iselaf, y gwelodd Mr. Everett yn dda daflu ei holl ddylanwad o blaid y caethwas gorthrymedig.(CRE, 77-8)

Yn debyg i *Hanes y Gwrthryfel Mawr,* roedd *Cofiant y Diweddar Barch. Robert Everett* yn sicrhau fod Cymry America'n cofio rhan eu 'cydgenedl' yn yr ymgyrch i ddod â chaethwasanaeth i ben.

Tra oedd rhai'n cofio'r rhyfel mewn geiriau, roedd eraill yn defnyddio cyfrwng y camera. Hyd heddiw y mae ffotograff yn hongian ar wal Capel Horeb yn Ohio sy'n cofnodi aduniad rhai o hen filwyr yr ardal tua 1915. Ym mynwent y capel saif cofgolofn i holl ddynion y cylch a laddwyd ac a gladdwyd yn y taleithiau Deheuol. Mae llawer o'r enwau ar y gofgolofn hon yn Gymry a berthynai i'r *56th Ohio Infantry*, catrawd a fu ar flaen y gad yn ystod cyrch Grant yn Mississippi a gwarchae Vicksburg. Yn archifdy Vicksburg y mae ffotograff arall a dynnwyd tua'r un adeg â'r llun yng Nghapel Horeb; mae'n cofnodi aduniad rhai o hen filwyr y *56th Ohio* a gynhaliwyd yn Vicksburg.

Bu David T. Davis yn farchfilwr gyda'r *7th Pennsylvania Cavalry*. Goroesodd erchyllterau Andersonville gan weld nid yn unig ddiwedd y Rhyfel Cartref ond diwedd y Rhyfel Byd Cyntaf hefyd. Bu farw'r hen filwr yn 1923 a chyhoeddwyd hanes ei angladd yn *Y Drych*: 'Yn marwolaeth [...] David T. Davis, Cymro i'r carn, mae dinas Philadelphia wedi colli un o'i dinasyddion parchus yr hwn a hoffwyd gan bawb a'i hadwaenai'.(D, 1923.3) Dywed *Y Drych* ymhellach fod 'hen filwyr yn bresennol' yn yr 'angladd mawr ac anrhydeddus iawn'. Roedd yr 'hen filwyr' yn cymryd rhan yn ei angladd am reswm da; dyma Gymro a chwaraeodd ran amlwg yn yr ymdrech i drefnu a chofnodi gweith-gareddau'r feteraniaid.

Ffurfiwyd cymdeithas ar gyfer cyn-filwyr yr Undeb, sef *The Grand Army of the Republic* neu'r *GAR*. Cynyddodd ei haelodaeth yn rhyfeddol wrth i'r bedwaredd ganrif ar bymtheg ddirwyn i ben. O'r cannoedd o filoedd o gyn-filwyr a oedd ar dir y byw ym 1878, dim ond rhyw 30,000 oedd wedi ymdrafferthu ag ymaelodi yn y gymdeithas. Ond erbyn 1885 roedd yr aelodaeth o gwmpas 150,000 o unigolion ac erbyn 1890 roedd gan y GAR dros 425,000 o aelodau.

Yn ogystal â chymryd rhan amlwg wrth gladdu hen filwyr, roedd y GAR hefyd yn elusen a ofalai am feteraniaid yn eu henaint. Pan fu farw'r cyn-filwr David J. Jenkins ym Mangor, Wisconsin, ym 1899, aeth Henry Davies, aelod arall o'r gymdeithas, ati i gyhoeddi'r manylion yn *Y Cenhadwr Americanaidd:*

Bu farw ein brawd a'n cyfaill am 9:30 nos Lun, Ebrill 3, 1899, yn ei gartref gerllaw yr addoldy Cynulleidfaol, lle y bu yn addoli ei Dduw a'i Geidwad am 30 mlynedd. Yr oedd hefyd yn aelod o'r G.A.R., fel hen filwr, a fuasai yn milwrio milwriaeth dda dros faner a chyfanrwydd ei wlad. Cymerwyd gofal neillduol o hono gan y G.A.R. yn y rhanbarth hwn, gan weinyddu arno yn ei ddyddiau a'i oriau olaf, ac wedi ei ymadawiad fe gymerasant ran arbenig yn nygiad yn mlaen

Yr hen filwr David T. Davis

ei angladd. [.....] Cariwyd y gweddillion i'r capel gan ei hen gydfilwyr gynt. Dechreuwyd y gwasanaeth yn Saesonaeg gan ei hen gyfaill, y Parch. John J. Vaughan. Pregethodd ei weinidog [...] ei bregeth yn yr hen iaith, o'r hon yr oedd yn un o'r edmygwyr gwresocaf [...]. Wedi ymffurfio yn orymdaith aed tua'r gladdfa, y milwyr eto yn cymeryd gofal o weddillion eu brawd. Wrth y bedd fe weinyddwyd ganddynt hwy yn gyfangwbl, gydag ychydig o eiriau ymadawol gan y gweinidog. (CA, 99.9)

Dywed Henry Davies ar ddiwedd ei ysgrif fod 'pedwar sylw arbenig' wedi'u gwneud am y diweddar David Jenkins 'ar ddydd ei angladd'. Nododd y galarwyr fod yr ymadawedig 'yn grefyddwr ffyddlon a haelionus'. Yn ogystal â bod 'yn ben teulu tawel, siriol a darbodus' roedd hefyd 'yn gymydog caredig a chymwynasgar'. Ond ar frig y rhestr ceir y sylw fod 'David J. Jenkins yn filwr gwrol a ffyddlon[.]' (CA, 99.9)

Ymysg ei gweithgareddau eraill, roedd y GAR yn trefnu aduniadau fel y rhai a gofnodwyd ar ffurf ffotograff yn Ohio a Vicksburg. Cyhoeddwyd hanes aduniad a gynhaliwyd yn Wisconsin yn y *Racine Journal*, 3 Medi 1914:

Veteran's Recall The Stirring Days of the Civil War[:]
Reunion of the Twenty-Second Regiment is a Most Interesting Gathering.
Grizzled veterans of the civil war have been conspicuous in the city during the past two days, wearing badges and recalling the scenes and incidents of the days of 1861-1865. They are members of the Twenty-Second regiment, Wisconsin Volunteer Infantry, and the gathering is the annual reunion. (RJ, 1914.9)

Perthynai llawer o Gymry i'r 22ain Wisconsin, ac mae llythyrau'r milwyr Cymreig hyn yn britho rhifynnau *Y Drych, Y Cyfaill o'r Hen Wlad* ac *Y Cenhadwr Americanaidd* adeg y rhyfel ei hun. Ond er bod Cymry'r 22ain

Wisconsin – fel y milwyr Cymreig mewn nifer o gatrodau eraill – wedi cynnal bywyd cymdeithasol a diwylliannol drwy gyfrwng eu mamiaith yn ystod y rhyfel, roedd gweithgareddau a chyhoeddiadau'r GAR yn digwydd drwy gyfrwng y Saesneg ar y cyfan.

Ceir peth eironi yn hyn oll. Drwy gydol y Rhyfel Cartref – ac am flynyddoedd wedyn – gallai Cymry America ddefnyddio'r Gymraeg yn gyfrwng i drafod a dehongli'r rhan yr oeddynt wedi'i chwarae yn nhrobwynt hanesyddol mwyaf yr Unol Daleithiau. Ond wrth ymuno yn yr ymdrech genedlaethol i goffáu'r 'aberth mawr' roedd cyn-filwyr Cymreig yn aml yn cefnu ar eu mamiaith er mwyn helpu'r rhai a oedd yn cofnodi'r hanes drwy gyfrwng y Saesneg.

Er enghraifft, cafodd Hugh Pritchard ei eni ar fferm Garth Dorwen, Penygroes, Sir Gaernarfon. Wedi ymfudo i swydd Racine, Wisconsin, rhoddodd y teulu'r enw 'Garth Dorwen' ar eu fferm newydd hefyd gan ychwanegu at y wedd Gymreig a Chymraeg amlwg ar y rhan honno o Wisconsin. Pan ddaeth y rhyfel, ymrestrodd Hugh gyda'r 8fed Wisconsin gan wasanaethu am dair blynedd rhwng 1861 a 1864 a goroesi rhai o frwydrau mwyaf theatr y gorllewin. Ond er bod y Gymraeg wedi parhau'n iaith gymunedol fyw yn Racine drwy gydol y ganrif, ysgrifennwyd hanes y Cymro yn Saesneg. A hynny am reswm syml: roedd Hugh Pritchard wedi ymuno â *Governor Harvey Post 17* o'r *Grand Army of the Republic* ym 1887 a Saesneg oedd iaith gwirfoddolwyr y gymdeithas a aeth ati i gofnodi bywgraffiadau'i haelodau. Cyflwynwyd *'Personal War Sketches'* ganddynt i Archifdy Sirol Racine ym 1890, gan gynnwys hanes *'Comrade* Hugh Prichard'.

Ymrestrodd Jenkin Lloyd Jones â'r *6th Wisconsin Battery*. Tystia'r ohebiaeth Gymraeg rhwng y milwr hwn a'i rieni ei fod wedi arddel ei famiaith tra oedd yn ymladd yn Mississippi, Tennessee, Alabama a Georgia. Ond pan gyhoeddodd y *Wisconsin History Commission* ei hunangofiant, *An Artilleryman's Diary,* ym 1914, Saesneg oedd iaith y gyfrol. Dychwelodd Evan Rowland Jones i Gymru ar ôl y rhyfel, ond Saesneg oedd iaith ei hunangofiant yntau: *Four Years in the Army of the Potomac: a soldier's recollections* (Llundain, 1881). Er ei fod wedi cyfrannu ysgrif Gymraeg at gofiant Robert Everett, roedd yr hen gaplan Erasmus Jones hefyd yn hoff o draddodi darlith yn Saesneg, *'Two Years with a Colored Regiment'*.

Pan gyhoeddwyd y gyfrol ddwyieithog *Hanes Cymry Minnesota* ym 1895, dewiswyd cynnwys hanes milwyr Cymreig y dalaith yn adran Saesneg y llyfr. Gan adleisio cywair yr awdur Cymraeg dienw hwnnw a bwysleisiodd y 'record' a wnaeth Cymry ar faes y gad, rhoddwyd *'Their Record in the War of the Rebellion'* yn bennawd ar y rhan hon o'r gyfrol.

Aduniad hen filwyr Cymreig Minnesota:
Timothy Rees, William Lewis, Joshua
Wigley ac Edward Jones. Maen nhw'n
gwisgo medalau'r G.A.R.

Disgrifia werth y 'record' hwnnw
fel hyn:

> *Our Welsh pioneers were patriots*
> *in the best sense of the word. They*
> *loved their country dearly, not for*
> *personal gain or glory, but for the*
> *grand principles of justice, liberty*
> *and equality on which it was*
> *founded, and when slavery and*
> *disunion were threatening the very*
> *life of our Republic in the dark*
> *days of the Rebellion the Cymri*
> [sic] *were among its first and most*
> *faithful defenders.* (HCM, 116)

Mae dros 130 o dudalennau'r llyfr
hwn wedi'u hysgrifennu'n
Gymraeg, ac mae'r awduron yn
dweud fod y genhedlaeth ifanc a
aned yn Minnesota wedi'i magu'n
siarad Cymraeg. Rhaid gofyn pam
y dewiswyd cyhoeddi hanes y
rhyfel yn Saesneg. Mae'n bosibl y cawn yr ateb yn y bwrlwm o
weithgareddau yr oedd y GAR yn eu cynnal erbyn i'r gyfrol ymddangos
ym 1895. Yn wir, ceir yn *Hanes Cymry Minnesota* ffoto-bortreadau o hen
filwyr, ac mae rhai'n gwisgo medalau'r *Grand Army of the Republic*. Yn
ogystal â chyhoeddi lluniau feteraniaid unigol, mae'r gyfrol hefyd yn
cynnwys llun cyfansawdd sy'n debyg i'r rhai a gynhyrchid gan y *GAR*.
Dyma enghreifftio'r pwynt cyffredinol eto: er bod llawer o hen filwyr ar
dir y byw ddiwedd y ganrif a allai fod wedi ysgrifennu'u hanes yn
Gymraeg, roedd gweithgareddau'r gymdeithas genedlaethol rymus hon
yn harneisio'u cyfraniadau drwy gyfrwng y Saesneg. Er bod pobl ifainc
mewn cymunedau Cymreig yn Minnesota a thaleithiau eraill yn dysgu
Cymraeg ar yr aelwyd, rhaid ei bod hi'n dod yn fwyfwy amlwg i lawer
na fyddai'u disgynyddion yn gallu cynnal yr iaith yn America am byth.
Mae'n debyg iawn fod awydd i sicrhau nad âi'r hanes yn angof wedi
ychwanegu at y pwysau ar gyn-filwyr Cymreig i droi at y Saesneg wrth
gofnodi'u hanes.

Ond er i'r ymdrechion cyhoeddus i gofio hanes y Rhyfel Cartref gael
eu cynnal fwyfwy drwy gyfrwng y Saesneg gyda threigl amser, roedd

ambell hen filwr yn defnyddio'i famiaith wrth roi trefn ar ei atgofion personol. 30 o flynyddoedd ar ôl ymrestru ym myddin y Gogledd, aeth David D. Davis ati i olygu'i ddyddiadur, gan ddechrau drwy ddisgrifio'i broject: 'Cynhwysiad fy nyddlyfr am 1862 gy[d]ag ychwanegiadau oddiwrth fy hen lythyron, hefyd oddiar fy nghof, a ysgrifennwyd yn y flwyddyn 1892.' (DD, 1) Mae cofnod olaf ond un y gwaith wedi'i ddyddio '12 Ionawr, 1865', ond daw'r cofnod olaf â ni at amser presennol yr ysgrifennu:

> Mehefin 10, 1894. Dyma fi heddiw wedi gorffen y gorchwyl o ad-ysgrifennu hanes fy mywyd am y tair blynedd a'r 6 diwrnod ag y bum o gartref. Efallai y byddant o fudd i Haneswyr Milwrol i wybod am amgylchiadau a phethau a ddaeth i'm sylw. (DD, 48)

Yn wahanol i lawer o'i gyd-gyn-filwyr, roedd David Davis yn tybio y byddai o leiaf rai o 'Haneswyr' dyfodol y wlad yn gallu darllen Cymraeg.

Pan ysgrifennodd John W. Rowlands am ei ymlyniad wrth achos yr Undeb ar ganol y rhyfel roedd yntau fel pe bai'n dychmygu y byddai Cymry America'r dyfodol yn gallu darllen ei feddargraff Cymraeg: *'Gwnaeth ei ddyledswydd yn anrhydeddus; bu farw yn achos ei Wlad Fabwysiedig; ac ni throdd ei gefn yn nydd y frwydr. Huned ei lwch mewn heddwch.'* A phan grisialod Ionoron Glan Dwyryd ei deimladau mewn englyn ar ddiwedd y gyflafan, roedd yn gallu defnyddio'r Gymraeg wrth gyfarch yr angel a anadlodd lwch y cenhedloedd a chwalwyd gan y Rhyfel Cartref. Ond er bod gan yr iaith y gallu rhyfeddol i rygnu byw mewn rhai ardaloedd yn yr Unol Daleithiau tan ddechrau'r unfed ganrif ar hugain, marw'n araf fu tynged y Gymraeg yng ngogledd America.

Mae cymunedau Cymraeg yr Unol Daleithiau bellach wedi mynd yn llwch dan draed hanes. Ond mae miloedd o dudalennau wedi goroesi sy'n tystio i'r ffaith fod Americanwyr Cymraeg eu hiaith wedi defnyddio'u mamiaith wrth drafod a dehongli'u rhan nhw yn y Rhyfel Cartref. Ceir cyfoeth o destunau Cymraeg sy'n deillio'n uniongyrchol o Ryfel Cartref yr Unol Daleithiau – llythyrau, dyddiaduron, erthyglau, pregethau a cherddi. Mae'r cyfoeth llenyddol hwn yn dangos fod yr iaith Gymraeg – ynghyd â'r holl adnoddau diwylliannol a oedd yn cael eu trosglwyddo drwy gyfrwng yr iaith – wedi bod yn fodd i Gymry America fynd i'r afael â'r profiadau unigryw ac erchyll a berthynai i drobwynt mwyaf hanes yr Unol Daleithiau.

Mynegai

Lluniau

LC   *Library of Congress* (U.D.A.)*
NA   *National Archives* (U.D.A.)*
USAMHI   *United States Army Military History Institute**

* = gyda chymorth Anne Lang, ymchwilydd archifol, a Rolf Lang, ffotograffydd archifol.